JAN VAN RUUSBROEC

OPERA OMNIA

1

BOECSKEN
DER VERCLARINGHE

JAN VAN RUUSBROEC

BOECSKEN
DER VERCLARINGHE

Uitgegeven door
Dr. G. de Baere

Ingeleid door
Dr. P. Mommaers

Vertaald door
Ph. Crowley
en Dr. H. Rolfson

STUDIËN EN TEKSTUITGAVEN
VAN ONS GEESTELIJK ERF
DEEL XX, 1

bezorgd door het
RUUSBROECGENOOTSCHAP
Universiteit Antwerpen
Universitaire Faculteiten Sint-Ignatius

LANNOO / TIELT   E.J. BRILL / LEIDEN

JAN VAN RUUSBROEC

BOECSKEN DER VERCLARINGHE

Edited by
Dr. G. de Baere

Introduced by
Dr. P. Mommaers

Translated by
Ph. Crowley
and Dr. H. Rolfson

STUDIËN EN TEKSTUITGAVEN
VAN ONS GEESTELIJK ERF
PART XX, 1

edited by the
RUUSBROECGENOOTSCHAP
Universiteit Antwerpen
Universitaire Faculteiten Sint-Ignatius

LANNOO / TIELT

E.J. BRILL / LEIDEN

Omslagontwerp:
Boudewijn Delaere

Gezet, gedrukt en gebonden bij
Drukkerij-Uitgeverij Lannoo pvba, Tielt - 1981

© Uitgeverij Lannoo, Tielt en Bussum
en Boekhandel en Drukkerij v/h E.J. Brill, Leiden
Printed in Belgium

Voor België:
D/1981/45/34
ISBN 90 209 0913 4 (reeksnummer)
ISBN 90 209 0915 0

Voor Nederland:
ISBN 90 04 06368 4 (reeksnummer)
ISBN 90 04 06357 9

JAN VAN RUUSBROEC'S OPERA OMNIA

Already in his lifetime and even more afterwards Ruusbroec's works showed a tendency to break through the narrow limits of the Netherlands linguistic area. Translations were spread about in print much earlier than the original version. This edition presents on the one hand the critical Middle Dutch text and on the other a new English translation. We hope that it renders justice to the original masterpiece of Ruusbroec's prose as well as to the universal value of his testimony.

The edition was only made possible thanks to the pioneers from the first generation of the Ruusbroecgenootschap gathered around D. Stracke s.j. This society opened up a rich field on which we continue to work. This new edition would also not have come into existence without the long-standing inspiration given by A. Deblaere s.j. from whose teaching all collaborators have benefited.

The first two of the ten volumes constituting the Opera Omnia appear in the sixth centenary of Ruusbroec's death. May they testify to the fact that he is indeed alive.

THE EDITORS

Dr. J. Alaerts (Antwerp)
Dr. G. de Baere (Nijmegen)
Dr. P. Mommaers (Antwerp & Louvain)
Dr. H. Rolfson (Winona & Collegeville)

JAN VAN RUUSBROECS OPERA OMNIA

Reeds tijdens zijn leven en nog meer nadien heeft Ruusbroecs oeuvre de tendens vertoond om de enge grenzen van het Nederlands taalgebied te doorbreken. Vertalingen werden zelfs veel vroeger in druk verspreid dan de oorspronkelijke tekst. We hopen door deze uitgave, die enerzijds de Middelnederlandse tekst kritisch bezorgt en anderzijds een nieuwe Engelse vertaling biedt, zowel het originele kunstwerk van Ruusbroecs proza als de universele waarde van zijn getuigenis recht te laten wedervaren.

Dit werk is slechts mogelijk geworden dank zij de pioniersarbeid van de eerste generatie van het Ruusbroecgenootschap rond D. Stracke s.j. Zij heeft het terrein ontgonnen waarop wij pogen verder te werken. Deze nieuwe uitgave zou evenmin tot stand zijn gekomen zonder het bezielend contact met A. Deblaere s.j., bij wie alle medewerkers van deze editie in de leer zijn geweest.

De eerste twee van de tien delen die voorzien zijn in de Opera Omnia van Ruusbroec, verschijnen ter gelegenheid van het zesde eeuwfeest van zijn dood. Mogen zij ervoor getuigen hoezeer hij leeft.

DE REDACTIE

Dr. J. Alaerts (Antwerpen)
Dr. G. de Baere (Nijmegen)
Dr. P. Mommaers (Antwerpen & Leuven)
Dr. H. Rolfson (Winona & Collegeville)

OPERA OMNIA

FOREWORD

This edition was prepared for by the diplomatic edition of the Boecsken der verclaringhe *according to the manuscript Brussels, Koninklijke Bibliotheek, 3067-73 (licentiate dissertation, Louvain, 1968). In this dissertation the diplomatic text was compared with the versions of the other manuscripts then known. A year later the same text with the variants and a vocabulary was published in* Ons Geestelijk Erf.

The present edition of the Boecsken *is conceived as the first volume of a series which includes the complete works of Ruusbroec. So the old dream of the Ruusbroecgenootschap and of Dr. L. Reypens s.j. in particular — the dream of the "definitive critical edition" — is reactivated.*

At the occasion of this edition a word of thanks is in order to all who helped to make it a reality.

In the first place I am greatly indebted to my professors from the Katholieke Universiteit te Leuven: Dr. E. Rombauts, who introduced me to Ruusbroec; Dr. N. de Paepe, who initiated me in the area of textual criticism; Dr. R. Lievens, whose lectures on codicology have been of enduring value for the research on manuscripts.

I was also given kind assistance in my library visits. I would particularly like to mention Dr. J. Deschamps, who was always willing to aid me in the Koninklijke Bibliotheek of Brussels.

Among my fellow-Jesuits I wish to mention: Dr. A. Deblaere, Professor in Spirituality at the Gregorian University (Rome), who in personal conversations as well as in his seminars taught me to discover the fascinating world of mystic literature and in particular Ruusbroec's greatness as a mystic writer; A. Geerardijn, who left me his material for the Ruusbroec study as a precious heritage; Dr. A. Ampe, who as an experienced editor of texts sharpened my critical sense by his remarks; Dr. J. Alaerts, with whom I was in permanent consultation about this edition; Dr. P. Mommaers, who was so kind as to take upon himself the redaction of the introductory chapter on Ruusbroec's life and works and on the Boecsken der verclaringhe.

I wish also to express my gratitude towards the Katholieke Universiteit te Nijmegen. It placed the Centrum voor Computerlinguistiek at our disposal for the automatic make-up of the text in view of the vocabulary and the study of context. Moreover it generously let us dispose of student-assistants who took a considerable part in the finishing of the edition. I would like to thank by name P.C. Rolf of the Centrum voor Computerlinguistiek for his ready availability,

11

and my student-assistants, Miss M. Wijers and Mrs. H. Schreel-Noë, for their dedication to the sometimes very material work attendant on transforming a diplomatic edition into a critical one.

The Universitaire Faculteiten Sint-Ignatius te Antwerpen (UFSIA) gave me the opportunity to recast my dissertation about the Boecsken *into an article in* Ons Geestelijk Erf. *Besides, in the Ruusbroecgenootschap, Center of Spirituality of the UFSIA, I found the material, the inspiration and the men who made this edition possible.*

The Boecsken *was translated into English by Miss Ph. Crowley (Shoreham-by-Sea, England) and Dr. H. Rolfson o.s.f. (College of St Teresa, Winona, MN; since 1981: St John's University, Collegeville, MN, U.S.A.). I am most grateful to them both. The collation of the Latin Surius translation with the Middle Dutch text is chiefly the work of G. Neefs s.j.*

Finally I express my thanks to all who, in any way whatsoever, contributed to the completion of this work.

Nijmegen-Antwerp, July 1980   *GUIDO DE BAERE s.j.*

WOORD VOORAF

Deze uitgave werd voorbereid door de diplomatische editie van het Boecsken der verclaringhe *naar hs. Brussel, Koninklijke Bibliotheek, 3067-73 (licentiaatsverhandeling, Leuven, 1968). De diplomatische tekst werd in die verhandeling vergeleken met de versies van de toen bekende handschriften. Hij werd een jaar later met de varianten en een woordenlijst uitgegeven in* Ons Geestelijk Erf.

Deze uitgave van het Boecsken *is opgevat als het begin van een reeks die de volledige werken van Ruusbroec omvat. Hiermee wordt de oude droom van het Ruusbroecgenootschap en in het bijzonder van Prof. Dr. L. Reypens s.j. — de droom van de 'definitieve critische uitgave' — weer werkzaam.*

Bij deze uitgave past een woord van dank aan allen die tot dit werk hebben bijgedragen.

In de eerste plaats gaat mijn erkentelijkheid uit naar mijn professoren van de Katholieke Universiteit te Leuven: Prof. Dr. E. Rombauts, die me in Ruusbroec heeft ingeleid; Prof. Dr. N. de Paepe, die me in het gebied van de tekstkritiek heeft ingewijd; Prof. Dr. R. Lievens, wiens colleges codicologie van blijvende waarde zijn geweest voor het onderzoek van de handschriften.

Ook bij mijn bibliotheekbezoeken mocht ik vriendelijke hulp ontvangen. In het bijzonder wil ik Dr. J. Deschamps vermelden, die in de Koninklijke Bibliotheek te Brussel altijd bereid was mij te helpen.

Onder mijn confraters — tevens leden of oud-leden van het Ruusbroecgenootschap — wil ik graag vermelden : Drs. A. Geerardijn, die mij zijn materiaal voor de Ruusbroecstudie als een kostbaar erfstuk naliet; Dr. A. Deblaere, professor in de spiritualiteit aan de Pauselijke Universiteit Gregoriana, die mij zowel in zijn seminaries als in persoonlijke gesprekken de fascinerende wereld van de mystieke literatuur en in het bijzonder de grootheid van Ruusbroec als mystiek auteur leerde ontdekken; Dr. A. Ampe, die als ervaren tekstuitgever mijn kritische zin door zijn opmerkingen scherpte; Dr. J. Alaerts, met wie ik over deze uitgave permanent heb overlegd; Dr. P. Mommaers, die de redactie van het inleidend hoofdstuk over Ruusbroec en het Boecsken *op zich heeft willen nemen.*

Ook tegenover de Katholieke Universiteit te Nijmegen wil ik mijn erkentelijkheid uitdrukken. Zij stelde haar Centrum voor Computerlinguistiek ter beschikking voor de automatische verwerking van de tekst met het oog op de woordenlijst en de contextstudie. Bovendien liet zij mij ruim beschikken over student-assistenten, die een belangrijk aandeel hebben gehad in de afwerking

13

van de uitgave. Met name wil ik Drs. P.C. Rolf van het Centrum voor Computerlinguistiek danken voor zijn prompte beschikbaarheid en mijn studentassistenten Mej. M. Wijers en Mw. H. Schreel-Noë, om de toewijding waarmee zij het soms zeer materiële werk dat met de omvorming van een diplomatische tot een kritische uitgave gepaard gaat, op zich hebben genomen.

De Universitaire Faculteiten Sint-Ignatius te Antwerpen (UFSIA) gaven ons de gelegenheid onze licentiaatsverhandeling over het Boecsken om te werken tot een publikatie in Ons Geestelijk Erf. Bovendien vonden we in het Ruusbroecgenootschap, Centrum voor Spiritualiteit van de UFSIA, de inspiratie, het materiaal en de mensen die deze uitgave mogelijk hebben gemaakt.

Het Boecsken werd in het Engels vertaald door Mej. Ph. Crowley (Shoreham-by-Sea, England) en Prof. Dr. H. Rolfson o.s.f. (College of St Teresa, Winona, MN; sinds 1981: St John's University, Collegeville, MN, U.S.A.). Hun beiden ben ik hiervoor zeer dankbaar. De vergelijking van de Latijnse vertaling van Surius met de Middelnederlandse tekst is van de hand van Drs. G. Neefs s.j.

Tenslotte gaat mijn dank naar allen die hoe dan ook tot de voltooiing van dit werk hebben bijgedragen.

Nijmegen-Antwerpen, juli 1980   GUIDO DE BAERE s.j.

14

INTRODUCTION

I. LIFE AND WORKS OF RUUSBROEC[1]

For a medieval man, Jan van Ruusbroec lived exceptionally long: from 1293 to 1381, an extremely troubled period of European history. The fourteenth century—waning of the Middle Ages or feverish onset of the new age?—brings with it radical changes in every domain. There are political revolutions. The young nations, which are now freed from the grip of papal authority, break out in mutual wars: the Hundred Years' War dragged on from 1337 to 1453. A new state structure also appears, especially given the fact that in many places in Europe, particularly in Flanders and Brabant, cities fortify their position in opposition to the princes and the dukes, and the guilds come into power. Famine and pestilence—from 1347 to 1351 the Black Death spreads over the continent—and an unstable economy go hand in hand with social riots. Thus we have the Farmers' Uprising of 1332 in Flanders; the French "Jacquerie" is raging in 1358, and the Lollards storm London in 1381. The Church is no less shaken: her impressive structure from the thirteenth century now collapses like a house of cards. Not only does Boniface VIII have to give up the "sword" of temporal power, but a mere six years after his death the successor of Peter is living in Avignon, a Babylonian Captivity which will end in the Western Schism. And where the official Church affords no further support, all manner of more or less heretical "mystical" groups crop up and flourish, often maintaining insane practices. Through the towns march Flagellants (who whip themselves until they bleed) and Dancers. Moreover, in this century there appear the all too famous "Brethren of the Free Spirit". Thus, the Occident seems to be trembling on its foundations, and Brabant, flourishing and active,

---

[1] Here we are concerned with a summary overview of Ruusbroec's life and works. For supplementary data of a biographical and bibliographical nature, see A. Ampe, s.j., *Jean Ruusbroec*, in *Dictionnaire de Spiritualité*, vol. VIII, Paris, 1974, col. 659-697. On the question of the formation of the traditional presentation of Ruusbroec, see A. Ampe, s.j., *Ruusbroec, Traditie en werkelijkheid*, (Studiën en Tekstuitgaven van O.G.E., XIX), Antwerp, 1975. - Two ancient sources are cited in this introduction, namely *Die Prologe van her Gerardus*, published by W. de Vreese in *Het Belfort*, 10² (1895), pp. 7-20, and *De origine monasterii Viridisvallis* by Henricus Pomerius, published in the *Analecta Bollandiana*, 4 (1885), pp. 257-334. Gerard was a Carthusian from Herne (today Hérinnes) and friend of Ruusbroec. He copied five of his works and prefaced them by a Prologue (written around 1350) in which one encounters particularly valuable data concerning Ruusbroec's life and literary activity. As for Pomerius (1382-1469), he was an Augustinian from Groenendaal itself, who began to write his biographical work around 1420. - The works of Ruusbroec, with the exception of the *Boecsken der verclaringhe*, are cited according to the edition of the Ruusbroecgenootschap, *Werken*, 4 vols., (2nd edition), Tielt, 1944-1948.

the province wherein Ruusbroec is rooted, is far from being an out-of-the-way corner escaping the general movement. Nevertheless one can satisfactorily represent the life history of the "master of the Netherlands mysticism" in a nutshell; the wealth and significance of this life for us today apparently did not lie in remarkable, demonstrable facts.

He was born in "Ruusbroec", a little village a few miles south of Brussels. At eleven years of age, he goes to the neighboring city to learn Latin and the "artes" in the chapter school there. He lives with a relative, a certain Jan Hinc-kaert, a canon of St Gudule's church. Concerning his further intellectual for-mation—what and where he studied—we have no precise data. Indeed, in most of the traditional biographies this is minimalized: following the lead of his first biographer, Pomerius (1382-1469), people began piously to say that this "holy mystic", who wrote not in Latin but in the common tongue, had received his knowledge only through direct divine inspiration. Yet this does not detract from what we can know with certainty about him,—that he at least did philosophical and theological studies normally required of a future priest. Moreover, from his works it appears that, though he was no learned scholastic, he felt very much at home with the speculative science of his times. In 1317, Ruusbroec was ordained a priest and for a quarter of a century will lead the modest life of a St Gudule chaplain.

In this Brussels period, Ruusbroec writes his first works: *Dat rijcke der ghelieven, Die geestelike brulocht, Vanden blinkenden steen, Vanden kerstenen ghelove* and a portion of *Van den geesteliken tabernakel.* What was the exterior factor leading to this literary activity? It goes without saying that no one, let alone a mystic, becomes a true author through circumstances only. In the first place, there is the ever-growing success of the "Brethren of the Free Spirit", a very widespread and hard-to-identify religious movement in which the "Sisters" also did their part, bringing Christendom into commotion from the thirteenth century on. Here we are dealing not with a genuine, organized sect but with heretical groups with an explicitly mystical air: in 1310 Marguerite Porete dies, burned at the stake; in 1312 the "Free Spirit" group is condemned by the council of Vienne. Ruusbroec himself will give us further information on this type of mysticism (the *Boecsken der verclaringhe* contains especially interesting data and insights); here it suffices to know that it is clear-ly characterized by a pantheistic and quietistic tendency: whoever follows the "Free Spirit" becomes identical with God and no longer needs bother about the practice of virtue or to concern himself with ecclesiastical and social in-volvement. For Ruusbroec, this is a dangerous phenomenon. Not only did he find this union with God as the "Brethren" presented it, illusory, and their life inhuman, he was aware that Christians would inevitably be smitten by this dubious spirituality. Here we come to the second and complementary reason why Ruusbroec set himself to writing: Christians no longer came across anything in their Church which could arm them specifically against such foolish doctrine: no solid instruction, no living examples, and especially no personal religious experience. The people are in distress. That is why, as Brother Gerard says, Ruusbroec will write "in genuine Brussels Dutch", for there was "great need at this time for holy and complete instruction in the Dutch language, for then a few hypocritical and contradictory (ideas) had made themselves felt..."

Throughout his entire life, Ruusbroec remains an upright member of the Church. In his works, he frankly admits not only that his mysticism is stead-fastly based on Catholic doctrine; he also explicitly recognizes the authority of the Church: "Concerning all the things that I understand, and feel, and have written, I submit myself to the judgment of the saints and of the Holy Church. For I wish to live and die Christ's servant in the Christian faith and I desire to be, by the grace of God, a living member of the Holy Church."[2] He also lets it be known that this recognition of the Church's teaching authority does not mean for him that one represses one's own interior experiences: "But what I experience, I experience. I cannot drive it out of my spirit; even if I should thereby win the whole world, no one shall ever be able to remove from me the certitude and the confidence that Jesus shall not condemn me. When I hear anything else, I prefer to keep silence."[3] On occasion, he also speaks with ap-preciation for the Church's structures (though he is obviously on his guard against mentioning its hierarchical aspect): "Without Holy Scripture, priests, bishops and religious, Christianity would have disappeared long ago. Everyone would be supposed to act according to his own whim and fancy: as many ways as heads! The people would go mad, abandon Christian faith, and forget all virtue."[4] But this loyal chaplain did not bury his head in the sand concerning what was going on in his Church. This mystic, who is classified as "solitarius", solitary, was by no means an abstract mind or a shy dreamer. How sharply he perceived the concrete ecclesiastical situation is also regularly expressed in his works. Ruusbroec not only saw what was happening, he spoke it openly in a time in which taking a public position on this matter was far from safe. Even Brother Gerard, who was such a faithful copyist as for the rest, found that he could not publish everything on this subject: "So in that same book (that is,

[2] *Boecsken*, ll. 537-542.
[3] R IV, p. 219.
[4] R II, p. 298.

Van den geesteliken tabernakel)... I have, not without reason, left out a long complaint against all the ranks in Holy Church. He brought it out because he suffered from the fact that it was so deviant and continues to depart from its first beginnings." Ruusbroec speaks frankly indeed, and no one is spared. Already in *Die geestelike brulocht* he directs his critique against the clerical state. His tone there is still moderate, but dating from *Van den geesteliken tabernakel*[5], he becomes mercilessly sharp. Among the laity, the parvenus who come to parade around in church with their showy attire must receive their due. And so also the rich who "take good notice that the whole world bows down before wordly goods: pope and bishop, princes and prelates, clerics and laity bend low before them. The rich man gets his share of all spiritual goods: they sing and read Masses for him and all the exterior practices of Holy Church are at his disposal. He also obtains letters which guarantee him absolution from purgatory and sins." Who should impart genuine, action-oriented Christian teaching to these men? Certainly not the clergy: "Their instruction is similar to their life. For through their false interpretation, they change the proclamations of God and of Holy Scripture..." The secular clergy, from the highest to the lowest rank, are slaves of money. The princes of the Church are out for power, pomp and circumstance: "When a bishop or a distinguished abbot visits his people, he rides with forty horses, with a large escort, and at enormous expense. He does not pay it himself, naturally! The change is in his purse, and consequently souls are not touched." The lower clergy shift for themselves after their own manner: "We also find other priests who stand in church, waiting for money, with such a slavishness as though they were blind or crippled."—"Those who live from the goods of the Holy Church, and who ought to be pure in body and soul,—some of them at least—support their children in their own house, openly and unblushingly, as proud as if they had them from a legitimate spouse." Among religious, with the exception of a precious few—for example, Poor Clares and Carthusians— it is just as pitiful. Money plays the main role, "crafty hypocrites" come to power and "all those who come near them must bow and scrape."

In his diatribes against the corruption of religious life, Ruusbroec certainly does not limit himself to naming the facts. He also gives his diagnosis: the cause of all these distressing practices is nothing other than a total lack of personal spiritual life. Almost no one among the numerous "believers" seems himself to have any religious experience. And how should a faith which does not properly exist, which has no interior reality, express itself genuinely and effectively? In *Die geestelike brulocht* he points out that among the clergy there

[5] For the quotations from *Van den geesteliken tabernakel*, see R II, pp. 321-333 passim.

is a total lack of any "savor" in religious things: "they are totally turned out-wards towards the world, and they do not fathom the things they have right in their hands. That is why they pray with their lips, but their heart does not taste what it means, namely, the hidden miracle that lies enveloped in the Scrip-tures, in the sacraments, and in their function,—*that* they do not experience at all. And therefore they are coarse and rude and unenlightened by divine truth."[6] In *Van den geesteliken tabernakel* he comes back again regularly to this need for experience. If men sit babbling in church or dully daydreaming, or if they continually run outside, then it is because "the service of our Lord has no savor for them". The greatest plague that rages among the religious is that of gadding about outside their cloisters. "Look, for these people their cloister is a prison and the world a paradise. For they have a taste neither for God nor for eternal blessedness."

So, Ruusbroec will write, then, in order to confront the deepest need of the faithful—interior life—and in so doing, to fortify them against the delusions and practices of the "Free Spirit". A third reason may yet be touched upon here. Already in his Brussels period he appears as a personal spiritual director. Some people prevail upon him to write down the contents of their conversa-tions. So, it is in this manner, according to Brother Gerard once more, that *Vanden blinkenden steen* came to be written: "Once Master Jan sat conversing over spiritual things with a hermit. When they took leave of each other, the brother asked him with a good deal of insistence that he would write down what they had treated there, and so, clarify it further..." Several times later on Ruusbroec meets a similar request.

The great turning point in the exterior life of Ruusbroec is the year 1343. The chaplain leaves Brussels, in company of his host Jan Hinckaert and another canon, Vrank van Coudenberch. The trio, who had already lived together for a brief period of time in the house of Hinckaert, settled in "a modest house, southeast of Brussels, a mile into the Forest of Soignes, in a valley called Groe-nendaal, the Green Dale, where there had once been a hermitage, with a her-mit within." Why does Ruusbroec want to leave the city, "to detach himself from the crowd"? Direct, precise information is lacking here, but an educated guess is possible. As we saw, he was very deeply conscious that the cause of the malaise of the Christian folk was nowhere else to be found than in the lack of religious experience, and that there could be no serious talk of reformation, then, if one did not first rediscover the "taste" for the spiritual. In his own search for contemplation, the "one thing necessary", he was probably

[6] R I, p. 190.

hindered by the troubles and routine which go hand in hand with a chaplain's life. He had to pray the office in a collegial church which was still being built, together with other priests—and about their modesty and zeal he himself has enlightened us!—in the midst of the chatter and quarrelling of the church-goers. Along with that, it gradually became irrevocably clear to him that his work as chaplain did not have much meaning: was not the daily work merely a bandage over a much-too-deep wound, namely the interior shrivelling-up of the faithful? Add to this that this man who so plainly took aim at "all the ranks in the Holy Church" must have attracted a great deal of enmity against him in the long run. One can understand that he finally also desired to take explicit leave from the Brussels ecclesiastical milieu, especially from the clergy. A telling detail in connection with this: it can be that Ruusbroec published the last section of *Van den geesteliken tabernakel*, in which the really strong complaint against the Church appears, only in Groenendaal.

What kind of life-style did Ruusbroec and his friends now wish to assume? It is one thing to withdraw from a particular social circle and quite another to re-nounce all contact with men: these priests explicitly did not want to disappear into an unreachable desert as cenobites, much less as hermits (Groenendaal was—and is—a marvelous and very accessible spot). They certainly had no plan to found a new monastery, with habit and rule. In the beginning, their only intention was to found a sort of small model parish where they, as priests, could approach the faithful in a new, undistorted way, where they could fittingly say the office in choir. The chapel which they immediately began to build was consecrated as a parish church in 1343, and Vrank van Coudenberch was the curate ("curatus"). People must have swiftly begun to approach this living religious community, something about which Ruusbroec himself was less enthusiastic than his friends: "... and so it came about that a few well-disposed laymen and religious from the cities of Brabant joined them in order to live with them. And although Master Jan preferred to remain free of this group formation, he let it go on, because he felt that Master Vrank desired to increase the love of God in many men. As for himself, he was con-vinced, as he himself teaches, that he was able to be simultaneously busy with earthly matters and to rest in God." So runs Brother Gerard's report. But this original group, which did not want to be a monastic foundation, and which built a parish outside the sphere of influence of the Brussels clergy, will not be left for long in peace. The ecclesiastical establishment experienced the quiet Groenendaal as an all-too-loud threat. And they reacted in a manner that is not so unusual: the law was invoked to help subdue these men and to incor-porate them in the flock. Indeed, where do they get the right to live such a life without being real—that is, officially recognized—monks, without being bound to a particular rule? After six years, Ruusbroec and his friends then decided to take on the Rule of St Augustine. In 1350 their foundation became a priory, with Master Vrank as dean, and Master Jan as prior.

Ruusbroec consecrates the almost forty years spent in Groenendaal to that which he regarded already in Brussels as *the* religious mission of the times: he himself leads a life of prayer and he helps others also to discover spiritual "taste". So, he writes books: *Vanden vier becoringhen, Boecsken der verclaringhe, Vanden seven sloten, Een spieghel der eeuwigher salicheit, Van seven trappen, Vanden XII beghinen*. But he also keeps up a number of personal contacts. He continues to visit the Clare Margareta van Meerbeke in the newly founded, strict monastery of Brussels. A letter to her has been preserved, and two of his works, *Vanden seven sloten* and *Een spieghel der eeuwigher salicheit*, were addressed to this person "dearly beloved in our Lord". And Brother Gerard, the man to whom we owe the *Boecsken der verclaringhe*, as we shall see further on, succeeded in bringing Ruusbroec to visit his monastery in Herne, seven kilometers from Groenendaal. But his personal influence reaches quite a bit farther than Brussels or Brabant. Pomerius relates that two Parisian students came to Groenendaal; he consecrates three chapters to visits from Gerard Groote, founder of the "Brethren of the Common Life", who laid the foundation for the Devotio Moderna. We also know that there were good direct relations between Groenendaal and the Rhineland, Strasbourg and Basel,—all places where other such living, all-but-canonized religious movements as the "Friends of God" and the Beguines were flourishing.

In the winter of 1381 Ruusbroec became seriously ill. Pomerius relates: "Since the illness did not disappear, but in fact worsened, he understood that he must soon die. Since he still lay in the prior's cell, he himself humbly asked his brothers to transfer him from there to the community infirmary. There he was gravely sick with fever, and also suffered from dysentery. When he had lain in such weakened state in bed for almost fourteen days, the end came. After he had piously commended himself to God in the presence of his brothers who knelt praying,—he was lucid of mind and there was a flush on his face— he very softly drew his last breath, and without showing the normal signs one generally sees with the dying,... he yielded up his spirit in peace." [7]

---

[7] Pomerius, *op. cit.*, p. 305 (pars II, capitulum XXXI).

II. THE "BOECSKEN DER VERCLARINGHE"[1]

1. The occasion

From some of the data which appear in Brother Gerard's Prologue, one can gather that the *Boecsken der verclaringhe* has been written around 1362. Ruusbroec himself tells us what the occasion was: "Some of my friends desire, and have prayed me to show and explain in a few words, to the best of my ability, and most precisely and clearly, the truth that I understand and feel about all the most profound doctrine that I have written, so that my words may not mislead anyone but may serve to improve each one; and that I most willingly do" (24-28)[2]. These friends are known. They were Brother Gerard and a few other Carthusians from Herne. In fact, they had taken offence at some passages in the works of Ruusbroec, more particularly in his first book, *Dat rijcke der ghelieven*. Brother Gerard relates: "But I took the liberty, together with some of our brothers, to invite Master Jan to clarify orally some far-reaching expressions which we had encountered in these books, especially many things he says in the first book..." Ruusbroec accepted the invitation, "he came on foot, from more than five miles away—he was so good—even though it was difficult for him." The mystic, who makes an impression of holiness and great modesty, remains three days. They speak about the difficulties which his text brings up, but apparently the oral explanation did not suffice: "But he said that he would write another book for clarification (of *Dat rijcke der ghelieven*), to tell what he meant by the expressions and how he wished them to be understood. And that he did: that is the last book of these five (which Gerard had copied), and it begins (with the words) 'The prophet Samuel'."

---

[1] Two recent studies which convincingly elucidate the mystical doctrine of Ruusbroec merit special mention here: A. Deblaere, *Essentiel (superessentiel, suressentiel),* in *Dictionnaire de Spiritualité*, vol. IV-2, Paris, 1961, col. 1346-1366, and J. Alaerts, *La terminologie "essentielle" dans l'œuvre de Jan van Ruusbroec (1293-1381)*, Lille, 1973. We have made considerable use of them here. The last mentioned work is no longer available, but its most important parts have been published in two articles: J. Alaerts, *La terminologie "essentielle" dans 'Die gheestelike brulocht'*, in *O.G.E.*, 49 (1975), pp. 248-330 and *La terminologie "essentielle" dans 'Die gheestelike brulocht' et 'Dat rijcke der ghelieven'*, in *O.G.E.*, 49 (1975), pp. 337-365.

[2] The line-numbers refer to the Middle Dutch text.

What sounded so daring in *Dat rijcke der ghelieven* ? Brother Gerard himself indicates where the principal stumbling-block is to be found: "where he speaks at length about the gift of counsel." As we shall see further on, he tells us precisely what the challenged expression was: "without distinction". Indeed, one reads the following passage in *Dat rijcke*:

"... they possess God being enjoyably suspended in the superessence of God, and they are possessed by God as His own throne and His repose. For in the simple enjoyment of the essence they are one without distinction (één sonder differencie). In this plain simplicity of the divine essence there is neither knowledge nor desire nor activity, for this is an abyss without modes which is never understood by the active understanding. Therefore, Christ prayed that we should become one as He and His Father are one, through the enjoying love and the being-absorbed into the darkness without modes wherein the activity of God and of all creatures is lost and flooded away."[3]

But the written explanation of Ruusbroec apparently did not suffice to dispose of all misunderstanding. The Carthusians still fear that the mystic, at least as far as the expression of his experience is concerned, is not altogether orthodox. Brother Gerard has clearly related their persisting difficulties:

"The first impression which the expression 'without distinction' makes is such that we were shocked by what he wrote. 'Without distinction' means something like: without any dissimilarity, without any alterity, entirely the same without distinction. Nonetheless it cannot be that the soul should be united with God in such a way that together they should become *one* essence; he himself denies that, too.[4] One must then indeed wonder why he called the third union, union 'without distinction'. Concerning this I thought as follows: the first union he called 'with intermediary', and the second 'without intermediary'. In the third place, he wanted to treat of a union which is still more interior, but he could not do it with just one word, without circumlocution. He then spoke of 'without distinction', even though he found that its meaning went a bit farther than the thought he wanted to express and verbalize. Therefore, the extent to which this expression appeared exaggerated to him, he elucidated on the basis of the words of Christ,[5] where He prayed His Father that all His beloved should be brought to perfect union, as He is one with the Father. For although Christ prayed in that manner, He did not mean as one as He has become with the Father one single

[3] R I, pp. 73-74.
[4] *Boecsken*, ll. 455-456.
[5] *Ib.*, ll. 498-500.

substance of Divinity, which is impossible, but as one as He is, without distinction, one enjoyment and one beatitude with the Father."

The *Boecsken der verclaringhe*, then, is a sort of apology: Ruusbroec tries to clarify his presentation of the mystical experience in its essential points as succinctly and orderly as possible. Master Jan's own conciseness (in only a few hours one can come to know the main things which the Master of Netherlands Mysticism has to say) gives this little work a special attraction. It goes without saying, however, that we do not meet Ruusbroec here in all his vivacity and richness.

2. *The structure*

Ruusbroec himself indicates the structure of the *Boecsken*. It comes down to an ordered description of the three modes in which, according to him, the mystic is united with God: "I have thus said that the contemplative lover of God is united with God by intermediary, and again without intermediary, and thirdly without difference or distinction" (34-36). "Ordered", though, does not mean that he is going to finish off nicely one by one these three aspects of the experience of mystical union. Just as in his other works, here, too, rigid, rectilinear composition is foreign to him. We receive no systematic treatment of the individual elements, but most often at any one specific moment of the explication, the other elements come again and again into question. This structure—may we call it organic?—comes most powerfully to the fore where Ruusbroec deals with the loftiest aspect of the unitive experience. In fact, he shall not treat the union "without distinction" separately, but only present it in its direct connection with the union with intermediary and without intermediary (That this unusual composition of the work is linked with the structure of the experience described therein shall appear sufficiently evident later on.).

Let us now try to get a clear image of the construction of the *Boecsken*. First, Ruusbroec treats of the union with intermediary (45-164). On the one hand, he does it in a positive way (to 76); and on the other, he does it by presenting the contrasting experience of the "false" mystics ("I have set the evil by the good"). Thereafter, he discusses union without intermediary (166-328). In this section, one can easily discern the description of the transition from union with intermediary to that without intermediary (170-243) and the treatment of unity without intermediary as such. And now, at the same time, Ruusbroec should deepen the third aspect of the experience of mystical union: union without distinction. He does it, but in a way typical of him: he briefly characterizes this highest aspect of the mystical experience (329-331) and then immediately adds on a solid piece of theology on the Trinity (332-383). Apparently he does not want to set out the most difficult element of his explanation without first pointing to this core of the Christian teaching. After this doctrinal intermezzo, we are wholly carried along in his circling approach to the subject: instead of immediately treating the union without distinction by itself, he goes on to describe, after a terse three-fold characterization of the three aspects of the unitive experience (385-390), all three forms of union twice (391-468 and, in the light of the three-fold prayer of Christ, 468-504). He then concludes these passages, which unquestionably may be regarded as the core of the *Boecsken*, with a quadripartite typification of the three forms of mystical union (504-508). Ruusbroec then again underscores the fact that oneness with God does not annihilate man as man, but fulfills him on every level (509-531) and he gives a last brief presentation of the union without distinction which ends in the wonderful little phrase which once again summarizes the three aspects of the experience: "evermore approach and enter and rest in God" (536). And so we reach the end of the *Boecsken*: immediately there comes a first conclusion (537-542). Then Ruusbroec once again takes issue with the errors of the "false" mystics (543-556) and definitively closes with an encouragement to active union with Christ, a concrete conclusion which resumes the admonitory beginning of the *Boecsken* (1-23).

3. The central problem

Immediately after Ruusbroec has given the construction of the *Boecsken*, he himself formulates the central problem which underlies it: "I have further stated that no creature can become or be so holy that it loses its own condition of creature and becomes God, not even the soul of our Lord Jesus Christ: it will remain eternally creature and other than God. Nevertheless we must all be lifted up above ourselves in God and be one spirit with God in love if we would be blessed" (37-42). Here the mystic puts his finger inexorably on a sore spot in the Christian faith tradition: the generally accepted doctrine of being—not a single creature can ever become God—seems to stand in direct contradiction with the Gospel affirmation that all should be one "just as Thou, Father, in Me and I in Thee" (Jn. 17,21; cf. 470-473). If the distinction between God and man is so strictly and irrevocably fixed as the current ontology holds, then can "being one spirit with God" (1 Cor. 6,17) ever be a reality? Is it possible to bridge the gap and to maintain it at the same time?

This contradiction strikes Ruusbroec in a particularly vivid way. For him, it is not merely a speculative question, but an existential "all or nothing". For what is a mystic but precisely someone who has experienced the realization of the evangelical promise of oneness? The indwelling of God, which "all good men" indeed possess, but without being vividly conscious of it, is for the mystic a psychic reality as well. With irresistible evidence he "sees", "savors", "feels" God as a loving presence which unites him with Himself. If there is now question of an insoluble contradiction or if scholastic ontology should have the last word, then mysticism can be no serious matter: the mystic's unitive experience is doomed to being a dubious phenomenon—a consolation prize, possibly, for sensitive, religiously-disposed souls, but no manifestation of the real relationship between God and man. And yet, not for a second does the mystic Ruusbroec think of denying the primary ontological structures. Just as he does here in the *Boecsken*, he consistently affirms in all his works that God and man have their own proper existence and that they always retain it. He passes up no opportunity to label the notion that they would dissolve into each other as "a fierce absurdity". The question, then, is if and how he can fully accept these fundamental data without refuting the mystical unitive experience.

His response is as simple as it is radical: the prevailing ontology gives a correct but incomplete view of the reality of God and man. Philosophers and theologians cast light on a fundamental aspect of the relationship between Creator and creature, but very much—the most important thing!—escapes them. The mystic *knows* more than they. Through that which he experiences interiorly, he is more broadly informed than those who rely only upon irreproachable and "objective" thinking. What he experiences is namely this, that between God and man someting can *happen*, that *life*, too, is possible in the given structure. He *can* do nothing other than recognize that He who "can neither diminish nor increase" is able to bring about a relationship with His creature, surpassing all the time-honored proportions without suppressing them. Oneness of man with God exists, says the mystic,—I feel it, I live from it, I am altered by it from head to toe—and it is not because it reveals itself in an exceptional and extremely personal experience or because it transcends the fixed ontological order that it must be considered as less real. The doctrine on being does not have to be put aside but it behooves us well to complete it. We must realize that living and meeting are no accidental reality but the consummation. We must recognize, without scholastic reserve, that within a fixed framework—God is God and man is and remains a creature—something can occur which is of another and nonetheless real sort: "we must all be lifted up above ourselves in God and be *one spirit* with God in love if we would be blessed" (41-42).

For the mystic Ruusbroec, reality is thus more complex and richer than for those who limit themselves to a reified ontology. This personal, unbookish conception of what really *is*, is expressed by him in an original use of the unfortunate term "essence". Here, let us turn back to the objections of his Carthusian friend. What is the most important reason he is so disturbed as he reads about a unity "without distinction"? Why does he wish to relativize the Master's words? ("even though he found that its meaning went a bit farther than the thought he wanted to express..."). Apparently, this contemplative has studied philosophy. Through scholasticism he has appropriated to himself the Aristotelian doctrine on "essentia" (in Dutch translated as "wezen"): everything which really exists is also distinct; it must be either this or that, it must remain itself, separate from the rest, from any other "essentia". It is obvious that anyone with this theory in his head, who comes upon the expression "without distinction" is going to fear the worst for its orthodoxy. For if God is really such an Aristotelian "essence" (albeit the highest) and man also, then there can be no talk of real unification without falling into one form or another of pantheism. The only conceivable manner of union between two "essences" which are per se delimited is, in fact, a destructive encounter,—in that case, man as man must disappear (lose his "essence") and be added somehow to God (to God's "essence"). This first still-general suspicion on the part of Brother Gerard, trained in scholasticism, is now concretely aroused by the fact that Ruusbroec continually uses the terms "essence" and "essential" to speak of the mystical oneness with God. The Carthusian can be quite relieved and can properly point out that "Master Jan" himself denies that "they would become one essence together" (cf. 454-457) or "one single substance of Divinity" (cf. 498-499 and also 84-86, where Ruusbroec rejects the mystical idea that ultimately "nothing else will remain in eternity but the essential substance of Divinity"). But that does not take away from the fact that in the *Boecsken*, not to speak of the rest of his works,[6] there appear passages which must certainly have made the Carthusian shudder: "For all spirits thus raised up melt away and are annihilated by reason of enjoyment in God's essence" (448-450)—"For the blessed essence which is the enjoyment of God Himself and all His beloved, is so plain and simple that there is neither Father, nor Son, nor Holy Spirit, according to personal distinction, nor any creature" (459-462). It appears that Gerard is quite conscious of the upsetting presence of the terms "essence" and "essential" if we compare the last sentence of his text cited above with the passage from the *Boecsken* which, for the rest, he literally reproduces: "where He is, without distinction, one enjoyment and one beatitude with the Father in *essential* love" (500-502).

---

[6] Yet another example: "Where we feel this Unity, there we are *one essence* and one life and one beatitude with God" (R III, p. 39).

Brother Gerard's difficulties, and those of so many later commentators, are semantic in nature. He reads Ruusbroec, (who nevertheless, as he himself says, writes in "genuine Brussels Dutch") as far as the crucial words "essence" and "essential" are concerned, as a Latin-writing scholastic author. He does not see that this language-sensitive mystic, who does not present a philosophy but an experience, uses the terms "essence" and "essential" deliberately and consistently in a many-faceted way. "Essence" can reproduce the familiar "essentia" (as, for example 454-456). However, it can also simply mean a manner of being; it can have an existential meaning. In short, in the Dutch language, then, it is possible to be one being with God without forming one "essentia" with Him (so the "blessed essence" of 459 points to a state—a genuine mode of being, a real oneness—of the divine Persons and of the mystic, without implying a coincidence of the divine and human "essentia"). In turn, the word "essential" can fit into the Scholastic terminology (cf. 86 "the essential substance of divinity"), but when Ruusbroec appropriates this term in his own version of the mystical experience, he refers to a reality which the mystic experiences—oneness with God in an unimaginably genuine way—not to a modification in the order of the "essentia". The word, then, indicates the presence of the Other as other, the direct contact with God which takes place in the "essence" of man. This latter meaning of the term "essence", which thus plays a strong part in "essential", refers us, finally to the anthropology proper to Ruusbroec. According to him, man is a distinct and limited "essence"—in the sense of "(created) essentia"—but *at the same time* a reality of a spiritual, personal sort. This means that, in the core of his being, he is not a threatened closedness, but openness and receptivity. Man bears within himself an abyss which is wholly open for what is other, for the Eternal: "But we must regard our created essence as a wild, waste desert, where God, who rules us, lives. And in this desert we must wander, stripped of our own modes and manners."[7] The "essence" (essentia) *man*—a unique specimen among all the visible world has to offer as "essences"—with all his specificity and creatureliness, is thus, according to Ruusbroec, not a hopeless prison: the "ground" of man is an "abyss", his center is spaciousness. He can thus break through his boundaries without being annihilated. Thanks to the interior "wild, waste desert", he is in a position to come into real contact with his "*super*essence", with that which *trans*cends him, without "losing his creatureliness". Thus in the mystical writing of Ruusbroec, "essential" by no means signifies that two "essentiae" finally coincide with each other, but that an *other* presence presents itself in the unbounded, deepest "essence" of man.

[7] R III, p. 217.

Consequently, the great, inescapable question which Ruusbroec poses is: can man really be one with God without being identified with Him? And the mystic is sharply conscious that any speculation goes awry here. After it has carefully distinguished God from man, the tidy thinking of philosophers and theologians appears unable to understand the real unification of Creator and creature. Recognized scholarship remains caught between the horns of a painful dilemma. On the one hand, it appears that the absolute otherness of God excludes any genuine union with Him. That man should be entirely in God seems impossible to reconcile with the idea of an unassailable divine transcendence and consequently some protective screen or other always needs to be kept between God and man (think of the famous "lumen gloriae" or of the interpretation of the union with God as "accidental" or "merely intentional"). It goes without saying that this blunt conception of the transcendent is religiously frustrating: it boxes man into a definitive loneliness. On the other hand, it looks as though, for one who thinks correctly, God's immanence, which should indeed imply a genuine unity, leads unavoidably to one or another form of pantheism. Is it not the case that in this religiously quite satisfying perspective man as man must finally disappear and that the personal, really other God fades away to an indistinct and necessary "primal being"? As far as the crucial question about the ultimate destiny of man is concerned, it seems that the thinkers—and so many of the faithful instructed by them—run into a total impasse: either God is transcendent, and then man is doomed to remain alone; or else God is immanent, and then finally all that is human must merely disappear into the divine "Ground". According to Ruusbroec, there is only one way out of this aporia, this being-one versus being-other, which still taxes our thinking about the relationship between God and man, and between men mutually: to take seriously the model experience which is the mystical union with God and not squeezing it immediately into a philosophical framework but *describing* it. He will complete the unsatisfactory reflection on the problem of God-and-man by a genuine *phenomenology* of the unitive experience. For the fact that Ruusbroec uses the technique of description does not mean that he is like a modern author who composes his "mémoires intérieurs", applying himself to a detailed analysis of particular psychic states. Although he also regularly reflects the changing feelings of fourteenth century men and women with an abundance of details interesting to any psychologist, at the heart of the matter he offers more than any "document humain". Through the varied and relative motions of the mystic's soul, he catches a glimpse of a unique spiritual happening: man, who, in his deepest being is taken possession of by an "entirely Other". Neither the religious emotions of the mystic, nor his exceptional "experiences" as such interest him, but rather the ultimate and strictly ontological reality—God *in* man and man *in* God—which manifests itself in the mystical consciousness. This personally experienced reality of oneness with God possesses its own inner structure—it is a "living life", an articulated happening. And it is this structure which Ruusbroec, as a genuine phenomenologist before the word existed, will bring to light.

4. The experience of mystical union

If Ruusbroec now examines the experience of mystical union, he discovers in the very first place that it here concerns a complex phenomenon. Oneness is no undifferentiated state, but a living reality which is composed of various aspects. It is not one ultimate instant—a cut-off point, an isolated climax—but the lasting interplay of distinct moments. The most important of these moments which together, as in an organic whole, constitute the oneness, are labeled at various times in the *Boecsken* as an "in-going" and an "out-going": "It is thus that living, he must go out to exercise virtues and, dying, enter into God. And these two constitute his perfect life—these two are joined in him as matter to form, as body to soul" (178-181). It goes without saying—and Ruusbroec, in the rest of his works, insists on it frequently—that these various aspects of oneness are sharply distinguished from each other; to turn yourself outwards to concrete, human life ("to be oneself in good works", as he ordinarily formulates it) is something quite other than to lose yourself in God. But, however clearly contrasted they may be, the various moments of the unitive experience are not mutually exclusive, and one never eliminates the other. In the "perfect life" of the mystic, they exist together, in and through each other; they are elements of one and the same reality fulfilling and stimulating each other.

In the above-cited text, this connection of "in-going" and "out-going" is already strongly underscored. But in the *Boecsken* there are various passages which possibly go even farther in this direction. Ruusbroec relates, then, not two but three moments: "With God they will ebb and flow, and (will) always be in repose, in possessing and enjoying. They will work and endure and rest in the superessence without fear. They will go out and in and find nourishment both within and without. They are drunk with love and have passed away into God in a dark luminosity" (504-508). One must keep two points clearly in view here. First and foremost, these three moments exist simultaneously, in the sense that the first two ("ebb and flow", "work and endure", "go out and in") continually arise from the third ("always be in repose", "rest in the superessence", "pass away into God"). Thus it is not the case that *after* the "ebbing and flowing" there comes a moment of repose which should have nothing more to do with all the preceding movement, but rather that the "possessing and enjoying repose" is *always* present, *in* both ebb and flow. Secondly, in these picturesque expressions, one naturally recognizes the three forms of union with God—with intermediary, without intermediary, and without distinction—which are treated in the *Boecsken*. In the following passage Ruusbroec expressly says that very thing: "They are all rich in virtues and enlightened in contemplation and simple where they rest enjoyably, for in their turning-in, the love of God reveals itself as flowing out with all good and drawing in into unity and (as) superessential and without mode in an eternal repose. And so they are united to God, by intermediary, without intermediary, and also without difference" (385-390).

This last form of union, then, is not detached from the other two but rather includes them. In the structural composition of the *Boecsken* it was already noteworthy that Ruusbroec never deals separately with the union without distinction: again and again he connects it with the union with intermediary and without intermediary. The coexistence of the various modes of union, this uninterrupted interweaving of the most sublime union with the other two, is doubtless the most original and important element in his presentation of the unitive experience. And apparently Ruusbroec wanted at all cost to keep his reader from regarding the union without distinction as a separate climax. Had Brother Gerard had a keener eye for this remarkable complementariness of the various modes of union, would he then have been so fearful of the expression: "without distinction"? Whoever always "rests in God" (union without distinction) and "approaches" Him and "enters in" Him is surely never God, but rather a man living fully *in* Him: "If we want to walk with God the lofty pathways of love, then we shall rest with Him eternally without end. Thus we shall evermore approach and enter and rest in God" (534-536).

The union with intermediary

Let us now look consecutively at the three forms of union, the three facets of the one mystical experience. But what does the term "intermediary" actually mean? Quite simply that which any reader nowadays, too, understands by it: "intermediary" is that which exists between separate beings and, in so doing, brings them into contact with each other. The "intermediary"—which the 17th century French mystics called "l'entre-deux"—contributes to oneness. But—and this is a feature for which the mystic is exceptionally sensitive—each "intermediary", however helpful or discreet it may be, always maintains a certain distance, by the very fact that it intervenes between the two. The link is also a screen; I remain, says the poet, "separated from you by my own eyes."

The "intermediary" indeed unites, but it also excludes from perfect unity. In so far as one is "mediated", as Ruusbroec says, in so far as one approaches the other through a means of any kind whatsoever, one is not *one* with the other.

God and man are also united by "intermediaries". The entire creation is one great "natural intermediary": through and in everything which exists —nature, other men, myself—God is present for me as Creator and necessarily so. This universal, endlessly varying sign of the Prime Mover is at the disposition of everyone. Thus, a path lies open in creation to the divine Ground, a path which man may travel on his own initiative and by his own power: he can look around himself, and through all things, ascend to their Cause, and he can also direct his gaze inwards to discover in himself a deeper self—the "essence"—, that marvelous domain in which "God, who rules us, lives". Thanks to this last démarche, a "natural" inward-turning mysticism, which Ruusbroec regards as an important and entirely authentic phenomenon, is indeed possible.

Along with the "natural", there are also "supernatural intermediaries". This last expression, with its heavily theological resonances, need not frighten us here. It means that, together with the signs from God which are constantly available, there appear other "intermediaries" which are entirely fortuitous. So, the being of Jesus,—a fact no one could foresee—, is the most striking "external intermediary" between God and man. But there are also internal "supernatural intermediaries": the man who lifts himself up to God at times undergoes remarkable, interior "movements"; he discovers "influences" from within, "touches" which are clearly not necessary and cannot be produced by any "natural" withdrawal into self. He receives astonishing spiritual "gifts" which are evidently different from all that he can obtain through his own speculative or religious effort. What we are concerned with here, then, are the gratuitous "intermediaries", which tell of something "new" (a favorite word of Ruusbroec)—of love, of freedom. Like the "natural intermediaries", they bring God near, not as the necessary Supreme Being, certainly, but as a living Person. Here man discovers that the Creator, who "must" maintain everything in existence and who is in everything everywhere, also takes unpredictable initiatives and does "new" things: God also seems to be Someone who, outside everything and always other, comes to pay a visit to His own creature. The supernatural intermediaries, then, are not the elements of a structure in which God and man as Creator and creature have their fixed place, but they are the playful signs that the living God gives to the personal being called man.

The *Boecsken* affords only one *description* of the manner in which the mystic experiences these supernatural intermediaries, namely, in the extensive section in which the transition from the union with intermediary to the union without intermediary is presented (170-243). The three most important passages dealing with the union with intermediary as such (45-74; 391-401; 476-485) give the phenomenological *structure* of this aspect of oneness. So we read: "For the love of God is always flowing into us with new gifts. And those who take heed of this are filled with new virtues and holy practices and with all good things" (480-482). The continually renewed "in-flowing" of God into man calls for a supernatural, but truly human response. Whoever "takes heed of this" can do nothing other than try to understand these unusual gifts,—at the same time, he develops a "holy activity", he must try to comprehend this unheard-of thing (In the relationship between men, is it not also the case that man of himself is prone to appropriate to himself the good-and-the-beautiful through which the other impresses us?). This active—"desiring", "seeking"—going-out of man towards the wonder he feels happening in him is the core of the "interior exercise of love", subject to which Ruusbroec returns so frequently. But this response to the "gifts" is no mere gesture, no imaginary movement of a being that remains, strictly speaking, intact. Here it is a question of an authentic reaction whereby a man really changes. The relationship is creative, then: to accept these new gifts is ipso facto to be renewed. One can only conceive of the other if one begins to "liken (a keyword of Ruusbroec) unto" him, and one becomes "alike" by going-out towards the new gifts (In the relationship of man to man, as well, man is not able to understand love as love if he himself does not love.). This renewing reaction of man to the divine touch—the "intermediary" through which God comes to man evokes the "intermediary" through which man goes to God—is basically what Ruusbroec understands by "virtue". Whether it is a question of an interior attitude or of external "good works", virtue is never, for him, in the first place a moral concept or an ascetical tool, but a genuine mystical phenomenon. Whoever experiences God begins to "be like" Him, and therefore he who "savors" Him as the "common" (always flowing forth into everything) Good, will also go-out himself, both cordially and concretely, to the needs of all creatures. If, in the introduction of the *Boecsken* the need of the virtues is so greatly emphasized and if in the conclusion the following of Jesus is so much insisted upon (557-564), if Ruusbroec never lost sight of concrete human life, then it is not a question of social solicitude nor of the security of the social order, nor of a formal adherence to the Christian way of life (love your neighbor), but rather it has positively to do with mysticism. The union with intermediary is an essential aspect of the mystical experience of unity that always remains in force, even in heaven. "See, thus you may mark that we are united with God by

35

means of an intermediary, both here in grace and in glory'' (70-72).

The most important reason why Ruusbroec places such a strong and unremitting emphasis on the union with intermediary is that there can be no question of a genuine relationship without this becoming ''alike'' through ''God's gifts and the practice of virtues''. Where all mediation is simply omitted, every real object also disappears, and certainly every transcendence by that very fact also does so. Whoever refuses to be united with the Other by means of the ''intermediary'' in fact makes no progress,—from being alone to being one with Him,—but unavoidably falls into one form or another of regressive unity. Narcissism and return to the womb are also traps for the mystic. Ruusbroec unmasks these temptations, not on the level of psychology, but rather on that of phenomenology. Only if the unitive experience includes a moment of continual renewal—if the Other comes and is sought by means of ever-new ''intermediaries''—cán God be experienced by man as the reality always transcending him. In order to emphasize this fundamental point of his mystical teaching, Ruusbroec also describes the ''false'' mystics in the *Boecsken*. As was already mentioned, the most important passage on this (76-164) is directly linked with the explanation of the union with intermediary, as an enlightening contrast (159).

Now, we must carefully note the qualification ''false''; Ruusbroec is not speaking about men who supposedly had a sham, feigned, spiritual experience. He only wants to say that as a result they are deceived, because their otherwise real experience of God is incomplete: what they call ''God'' is no more than one aspect of Him. How do these mystics arrive at their experience, and *what* do they experience? On their own initiative—''through natural inclination'', ''by their own power''—they turn inwards to themselves. This means that they rid themselves of every specific content of consciousness—images and concepts— and that they still the activity of their various spiritual faculties. In this way, they come to a state of interior ''emptiness'', ''vacuum'', ''repose'', ''simplicity''. They encounter ''something'' in themselves that is especially real, though it is ''nothing'' of what one generally perceives: they come into contact with their own ''ground'', they discover their own ''essence''. Now, it is precisely in the non-defined ''essence'' of man that God is present in an unhindered manner;—is He not also ''nothing'' of all that ordinarily exists for us? ''For they are so simple and so inactively united to the naked essence of their soul and to the indwelling of God in themselves...'' (92-93). With this most intimate, undifferentiated core of himself, man ''hangs in God's essence''.

The "false" mystic's mistake, then, according to Ruusbroec, is nothing else than a wrong interpretation of this experience which, in itself, is authentic. He considers the contact with the ultimate, divine domain that lies concealed in himself as a union with God: "This absolute simplicity which they possess they regard as being God because there they find a natural repose" (97-98). The experiential discovery of his own "essence" wherein God as Creator is in fact present in an overwhelming way seems to be so fascinating that the "false" mystic thinks that he now possesses everything of God and that this glorious "rest" is the oneness with God Himself: "They have united themselves to the blind, dark emptiness of their own being; and there they believe themselves to be one with God and they take that to be their eternal beatitude" (134-136). In fact, they fall into idolatry: "they consider themselves as being God in the ground of their simplicity" (98-99). One can say, then, that the "false" mystic allows himself to be misled through—or more exactly, perhaps, is obsessed by—the immanence-aspect of God. He finds God only in so far as He is in him, in His creature. Thus, he does not come *out of himself*, and the genuine meeting with the "wholly Other" escapes him: "For above the essential repose which they possess they feel neither God nor otherness" (139-140). No wonder then, if these people, who misjudge the transcendence-aspect of God, go on thinking that "life eternal shall be nothing other than an impersonally existing blessed entity without distinction of rank, of saints or of reward... that the Persons will disappear into the Divinity and that, there, nothing else will remain in eternity but the essential substance of Divinity..." (82-86). No wonder, too, and now we come back to the union with intermediary, if precisely these mystics, who in the end discover only themselves, suppose that a person in oneness with God is "without knowledge, loveless, and quit of all virtues" (101-102). They "pretend to be one with God without the grace of God and without the practice of virtues" (546-547). They want "to be God with no similarity (to Him) in grace and virtue" (554-555).

The union with intermediary, which at first sight seems so little "mystical" and so terribly "human", throws light, then, on an essential aspect of the unitive experience, namely, the transcendence-experience: if man meets the divine Other, then there comes no end to comprehension of it and he himself is unceasingly renewed, unceasingly rendered more "alike".

From union with intermediary to union without intermediary

The transition from union with intermediary to union without intermediary is quite thoroughly treated: 170-243. First, in a few pithy lines (172-177),

Ruusbroec gives the connection between the separate moments of the relationship with God. As keyword, he uses the term "self": man must live for God with all that he himself is and has; further, he must die to everything he himself can do, in God, and in so doing, undergo "transformation"[8] by God Himself. We see that the intermediary—"responding to the grace and divine movements"—belongs irrevocably to the moment of the unitive experience when man is still him*self* and, though he continually grows, remains him*self*. Through the experience of God's in-working, he becomes ever richer and more expansive, he proceeds towards the Other with ever increasing strength and receptivity, but he does not really come out of himself. In order to be one with God Himself he must, then, "be raised" above any intermediary, be carried out of his selfhood. How the mystic now experiences this change—which is nothing less than a true "unself-ing"—is treated in this section by Ruusbroec.

The mystic, as we saw, experiences "God's grace"; he is "moved" by Him. And in the beginning, he feels quite good about it. Reacting generously to the divine in-working, he experiences that, religiously speaking, he is making progress: "Howsoever love then directs him he will ever grow in love and in all the virtues" (187-188). Until he makes a disconcerting discovery: the divine motion is untrustworthy, or at least not to be counted upon. Now God is present for him with all His good gifts, but then, suddenly, He disappears and the mystic feels himself to be a mound of misery: "his own reason speaks within him: Where is thy God now? Where has all thy experience of God fled?" (213-214). A game is being played with him here,—the merciless game of consolation and desolation—by someone stronger, by someone Other, totally Other. For that (the reality of the divine Other) is exactly what this cruel pedagogy brings about for him: "then he must consider and feel that he does not belong to himself" (216-217).

Above all, we may not lose sight of the fact that Ruusbroec does not wish to set forth here a rule of life ("one must deny oneself"), but rather he wants to show us how the mystic takes a decisive step on the level of experience: here it is chiefly a question of discovering a new kind of "feeling". The crucifying fact that the same God brings him into two states that are contrary for him—now celestially sound, then again miserable as the damned—detaches his experience from his self-feeling. This person's "savor" becomes refined:

---

[8] "Transformation" (overvorming) is a technical term in the Netherlands mystical literature. It must represent the same experience as "transformatio", but with a nuance: in "*overvorming*" we do not get the impression that man disappears in the process of union with God, but rather that he begins a *new* life.

now he also learns to feel God in so far as He is not the completion of himself: "he finds peace" outside himself.

The union without intermediary

The union without intermediary is especially treated from 244 to 328. Ruusbroec tries three ways to give an idea of this moment of the unitive experience. First, he calls on the contrast "action"-"passion": that which "moves" the mystic interiorly and that which he then tries to comprehend when he turns in on himself, reveals itself as something he cannot get at, as an abundance which cannot be captured but only "enjoyed" ("enjoying" always points to an overwhelming availability). The only thing a person faced with such overpowering presence,—this IS—, can still do is to allow himself to be acted upon: his attempt to make God his own must be completed here with an "under-going", a "yielding"—with a passive moment that puts him in a condition to receive more than he can contain. He who himself tries to penetrate God is now also "penetrated by the truth and goodness which is God Himself".

With reference to the striking term "doregaen" (penetrate) Ruusbroec consequently invokes two familiar comparisons in order to illustrate the union without intermediary: iron can be completely one with fire, and air with sunlight, without their being annihilated. And, "if material things which God has created can thus unite without intermediary, then how much better can He unite Himself with His beloved when He wishes" (276-278).

Finally Ruusbroec typifies the union without intermediary by situating it in the psychological structure of man. No matter how much the mystic exercises his understanding, will, memory, he cannot lay hold of the source of his own interior activity (his own proper being, that through which he *is* and out of which he *lives*) in this way. The "essence" lies out of reach of the "faculties" and only if these "dying to themselves, turn inwards" does he get in touch with his deeper "I". Now the union without intermediary has its proper place in this most intimate center, upon which not a single one of the intermediaries, such as the understanding, which one generally uses in order to come into contact with something else, has any grasp. The term "essential"—"an essential feeling", "essential love"—thus also points to a presence which, without the mediation of the "faculties", allows itself to be experienced in the naked "essence".

That the "faculties" are distinct from the "essence" absolutely does not mean that they are cut off from it. It is not because they, as such, always fail to understand their own "ground" and what goes on there that their activity must simply be suppressed at a given moment. For man is *one*, and anyone who would only be "essence" is not a man, according to Ruusbroec, and consequently, he would be a "false" mystic. Therefore, one must continually try to comprehend with the "faculties", that which is and happens "essentially", and to master actively that which is "rest" per se: "This is why we must always turn inwards and renew ourselves in love if we wish to experience love with love" (269-271). After a lovely passage (279-296) summarizing the union with intermediary (enlightened reason and active love) and that without intermediary (naked vision and essential love), Ruusbroec goes further into the matter of the unity of the mystic (297-328). First, he points out that the divine touch in the "essence" flows through all the "faculties of the soul". The higher as well as the lower faculties of man are brought into play—the passage on the repercussion of the interior experience on the body witnesses a real psychosomatic view of man. And after this out-flowing movement in the whole person, he then sketches how the whole person returns again, from "bodily feeling" to "an experience of motionless beatitude" of the union without distinction (cf. also 514-531).

Union without distinction

Ruusbroec forthwith makes a transition from the union without intermediary to the union without distinction: "through this divine feeling (he must) sink away from himself into an experience of motionless beatitude. This experience is our superessential beatitude which is an enjoyment of God and of all His beloved... It is essential to God and superessential to all creatures" (327-331). After these spare, extremely sober lines about the third aspect of the mystical unitive experience, Ruusbroec here interpolates a well-developed piece of theology on the Trinity (332-383), and after that, instead of extensively treating the union without distinction as such, as one might expect, he several times describes the three forms of union together (384-508).

Now, in what does this last moment of the unitive experience consist? In the experience of "beatitude". And blessedness means: "sinking away entirely out of yourself" into a reality which is "motionless" and "eternally at rest",—here man no longer has the feeling that he is himself, here nothing has to be conquered or understood. To be blessed is to be so rich that one no longer has any interest in property, "one receives more than one can desire", as Ruusbroec regularly formulates it. Here it is a question of such a total rest that it cannot be affected by any disquieting activity. After (or more exactly, together with) the moment of seeking (union with intermediary) and that of meeting (union without intermediary) comes that of being taken up into the

Other. "Activity" and "passivity" are crowned by "rest", or to use a favorite image of the Master, after the "burning" and "burning up", there comes the state of "being burned up". The mystic knows the self-governed use of the "faculties" and the passive "vagabondage" in his own deepest "essence", but he also knows the state of "being lost" in the "superessence", in the essence of the Other. Thus, the blessedness dealt with here is a bottomless abundance, as much for God as for man, but what is natural for God—"essential"—is supernatural—"superessential"—for man.

Let us now examine more closely the dogmatic passage on the Trinity. What is it that Ruusbroec particularly wishes to elucidate here concerning the mystical experience? In the first place, that the life in the trinitarian God announces itself as the "model" of the complex experience of the mystic, as well as of his perhaps shocking experience of an unassailable blessedness. What I describe for you as the experience of certain men, says Ruusbroec, is not so much a "mystical" and suspicious novelty; it has a solid basis in dogma. In order to be able to think of the one God in three Persons, one usually makes a distinction between the Essence and the Persons. But distinguishing is not enough; Essence and Persons must also be perfectly one. This unity in diversity supposes that in the divinity something happens,—something paradoxical: "the Persons yield and lose themselves whirling in essential love, that is, in enjoyable unity; nevertheless, they always remain according to their personal properties in the working of the Trinity" (332-334). Therefore, we must regard the divine nature as a complex reality: "eternally active according to the mode of the Persons and eternally at rest and without mode according to the simplicity of its essence" (335-336). This idea of God,—a bipolar structure in which unity is continuously taking place—has the upper hand in the Western tradition. However useful it may be, it entails one disadvantage which should not be underestimated: it is only with difficulty that we can free ourselves from the impression that in this model the three Persons stand together in opposition to the Essence. An Essence, moreover, that, separated from the Persons, would form the ultimate divine reality. As a consequence the personal, active aspect of the Godhead appears to be, in one way or another, only a temporary and accidental moment. In order to reject this subtle ambiguity which certainly has far-reaching consequences (do not all "false" mystics, for example, always want to pass over the Persons in the Godhead?), Ruusbroec will complete his first presentation of the triune God, relying on the doctrine of the Greek Fathers for it. The Persons, as he states so precisely, never stand in opposition to the Essence; they always and only stand facing each other. The Essence is only *in* the other Person and only *there* can Father, Son and Spirit be one. In this way, then, the Father and the Son take pleasure in each other (think, meanwhile, of the union with intermediary) and "embrace" each other (refer to the union without intermediary) and this "embrace" reveals itself as *bottomless:* where one Person entirely com-prehends the other, He is immediately overwhelmed by an unfathomable abundance. This superabundance is the Essence; this assault is beatitude. According to Ruusbroec, then, the Essence is nothing other than the inexhaustible transcendence of the other Person; beatitude is nothing other than a rest which reveals itself in activity.

Secondly, Ruusbroec wants to clarify how the mystic is united with that model life of God. Just as an active love-game is played among the divine Persons mutually, so also is it the case between God and man. In this context, for Ruusbroec, "God" is always the Son: "whosoever, by means of grace with loving complacency, is brought back to the eternal complacency of God will be caught and embraced"—a personal meeting which spills over into the divine Essence—"embraced in the fathomless love which is God Himself" (353-356). On this point, namely, that through the union with the Son man attains the Essence, the *Boecsken* is not very explicit, and so therefore here is one passage from *Die brulocht* which clearly confirms that: "Through the enjoying inclination of his spirit he conquers God and becomes one spirit with Him. And through this union with God's Spirit, he enters into an enjoying savoring and he possesses the divine Essence."[9]

---

[9] R I, p. 224.

III. THE EDITION

1. *Justification*

Until the present time, the works of Ruusbroec have been published twice in their entirety: by Jan Baptist David[1] and by the Ruusbroecgenootschap[2].

David's edition is based on a critical treatment of the sources, to the extent that he mentions the manuscripts consulted for each work and states his reasons for the choice of the basic manuscript. Even so, from a comparison of David's text with the manuscripts used by him it appears that he introduced a considerable number of spelling changes and "corrections" in the inflections without mentioning them in the footnotes.[3] The faulty readings in his basic manuscript are often not corrected, and when they are indeed corrected, he more than once neglects to notify us. As a consequence, it is only seldom that the reader knows with certainty whether he is dealing with the text of the basic manuscript or with a variant from another manuscript or with one of David's own conjectures.

A new edition was prepared by the Ruusbroecgenootschap in the years immediately following the celebration of the 550th anniversary of Ruusbroec's death, in 1931.[4] All the same, in the editors' own words, this could not be called "a definitive critical edition".[5] Such an edition should take into account all the variants of the manuscripts which qualify for consideration. Nevertheless, for want of time, the editors had to proceed in a more modest way. With that, Middle Dutch philology still faces the surprising fact that, though there does indeed exist a critical edition of the Upper German translation of two of the masterworks of one of its greatest prosaists, namely, *Die geestelike brulocht* and *Vanden blinkenden steen*[6], there is none of the original Middle Dutch text.

[1] [J. David], *Werken van Jan van Ruusbroec*, 6 vols., (Maetschappy der Vlaemsche Bibliophilen, 3rd series, nos. 1, 4, 7, 9, and 12), Ghent, 1858-1868.
[2] Jan van Ruusbroec, *Werken*. Naar het standaardhandschrift van Groenendaal uitgegeven door het Ruusbroec-genootschap te Antwerpen, 4 vols., Mechlin-Amsterdam, 1932-1934; (2nd ed.), Tielt, 1944-1948.
[3] Cf. L. Reypens, *Uit den voorarbeid tot eene critische uitgave van Ruusbroec's "Brulocht"*, in *V.M.K.V.A.*, 1921, p. 79; R II, pp. XVII-XXV; G. de Baere, *Jan van Ruusbroec, Vanden seven sloten*, pp. 16-17.
[4] Cf. note 2.
[5] R I, p. XVIII.
[6] W. Eichler, *Jan van Ruusbroecs 'Brulocht' in oberdeutscher Überlieferung*. Untersuchungen

As basis for their edition, the editors of the Ruusbroecgenootschap chose two manuscripts, MS Brussels, K.B., 19295-97 (De Vreese: MS A) and MS Brussels, K.B., 1165-67 (De Vreese: MS F), the first of which includes three of Ruusbroec's works, and the second includes the remaining eight. MS A is the second part of a late fourteenth century codex originating from the Groenendaal priory, where Ruusbroec himself was the first prior; MS F is a late fifteenth century copy of the lost first part of the same Groenendaal codex, written in Brussels.[7] The place and the dating of A, as well as the origin of F, allow us to presume that both manuscripts proffer good texts, which, moreover, are written in Brabantine, Ruusbroec's language. True, this Brabantine is more recent than Ruusbroec's, and therefore as the editors note, an older Brabantine manuscript can be considered better for the critical edition of the separate treatises.[8] Rare faults in MS A and faults which regularly appear in MS F were corrected from the only two manuscripts which contain the complete works of Ruusbroec, MS Brussels, K.B., 3416-24 (De Vreese: MS D) and MS Ghent, U.B., 693 (De Vreese: MS G), and from most of the other manuscripts which were known at the time of the edition.

External criteria played an important role in the high value accorded to MSS A and F;[9] the fourteenth century codex from Groenendaal must certainly be an almost ideal codex, a norm for the other manuscripts, the "standard manuscript", as the subtitle of the edition puts it in unveiled terms.

The external data about MSS A and F justly lead to a favorable a priori regarding the value of their text. But one may not regard a humble priory such as that of Groenendaal as a Bureau of Standards in which the faultless measure for all the Ruusbroec texts lies hidden. It is quite probable that in the immediate surroundings of the Master they would not put up with manuscripts which would distort his teaching, but it is less likely that this critical sense should extend itself equally to all facets of the text. The editors repeatedly maintain that a complete critical edition can certainly be interesting for the

---

und kritische Textausgabe, (Münchener Texte und Untersuchungen zur deutschen Literatur des Mittelalters, 22), Munich, 1969; Id., *Jan van Ruusbroec, Van den blinckenden steen in oberdeutscher Texttradition.* Herausgegeben von —, (Kleine deutsche Prosadenkmäler des Mittelalters, 4), Munich, 1968.

[7] Cf. L. Reypens, *Ruusbroecbijdragen, Belangrijke ontdekking in handschrift A*, in *Tijdschrift voor Nederlandsche Taal- en Letterkunde*, 42 (1923), pp. 47-71; R I, p. XVIII.

[8] R I, pp. XVIII-XIX, n. 4. We have followed this suggestion for the *Boecsken der verclaringhe*, with good results. That the choice of the fourteenth century MS Brussels, K.B., 3067-73 (De Vreese: MS Vv) is to the advantage not only of the language but also of the text itself may appear clear from our edition.

[9] "... two manuscripts which, all things considered, represent only one, which, however, doubtlessly presents a good text and perhaps the best one" (cf. R I, p. XVIII).

44

study of the dialect, but not for the mystical contents of Ruusbroec's works. [10]

No one who is in any way at home in MSS A and F and in Ruusbroec's doctrine can doubt that these manuscripts—and consequently the edition of the Ruusbroecgenootschap—give a trustworthy picture of his mystical teaching. But few philologists can be satisfied that a text is philologically correct if only the doctrine is in order. They would point out that the text contains more than mystical doctrine alone, that at times it also describes a historical situation, that it moralizes and allegorizes: areas which do not directly express doctrine, and thus, areas in which variants are possible—good, less good and faulty—without affecting the doctrine. In addition, the doctrine itself can be expressed more adequately in one manuscript than in another. The whole area lying between the material form of the dialect and Ruusbroec's idea and exactly wherein the mastership of his prose gets its shape are questions which deserve to be taken up in the text-critical study.

In comparison with David's edition, that of the Ruusbroecgenootschap offers greater philological reliability by reason of notification and justification of its corrections. The criticism which one could level against the edition concerns not so much the technique with which the text is handled as the edition's starting-point: the high value accorded to MSS A and F, which allowed clear faults to be overlooked. We have previously formulated a temporary judgment on the edition from the basis of the textual study of the *Boecsken der verclaringhe*. [11]

This judgment was later confirmed in the study of *Vanden seven sloten*: [12] MS F is a good manuscript, but it received more confidence than it deserved, so that some of its faults were also taken up into the text-edition. The variants of the other textual witnesses deserved more consideration.

Until the present time, we have not examined any treatises which are edited on the basis of MS A. But in view of the fact that many faulty readings of MS F also appear in MS G, and since both manuscripts go back to the same codex to which MS A once belonged [13] the suspicion is great that MS A too, exhibits a number of deviations which can only be detected with the aid of the other textual witnesses.

In summary: we consider that a new edition of the complete works of Ruusbroec is justified for the following reasons:

---

[10] R I, p. XVIII, n. 1; R III, p. XXIII.

[11] G. de Baere, *Dat boecsken der verclaringhe van Jan van Ruusbroec, Opmerkingen bij de tekst van handschrift Vv (Brussels K.B. 3067-73)*, in O.G.E., 46 (1972), pp. 367-368.

[12] Id., *Jan van Ruusbroec, Vanden seven sloten*, p. 441.

[13] Cf. L. Reypens, *Ruusbroecbijdragen, Belangrijke ontdekking in handschrift A*, in *Tijdschrift voor Nederlandsche Taal- en Letterkunde*, 42 (1923), pp. 47-71.

1° for some treatises, notably, the *Boecsken der verclaringhe* and *Vanden seven sloten*, manuscripts which are older than MS F and which more closely approach Ruusbroec's own language can be taken as basis for the edition.
2° for all the treatises, a thorough examination of all textual witnesses will allow readings which are not original in MS F (and also in A, as the case may be) to be detected and corrected.

The substance of this new edition lies in the critical text, along with the variant apparatus and the critical commentary. Moreover, in order to make the text accessible to as large a public as possible, the original Middle Dutch text is accompanied by a new English translation. Finally, we add the Latin translation of Surius, because it made Ruusbroec known all over the world—it was by this route that his works were translated into various modern languages—and because this translation, as supple as it is precise, is in itself a literary monument of the first order.

2. Manner of editing

1. The reproduction of the Middle Dutch text

1.1. The punctuation and the use of *i, j, u, v* and *w* are adapted to modern standards. Capital letters are used only at the beginning of the sentence and for proper names.

1.2. The abbreviations are spelled out in agreement with the fully written forms. When these forms show various manners of spelling a word, the form chosen for the spelling out of the abbreviations is that which most frequently appears when fully written out. If an abbreviated word never appears fully spelled out, the most probable spelling is taken, within the spelling of the manuscript.

1.3. The interventions of the editor in the text of the manuscript which correct demonstrable deviations in relation to the original text, are indicated as follows:

   1. Words or letters which are added are placed between angle brackets (< >). The spelling of the interpolated elements is adapted to the spelling of the manuscript. When it shows diverse ways of writing a particular word, the most frequent spelling is reproduced. When an interpolated word does not appear a second time in the text, it is written in the spelling which is most probable within the system of the manuscript.

   2. Words or letters which should be omitted are placed between brackets ([ ]).

3. Before words in which letters are changed or words which have entered in place of another word there is placed an asterisk (*).
4. Beginning and end of a word-group of which the order is changed are indicated by °.

1.4. The division of the text into paragraphs reproduces the clear structure of the work itself, structure which is confirmed by the lombard letters and the section-marks in the authoritative manuscripts A, F and G. Headings are not inserted, as it appears from the manuscrips A and F that they are not original.

1.5. In the right-hand margin are found the corresponding pages of the second edition by the Ruusbroecgenootschap, and the folios of the manuscript.

2. *The structure of the variant apparatus and the notes*

2.1. The variant apparatus[14]

The apparatus is conceived essentially negatively, that is, that all divergences with respect to the basic text are noted according to the norms for selection of variants, followed by the sigla of the manuscripts which exhibit these divergences. On each page, above the apparatus, are mentioned the manuscripts which contain entirely or in part the section presented on that page. When they cover only a part of the text on the page concerned, the word with which they begin and/or end is mentioned in the apparatus. In this way one can ascertain for each variant which manuscripts do not contain that variant.

Where the basic text itself is altered by corrections, the variants are noted in the apparatus with respect to the corrected text. When the correction consists in the substitution of one word for another, we also mention the sigla indicating the manuscripts which contain the correct reading. When a text-critical choice between different variants must be defended, reference is made to the critical commentary by the notation: *(see C.C.)*.

2.1.1. The selection of the variants[15]

The following variants are noted:

---

[14] The point of departure for these rules is the composition of the variant apparatus in W. Eichler's edition: W. Eichler, *Jan van Ruusbroecs 'Brulocht' in oberdeutscher Überlieferung*, Munich, 1969. — We have also borrowed a few elements from *Plotini opera*. Ediderunt Paul Henry et Hans-Rudolf Schwyzer, 3 vols., Paris-Brussels-Leiden, 1951-1973.

[15] In drafting these rules we have made use, inter alia, of the doctoral dissertation of W. van Hoecke, *L'œuvre de Baudouin de Condé et le problème de l'édition critique*, 5 vols., (Diss.), Louvain, 1970, (Offset). There is a treatment on selection of variants in vol. II, pp. IV-VIII.

1. omission of words (also omission of syllables if it is not due to the omission of an abbreviation sign[16]);
2. addition of words (also addition of syllables if it is not due to the addition of an abbreviation sign[17]);
3. variants in the word-sequence;
4. substitution of words by other words.

The following limitations apply:[18] not reproduced are:
1. differences in the spelling;
2. evident spelling errors;[19]
3. historical and geographical variants of the same word;
4. differences in inflection which do not influence the meaning of the text;
5. different genders of the same word;
6. variations through proclisis or enclisis;
7. the occurrence of the negative adverb *en*, when it is accompanied by other negative words;
8. a few frequently-appearing words which, according to their meaning are synonymous and very similar as to form, viz.
   — the nouns: hitte/hette, liefde/liefte, raste/ruste, vroude/vroechde
   — the verbs: rasten/rusten, wandelen/wanderen
   — the pronouns: een iegelijc/iegelijc/iegewelc
   — the adverbs: aldus/alsus, mede/met, vore/voren
   — the conjunctions: doe/doen
   — the prepositions: jegen/tegen, na/naer, te/tote.

2.1.2. The presentation of the variants
2.1.2.1. The presentation of the variant-types
1. omissions: the omitted section is noted, followed by the abbreviation *om*;[20]
2. additions: the added part is given, accompanied by the preceding or following word placed between parentheses;[21]

---

[16] Where there is possible confusion between *en* and *ende*, such variants are then reported.
[17] See preceding note.
[18] The intention of these limitations is to exclude frequent variations of a simply formal type from the apparatus. For various motives, exceptions to these limitations are made only rarely.
[19] This limitation does not apply to the basic manuscript.
[20] In the case of omission of proclitic or enclitic elements, the word to which these forms belong is mentioned.
[21] In the case of addition of proclitic or enclitic elements, the word to which these forms belong is mentioned.

3. variations in sequence: the section with the varying order is mentioned;[22] a slanted line (/) shows the turning-point of the inversion, when this turning-point is not a word from the group. When a word or series of words is placed quite far away from the original location, it will be indicated as to which line and before or after which word the transposed word or series of words respectively stands. The indication *trnsp* precedes the sigla of the manuscripts in question;

4. substitutions: when, on account of a similarity of forms, it is clear to which words from the text the variant refers, only the variant is mentioned. In the contrary case, the related words of the text precede it and are separated from the variant by a colon.

2.1.2.2. Spelling

Except in the case of omission, the variants follow the spelling of the first-mentioned manuscript. If this manuscript is a reconstruction, then the spelling is that from the first manuscript which belongs to the reconstructed group.[23] In accordance with the critical text the use of *i, j, u, v* and *w* is adapted to modern standards.

2.1.2.3. Setting

1. the variants are preceded by the number of the line to which they refer;

2. before variants which refer to more than one line, there is given an indication of the beginning and ending line;

3. a comma is placed between variants which refer to the same part of the text;

4. when identical words of the same line could be confused, the number after the word or after the variant of that word tells which one of the identical words is concerned.[24]

2.1.2.4. Sequence

1. the variants are ordered according to the sequence wherein they occur in the text;

2. variants having reference to the same place in the text are ordered according to the order of the manuscripts indicated infra (2.1.3.2.), whereas omissions are always mentioned after the other variants.

---

[22] When proclitic or enclitic elements alter their place, the giving and the receiving word are reported.

[23] For the sequence of the manuscripts, see 2.1.3.2.

[24] The distinction majuscule-minuscule does not remove the identity.

2.1.2.5. Synthesis

1. when different variants in a manuscript appear together, this complex variant is indicated in its totality, and, when necessary, preceded by the version from the basic text;

2. when different manuscripts have a common variant, with the possible exception of one or more divergences, they are reported together, while the divergences in the variant are indicated as follows:

   1. omission: after each omitted word there follows *om* between parentheses, and the sigla for the manuscripts in question;

   2. addition: the addition is cited between parentheses, followed by the abbreviation *add* and the sigla for the manuscripts concerned;

   3. change in sequence: the words which have the changed order are cited between parentheses after the words which have the sequence of the group and are followed by the sigla of the manuscripts concerned;

   4. substitution: the substituting words are cited between parentheses after the words of the common variant to which they refer and are followed by the sigla of the manuscripts concerned;

   5. deletion: after each deleted word there follows the abbreviation *del*, between parentheses, and the sigla of the relevant manuscripts.

   Remark

   In case of conflict between the synthesis of variants of one manuscript and the synthesis of manuscripts having the same variant, the second synthesis enjoys the preference.

2.1.2.6. The presentation of the parts of text of the incomplete manuscripts

1. the incipit of these manuscripts is indicated by *inc* after the word with which they begin;

2. the place where a text breaks off is indicated by *breaks off*[25] *up to* after the word immediately preceding the interruption, followed by the line-number where their text resumes;

3. resumptions of the text are indicated with *resumes* after the word where the text is resumed, followed, between parentheses, by *cf.* and the line-number where the text had been interrupted;

---

[25] If the manuscript is lacking a part of the text through an external cause, then *breaks off* is changed to *lacking*.

4. the end is indicated by *des* after the last word of the text which the manuscripts have.

2.1.3. The presentation of the manuscripts
1. Indication
Each variant is followed by the siglum of the manuscript to which it belongs . After common variants the sigla of the manuscripts are presented together, if possible, in terms of the reconstructed manuscripts in the stemma.
2. Sequence
The sigla of the major Ruusbroec-manuscripts A, D, F and G precede the sigla of the other manuscripts. The latter are ordered according to their mutual relationship and their importance for textual criticism. When the basic manuscript itself (and/or one or more manuscripts belonging to the same family) occurs in the apparatus, its siglum takes the first place.

2.2. The paleographic commentary
The second series of notes gives the paleographic commentary. It mentions only those corrections in the basic manuscript that have not been incorporated into the critical text. The remaining paleographic notes are found in appendix 5, pp. 184-185. It mentions the corrections which have been incorporated into the critical text and other phenomena which fall outside the ordinary run of the text, such as lombard letters, exceptional spellings due to word-division and damage of text by external causes (cutting off, stains etc.), when the damage is limited to single letters.

2.3. The description of Scripture citations
The third series of notes consists of references to the Bible. The Scripture references are preceded by the indication *cf.* when it is a question of paraphrased citations, and by the indication *see* when it concerns passages which summarize a single passage from Scripture or only borrow a few elements from it. The quotations almost always consist of only a part of the verses mentioned.

3. *Surius's Latin translation*

As a basis for the text the first edition (1552) of Surius's Latin translation was adopted. The following rules apply:
3.1. Surius's marginal notes are omitted.

3.2. Orthography and punctuation are taken over unaltered with the following exceptions:
1. the abbreviations are written in full (except the abbreviations using the full stop);
2. the use of *i, j, u* and *v* is adapted to the orthography current since the nineteenth century and the accents are omitted;
3. the printing errors not occurring in the list of errata in the Surius-edition itself are corrected and the errors are mentioned in footnote;
4. of those words which are printed in capitals, only the first letter is kept as a capital.

3.3. Notable deviations of Surius from the critical Middle Dutch text as well as those variants which he has in common with one or more families of manuscripts mentioned in the variant apparatus are mentioned in footnote as follows:
1. omissions: the Middle Dutch words that do not occur in Surius are mentioned, followed by *om*;
2. additions: the Latin words in Surius that have no Middle Dutch equivalent are mentioned, followed by *add*;
3. substitutions: the Middle Dutch version is separated from the deviating Surius version by a colon.

3.4. The passages where the three Surius-editions (1552, 1608/9, 1692) are not identical (nearly always because of printing errors) are mentioned in appendix 6.

4. *Note on the English translation*

The goal of the translator was to render Ruusbroec's own text as literally and as faithfully as possible, avoiding all fancies of style which might be tempted to improve upon the Middle Dutch work. Some expressions may have surprised the fourteenth century reader; they must be allowed to have the same effect now, without softening them. Some expressions are ambiguous in the original; we have not attempted to resolve them for the reader.

Especially difficult was the problem of an accurate rendition of the author's technical, mystical vocabulary, which is consistently developed and continued throughout the entire corpus of his works. This gave us the task of finding a basic terminology which would be faithful to the author, not making him say more—or less—in English than he himself originally intended.

When, for the sake of necessary clarification, rare additions are made to the text, these are placed within parentheses.

INLEIDING

I. LEVEN EN WERKEN VAN RUUSBROEC[1]

Jan van Ruusbroec heeft, voor een middeleeuwer, uitzonderlijk lang geleefd: van 1293 tot 1381. En dat in een uiterst bewogen periode van de Europese geschiedenis. De veertiende eeuw — herfsttij der middeleeuwen of koortsachtige aanzet van de nieuwe tijd? — brengt immers op alle gebied ingrijpende veranderingen mee. Er zijn politieke omwentelingen. De jonge naties, die nu de greep van het pauselijk gezag ontgaan, geraken in onderlinge oorlogen verwikkeld: van 1337 tot 1453 blijft de Honderdjarige Oorlog maar aanslepen. Er komt echter ook een nieuwe staatsstructuur te voorschijn, vooral dan door het feit dat op heel wat plaatsen in Europa, meer bepaald in Vlaanderen en Brabant, de steden hun positie verstevigen ten overstaan van de vorsten en hertogen, en de ambachten aan de macht komen. Hongersnood en pest — van 1347 tot 1351 waart de 'Zwarte Dood' over het continent — en een weifelende economie gaan gepaard met sociale onlusten. Zo komen ook de boeren in opstand: in Vlaanderen in 1332; de Franse 'Jacquerie' woedt in 1358 en de 'Lollards' vallen Londen binnen in 1381. De Kerk wordt niet minder geschokt: haar indrukwekkende structuur van de dertiende eeuw zakt nu als een kaartenhuisje in elkaar. Niet alleen heeft Bonifacius VIII het 'zwaard' van de wereldlijke macht moeten prijsgeven, een zestal jaren na zijn dood verblijft de opvolger van Petrus in Avignon, een Babylonische Gevangenschap die op het Westers Schisma zal uitdraaien. En waar de officiële Kerk geen houvast meer biedt, ontstaan en floreren allerlei min of meer ketterse, 'mystieke' groepen, die er vaak uitzinnige praktijken op na houden. Door de steden trekken 'Flagellanten' (kerels die zich tot bloedens toe geselen) en 'Dansers'. Vooral in deze eeuw treden de ál te fameuze 'Broeders van de Vrije Geest' op. Het avond-

---

[1] Het gaat hier om een summier overzicht van het leven en de werken van Ruusbroec. Voor nadere gegevens van biobibliografische aard, zie A. Ampe s.j., *Jean Ruusbroec*, in *Dictionnaire de Spiritualité*, dl. VIII, Parijs, 1974, kol. 659-697. Wat de vorming van de traditionele voorstelling — het 'image' — van Ruusbroec betreft, zie A. Ampe s.j., *Ruusbroec, Traditie en werkelijkheid*, (Studiën en Tekstuitgaven van O.G.E., XIX), Antwerpen, 1975. — In deze inleiding wordt geciteerd uit twee oude bronnen: *Die Prologe van her Gerardus*, uitgegeven door W. de Vreese in *Het Belfort*, 10² (1895), pp. 7-20 en *De origine monasterii Viridisvallis* door Henricus Pomerius, uitgegeven in de *Analecta Bollandiana*, 4 (1885), pp. 257-334. Gerardus was een kartuizer van Herne (nu Hérinnes) en vriend van Ruusbroec. Hij kopieerde vijf van zijn werken en liet die voorafgaan door een Proloog (geschreven rond 1350), waarin men bijzonder waardevolle gegevens aantreft over het leven en de literaire activiteit van Ruusbroec. Pomerius (1382-1469) van zijn kant was een augustijn van Groenendaal zelf die zijn biografisch werk rond 1420 begon te schrijven. — De werken van Ruusbroec, uitgenomen het *Boecsken der verclaringhe*, worden geciteerd volgens de uitgave van het Ruusbroecgenootschap, *Werken*, 4 dln., (2e uitg.), Tielt, 1944-1948.

land schijnt dus op zijn grondvesten te wankelen, en het welige maar actieve Brabant, waar Ruusbroec in wortelt, is lang geen uithoek die aan deze beroering ontkomt. Toch kan men de levensgeschiedenis van de 'meester der Nederlandse mystiek' in een klein bestek voldoende weergeven, — de rijkdom en actualiteit van dit bestaan lag blijkbaar niet in opvallende, aanwijsbare feiten.

Hij werd geboren te 'Ruusbroec', een dorpje enkele kilometers ten zuiden van Brussel. Op elfjarige leeftijd komt hij naar de nabije stad, om er aan de kapittelschool het Latijn en de 'artes' te leren. Hij woont in bij een verwant, een zekere Jan Hinckaert die kanunnik is van de St.-Goedelekerk. Over zijn verdere intellectuele opleiding — wat hij nog studeerde en waar — hebben we geen precieze gegevens. In heel wat traditionele levensbeschrijvingen wordt die trouwens geminimaliseerd: in het spoor van de eerste biograaf, Pomerius (1382-1469), ging men er devoot van uit, dat deze 'heilige mysticus', die op de koop toe niet in het Latijn maar in de volkstaal schreef, zijn wetenschap alleen door directe goddelijke inspiratie verkregen had. Dit neemt echter niet weg dat we er zeker kunnen van zijn dat hij tenminste de filosofische en theologische studies deed die normaal vereist werden van een toekomstig priester. Uit zijn werken blijkt bovendien dat, zo hij al geen hooggeleerde scholastiek was, hij zich toch goed thuisvoelde in de speculatieve wetenschap van zijn tijd. In 1317 wordt Ruusbroec tot priester gewijd en een kwarteeuw lang zal hij het bescheiden leven leiden van een kapelaan van St.-Goedele.

In deze Brusselse periode schrijft Ruusbroec zijn eerste werken: *Dat rijcke der ghelieven, Die geestelike brulocht, Vanden blinkenden steen, Vanden kerstenen ghelove*, en, gedeeltelijk, *Van den geesteliken tabernakel*. Wat was de uitwendige aanleiding tot deze literaire activiteit? — dat niemand alleen door de omstandigheden een echt auteur wordt, laat staan een mysticus, spreekt onderhand wel vanzelf. Op de eerste plaats is er het almaar toenemend succes van de 'Broeders van de Vrije Geest', een zeer verspreide en moeilijk te identificeren religieuze beweging, waarin de 'Zusters' zich trouwens niet onbetuigd laten, en die reeds sinds de dertiende eeuw het christendom in beroering brengt. Het gaat hier dus niet om een echte, georganiseerde sekte, maar om ketterse groepen — in 1310 sterft Marguerite Porete op de brandstapel, in 1312 wordt de 'Vrije Geest' veroordeeld door het concilie van Vienne — met uitgesproken mystieke allures. Over de aard van deze mystiek zal Ruusbroec zelf ons verder inlichten (het *Boecksen der verclaringhe* bevat juist bijzonder interessante gegevens en inzichten); hier volstaat het te weten dat zij duidelijk gekarakteriseerd is door een pantheïstische en quiëtistische tendens: wie de 'Vrije Geest' volgt wordt identiek met God en hoeft zich bijgevolg niet te bekommeren om de beoefening der deugden of in te laten met het kerkelijk en maatschappelijk bestel. Voor Ruusbroec ging het hier om een gevaarlijk religieus fenomeen. Niet alleen vond hij de vereniging met God, zoals de 'Broeders' die voorstelden illusorisch en hun leven onmenselijk, hij besefte ook dat het christenvolk zich onvermijdelijk verder zou laten inpalmen door deze dubieuze spiritualiteit. Want, en hiermee komen we dan bij de tweede, complementaire reden waarom Ruusbroec zich aan het schrijven zette, de christenen troffen in hun Kerk niets meer aan wat hen nu juist tegen zo een dwaalleer had kunnen wapenen: geen degelijk onderricht, geen levende voorbeelden, en vooral geen persoonlijke religieuze beleving. Het volk verkeert dus in nood. Daarom zal Ruusbroec, zoals broeder Gerard zegt, ,,in onvervalst Brussels Diets'' schrijven; want er was ,,in die tijd grote behoefte aan een heilig en volledig onderricht in het Diets, daar er toen enkele huichelachtige en tegenstrijdige (opvattingen) de kop opgestoken hadden...''.

Nu is Ruusbroec zijn hele leven lang een oprecht lid van de Kerk geweest. Hij komt er in zijn werken niet alleen voor uit dat zijn mystiek blijvend stoelt op de katholieke leer, hij erkent ook uitdrukkelijk het gezag van de Kerk: ,,Wat mijn inzichten, ervaringen of geschriften betreft, onderwerp ik mij aan de uitspraak van de heiligen en de heilige Kerk. Want ik wil leven en sterven als Christus' dienaar, in het christelijk geloof. Met zijn genade verlang ik een levend lid te zijn van de heilige Kerk''[2]. Dat deze erkenning van het leergezag voor hem niet betekent dat men zijn eigen inwendige beleving verdringt, laat hij intussen ook wel weten: ,,Maar wat ik ervaar, dat ervaar ik. Ik kan het niet uit mijn geest verjagen: al zou ik er de hele wereld bij winnen, nooit zal iemand mij de zekerheid en het vertrouwen kunnen ontnemen dat Jezus me niet zal verdoemen. Wanneer ik iets anders hoor, verkies ik te zwijgen''[3]. Bij gelegenheid spreekt hij ook met waardering over de kerkelijke structuren (hoewel hij er zich blijkbaar wel voor wacht het hiërarchische aspect daarvan dan te vermelden): ,,Zonder Heilige Schrift, priesters, bisschoppen en kloosterlingen was de christenheid reeds lang vergaan. Iedereen zou handelen naar eigen goeddunken en grillen: zo veel wegen als hoofden! Het volk zou dwaas worden, het christelijk geloof verlaten en alle deugd vergeten''[4]. Maar deze loyale kapelaan stak, wat de Kerk — zijn Kerk — aanging, de kop niet in het zand. En deze mysticus, die getypeerd wordt als 'solitarius', eenzaam, was helemaal geen abstracte geest of een schuchtere dromer. Hoe scherp hij de concrete kerkelijke situatie in het oog vatte, komt in zijn werken óók geregeld tot uiting. Ruusbroec zág dus niet alleen wat er feitelijk gebeurde, hij zei het ook openlijk, en dat in een tijd waarin een publieke stellingname op dit stuk nog lang niet ongevaarlijk was. Zelfs broeder Gerard, die overi-

---

[2] *Boecsken*, rr. 537-542.
[3] R IV, p. 219.
[4] R II, p. 298.

gens zo'n trouw kopiïst was, vond dat hij op dit punt niet alles mocht publiceren: ,,Zo heb ik in dat zelfde boek (namelijk *Van den geestelijken tabernakel*)...
niet zonder reden een grote aanklacht tegen al de standen in de heilige Kerk achterwege gelaten. Hij bracht die uit omdat hij leed onder het feit dat zij zo erg afgeweken zijn en nog steeds afwijken van hun eerste begin''. Ruusbroec neemt inderdaad geen blad voor de mond en niemand wordt gespaard. Reeds in *Die geestelike brulocht* brengt hij kritiek uit op de clerus. Zijn toon is daar nog gematigd, maar vanaf *Van den geestelijken tabernakel*[5] wordt hij meedogenloos scherp. Bij de leken moeten vooral de parvenu's, die met hun opzichtige toiletten in de kerk komen paraderen, het ontgelden. En ook de rijken die wel ,,merken dat voor het aardse goed de hele wereld buigt: paus en bisschop, prinsen en prelaten, geestelijken en leken nijgen ervoor. De rijke man krijgt van alle geestelijke goederen zijn deel: men zingt en leest missen voor hem, en al de uitwendige praktijken van de heilige Kerk staan hem ter beschikking. Ook verkrijgt hij brieven die hem garanderen dat hij geabsolveerd is van vagevuur en zonden''. Wie zou deze mensen trouwens de echte, daadgerichte christelijke leer bijbrengen? Zeker niet de geestelijkheid: ,,Hun onderwijs gelijkt op hun leven. Want ze veranderen door hun valse uitleg de uitspraken van God en van de heilige Schrift...''. De wereldclerus is van hoog tot laag de slaaf van het geld. De prinsen van de Kerk zijn uit op macht, op pracht en praal: ''Als een bisschop of een voorname abt zijn volk bezoekt, rijdt hij met veertig paarden, met een groot geleide en enorme onkosten. Hij betaalt het toch niet zelf. De zaken gaan vooruit, in zijn beurs, en dientengevolge worden de zielen niet geraakt''. De lagere clerus redt zich op zijn manier: ,,Men vindt ook andere priesters die in de kerk staan te wachten op geld, met een slaafsheid als waren ze blinden of kreupelen'' — ,,Die van het goed van de heilige Kerk leven, en rein dienden te zijn naar lichaam en ziel, onderhouden — sommigen althans — hun kinderen in hun eigen huis, openlijk en zonder blikken of blozen, fier zelfs, alsof zij ze van een wettige echtgenote hadden''. Met de religieuzen is het, op enkele schaarse uitzonderingen na — arme clarissen en kartuizers bijvoorbeeld — al even erbarmelijk gesteld. Geld speelt de hoofdrol, ,,sluwe huichelaars'' raken aan de macht en ,,al wie in hun nabijheid komt moet buigen en nijgen''.

In zijn diatriben tegen de corruptie van het godsdienstig leven beperkt Ruusbroec zich echter niet tot het noemen van feiten. Hij geeft ook zijn diagnose: de oorzaak van die bedroevende praktijken is niets anders dan een totaal gebrek aan persoonlijk geestelijk leven. Bijna niemand van al die talrijke 'gelovigen' schijnt zelf enige religieuze ervaring te hebben. En hoe zou een geloof dat eigenlijk niet bestááat — dat geen inwendige werkelijkheid is — zich waarachtig

---

[5] Voor de aanhalingen uit *Van den geestelijken tabernakel*, zie R II, pp. 321-333 passim.

en daadwerkelijk kunnen uitdrukken? In *Die geestelike brulocht* wees hij er al op dat bij de clerus elke 'smaak' in het religieuze ontbrak: ,,ze zijn helemaal uitgekeerd naar de wereld, en ze doorgronden de dingen niet die ze in handen hebben. Daarom bidden ze met hun lippen, maar het hart smaakt niet wat het betekent, namelijk het verborgen wonder dat in de Schrift, in de sacramenten en in hun functie besloten ligt, — dát ervaren ze niet. En daarom zijn ze grof en plomp en niet verlicht door de goddelijke waarheid''[6]. En in *Van den geesteliken tabernakel* komt hij ook geregeld terug op deze nood aan ervaring. Als de mensen in de kerk zitten te babbelen of stompzinnig te suffen, of als ze om de haverklap naar buiten lopen, dan is het omdat ,,de dienst van onze Heer hen niet smaakt''. En de grootste plaag die onder de religieuzen heerst, is het rondlopen buiten hun klooster. ,,Kijk, deze lui is hun klooster een kerker en de wereld een paradijs. Want God noch de eeuwige zaligheid smaakt hun''.

Ruusbroec zal dus schrijven: om tegemoet te komen aan de diepste nood van het gelovige volk — inwendig leven — en om het zodoende te sterken tegen de waanbeelden en praktijken van de 'Vrije Geest'. Een derde aanleiding mag hier nog aangestipt worden. Reeds in zijn Brusselse periode treedt hij op als persoonlijk geestelijk leidsman. Sommige mensen zullen dan van hem verkrijgen dat hij de inhoud van hun gesprekken neerschrijft. Zo is, volgens broeder Gerard weer, *Vanden blinkenden steen* op deze manier ontstaan: ,,Eens zat heer Jan over geestelijke zaken te praten met een kluizenaar. Toen ze afscheid gingen nemen, vroeg de broeder hem met heel veel aandrang dat hij hetgeen zij daar behandeld hadden, wilde neerschrijven en zo verder verklaren...''. Later zal Ruusbroec nog verscheidene keren aan een gelijkaardig verzoek tegemoet komen.

Het grote keerpunt in de uitwendige levensloop van Ruusbroec is 1343. De kapelaan verlaat Brussel, in gezelschap van zijn gastheer Jan Hinckaert en een andere kanunnik, Vrank van Coudenberch. Het trio, dat reeds een tijdje samenleefde in het huis van Hinckaert, vestigt zich, volgens broeder Gerard, ,,in een bescheiden huis, ten zuidoosten van Brussel, een mijl ver het Zoniënwoud in, in een dal dat het groene dal heette, waar tevoren een kluis stond met een kluizenaar erin''. Waarom wou Ruusbroec uit de stad weg, ,,zich losmaken uit de menigte van mensen''? Directe nauwkeurige informatie ontbreekt hier, maar een 'educated guess' is mogelijk. Zoals we zagen was hij er zich scherp van bewust dat de oorzaak van de kwalen van het christenvolk nergens anders te zoeken was dan in het gebrek aan religieuze beleving, en dat er dus van serieuze hervorming geen sprake kon zijn als men niet eerst de 'smaak' van het geestelijke herontdekte. Waarschijnlijk werd hij in zijn eigen zoeken naar dat beschou-

[6] R I, p. 190.

wende 'enig noodzakelijke' gehinderd door de drukte en routine die met het kapelaansleven gepaard gingen. Zo moest hij het officie bidden in een collegiale kerk die nog volop in aanbouw was, samen met de andere geestelijken — over hun ingetogenheid en ijver heeft hij ons zelf ingelicht! — te midden van het gepraat en getwist van de kerkgangers. Daarbij zal het hem allengs onherroepelijk duidelijk geworden zijn dat zijn werk als kapelaan eigenlijk niet veel zin had: was de gewoon-dagelijkse actie en alle apostolaat geen ersatz-pleister op een veel te diepe wonde, namelijk die inwendige verschrompeling van de gelovigen? Voeg daar aan toe dat deze man die 'al de standen in de heilige Kerk' zo onomwonden op de korrel nam, zich op den duur wel wat vijandigheid op de hals gehaald moet hebben. Men begrijpt dat hij tenslotte ook concreet afstand wilde nemen van het Brusselse kerkelijke milieu, vooral dan van de clerus. Een sprekend detail in dit verband: wellicht heeft Ruusbroec het laatste gedeelte van *Van den geesteliken tabernakel*, waarin juist de hevige aanklacht tegen de Kerk voorkomt, maar eerst in Groenendaal gepubliceerd.

Welke levenswijze wensten Ruusbroec en zijn vrienden nu aan te nemen? Zich uit een bepaalde sociale kring terugtrekken is iets anders dan alle contacten met de mensen opzeggen: deze priesters wilden dan ook beslist niet verdwijnen in een onbereikbare woestijn als cenobieten, laat staan eremieten (Groenendaal was — en is — een heerlijk en zeer toegankelijk plekje). Zij hadden trouwens ook niet het voornemen een nieuw klooster te stichten, met habijt en regel. Aanvankelijk was hun enige bedoeling samen een soort van kleine modelparochie op te richten, waar zij het koorgebed naar behoren konden verzorgen, waar zij als priesters op een nieuwe, onaangetaste manier de gelovigen zouden benaderen. De kapel die zij dadelijk begonnen te bouwen werd in 1345 als parochiekerk ingewijd, en Vrank van Coudenberch was de pastoor ('curatus'). Al vlug moeten er mensen op deze levende religieuze gemeenschap afgekomen zijn, iets waarover Ruusbroec zelf minder enthousiast was dan zijn vrienden: ,,... zo kwam het dat enkele goedgezinde mensen — zowel leken als religieuzen — uit de steden van Brabant bij hen samenkwamen om daar in te wonen. En al was heer Jan liever vrij gebleven van deze groepsvorming, hij liet het maar gebeuren, omdat hij voelde dat heer Vrank verlangde de liefde Gods in veel mensen te vermeerderen. Want hij was er voor zichzelf zeker van dat hij, zoals hij zelf leert, in staat was tegelijk bezig te zijn met de aardse aangelegenheden en te rusten in God'', — aldus broeder Gerard. Maar deze originele groep, die dus geen kloosterlijke instelling wenst te zijn en die een parochie opbouwt buiten de invloedssfeer van de Brusselse clerus, zal niet lang met rust gelaten worden. Het kerkelijke establishment ervaart het stille Groenendaal als een te luide bedreiging. En men reageert op een niet zo ongebruikelijke manier: de wetten worden te hulp geroepen om deze heren in te lijven bij de bedaarden. Waar halen zij immers het recht vandaan om zo te leven zonder 'echte', dat is officieel erkende, kloosterlingen te zijn, zonder zich aan een bepaalde regel te binden? Na zes jaar besluiten Ruusbroec en zijn vrienden dan maar de regel van de heilige Augustinus aan te nemen. In 1350 wordt hun stichting inderdaad een proosdij, met heer Vrank als proost en heer Jan als prior.

De bijna veertig jaren die Ruusbroec in Groenendaal doorbrengt, wijdt hij aan hetgeen hij reeds te Brussel aanzag als dé religieuze opdracht van het ogenblik: zelf leidt hij een leven van gebed en hij helpt anderen om ook de geestelijke 'smaak' te vinden. Hij schrijft dus boeken: *Vanden vier becoringhen, Boecsken der verclaringhe, Vanden seven sloten, Een spieghel der eeuwigher salicheit, Van seven trappen, Vanden XII beghinen*. Maar hij onderhoudt ook tal van persoonlijke contacten. Hij gaat door met de claris Margareta van Meerbeke te bezoeken in het pas gestichte, strenge klooster te Brussel. Een brief aan haar is bewaard gebleven en twee van zijn werken, *Vanden seven sloten* en *Een spieghel der eeuwigher salicheit*, worden aan deze 'lieve beminde in onze Heer' geadresseerd. En broeder Gerard, de man aan wie we, zoals we verder nog zullen zien, het *Boecsken der verclaringhe* te danken hebben, slaagt er in Ruusbroec over te halen een bezoek te brengen aan zijn klooster te Herne, een zevental kilometer van Groenendaal verwijderd. Maar zijn persoonlijke invloed reikt heel wat verder dan Brussel of Brabant. Pomerius vermeldt dat twee Parijse studenten naar Groenendaal kwamen en hij wijdt drie hoofdstukken aan de bezoeken van Geert Grote, de grondlegger van de Moderne Devotie en de stichter van de 'Broeders des Gemenen Levens'. We weten ook dat er goede directe betrekkingen bestonden tussen Groenendaal en de Rijnstreek, Straatsburg en Bazel, — allemaal plaatsen waar zulke levendige en alles behalve gecanoniseerde religieuze bewegingen bloeiden als de 'Godsvrienden' en de begijnen.

In de winter van 1381 wordt Ruusbroec ernstig ziek. Pomerius vertelt: ,,Door het feit dat de ziekte niet afliet en verergerde, besefte hij dat hij weldra sterven moest. Daar hij nog in de priorcel lag, vroeg hij zelf nederig aan zijn broeders dat zij hem vandaar zouden overbrengen naar de gemeenschappelijke infirmerie. Daar was hij zwaar ziek van de koortsaanvallen en leed ook aan dysenterie. Toen hij bijna veertien dagen verzwakt te bed gelegen had kwam het einde. Nadat hij zich in aanwezigheid van zijn broeders, die geknield baden, vroom aan God aanbevolen had — hij was helder van geest en er lag een blos op zijn gelaat — blies hij heel zacht de laatste adem uit, en zonder de normale tekenen te vertonen die men doorgaans bij stervenden ziet... gaf hij in vrede de geest'''.

---

[7] Pomerius, *o.c.*, p. 305 (pars II, capitulum XXXI).

II. HET "BOECSKEN DER VERCLARINGHE"[1]

1. De aanleiding

Uit enkele gegevens die in de Proloog van broeder Gerard voorkomen, kan men opmaken dat het *Boecsken der verclaringhe* rond 1362 geschreven is. En Ruusbroec zegt zelf wat de aanleiding was: ,,Enkele vrienden van me verzoeken me met aandrang, dat ik in het kort en zo goed als ik kan, in het licht stel en verklaar wat ik als de meest innige en zuivere kern beschouw en ervaar van al de zeer verheven zaken die ik geschreven heb, — en wel zo dat niemand door mijn woorden slechter wordt maar iedereen beter'' (24-28). Deze vrienden zijn gekend. Het waren broeder Gerard en enkele andere kartuizers van Herne. In feite hadden zij aanstoot genomen aan sommige passages in de werken van Ruusbroec, meer bepaald in zijn eerste boek, *Dat rijcke der ghelieven*. Broeder Gerard vertelt: ,,Maar ik was zo vrij, samen met enkele van onze broeders, deze heer Jan te inviteren om uit zijn eigen mond de verklaring te vernemen van enkele verregaande uitdrukkingen die wij in deze boeken aangetroffen hadden, meer bepaald van veel zaken die hij zegt in het eerste boek...''. Ruusbroec is op die uitnodiging ingegaan, ,,te voet kwam hij van meer dan vijf mijlen ver — zo goed was hij — hoewel het voor hem lastig was''. De mysticus, die een heilige en zeer bescheiden indruk maakt, blijft een drietal dagen. Men bespreekt de moeilijkheden die zijn teksten opriepen, maar blijkbaar volstond deze mondelinge toelichting niet: ,,Maar hij zei dat hij een ander boek zou maken ter verklaring (van *Dat rijcke der ghelieven*), — wat hij met die uitdrukkingen bedoelde en hoe hij wenste dat men ze begrijpen zou. En dat deed hij, en dat is het laatste boekje van deze vijf (die Gerard gekopieerd had), en het begint (met de woorden) 'De profeet Samuel'''.

Wat klonk er nu in *Dat rijcke der ghelieven* zo gedurfd? Broeder Gerard duidt

---

[1] Twee recente studies die op een overtuigende wijze de mystieke leer van Ruusbroec verhelderen, moeten hier speciaal vermeld worden: A. Deblaere, *Essentiel (superessentiel, suressentiel)*, in *Dictionnaire de Spiritualité*, dl. IV-2, Parijs, 1961, kol. 1346-1366 en J. Alaerts, *La terminologie ,,essentielle'' dans l'œuvre de Jan van Ruusbroec (1293-1381)*, Lille, 1973. Wij hebben er hier duchtig gebruik van gemaakt. Het laatst genoemde werk is niet meer verkrijgbaar, maar de belangrijkste gedeelten eruit zijn verschenen in twee artikelen: J. Alaerts, *La terminologie ,,essentielle'' dans 'Die gheestelike brulocht'*, in *O.G.E.*, 49 (1975), pp. 248-330 en *La terminologie ,,essentielle'' dans 'Die gheestelike brulocht' et 'Dat rijcke der ghelieven'*, in *O.G.E.*, 49 (1975), pp. 337-365.

zelf aan waar het voornaamste struikelblok te vinden is: ,,waar hij een hele tijd door spreekt over de gave van raad''. En, zoals we verder nog zullen zien, zegt hij ook welke juist dé gewraakte uitdrukking was: 'sonder differencie'. Nu leest men inderdaad in *Dat rijcke* de volgende passage:

,,... zij bezitten God door genietend in te hangen in het overwezen van God, en zij worden door God bezeten als zijn eigen troon en zijn rust. Want in de eenvoudige genieting van het wezen zijn zij één zonder onderscheid *(één sonder differencie)*. In deze simpele eenvoudigheid van het goddelijk wezen is er noch kennen, noch begeren, noch actief zijn, want dit is een afgrond zonder wijzen die nooit of nimmer door het actieve begrijpen wordt gevat. Daarom bad Christus dat wij één zouden worden zoals Hij en zijn Vader één zijn, door de genietende minne en het weggezonken zijn in de duisternis zonder wijzen, waar de activiteit van God en van alle schepselen verloren is en hun ontvloeid''[2].

Maar ook de schriftelijke uitleg van Ruusbroec volstond blijkbaar niet om elk misverstand uit de weg te ruimen. De kartuizers blijven vrezen dat de mysticus, althans wat de uitdrukking van zijn ervaring betreft, niet helemaal orthodox is. Broeder Gerard heeft hun aanhoudende moeilijkheden duidelijk weergegeven:

,,De eerste indruk die de zegswijze 'sonder differencie' maakt, is van die aard dat wij geschokt waren door wat hij schreef. 'Sonder differencie' betekent immers zoveel als: zonder enige ongelijkheid, zonder enige andersheid, helemaal hetzelfde zonder onderscheid. Toch kán het niet zijn dat de ziel zodanig met God verenigd zou worden dat zij samen één wezen zouden worden, — wat hij daar[3] zelf ook ontkent. Men moet zich dus wel afvragen waarom hij de derde vereniging 'sonder differencie' noemt. Hierover dacht ik het volgende: de eerste vereniging had hij 'met middel' genoemd en de tweede 'sonder middel'. Op de derde plaats wilde hij het hebben over een vereniging die nog inniger is, maar die kon hij niet door één woord — zonder omschrijving — weergeven. Hij sprak dan maar van 'sonder differencie', hoewel hij vond dat dat wel wat verder ging dan de gedachte die hij wilde uitdrukken en onder woorden brengen. In hoeverre die uitdrukking hem overdreven leek maakt hij daarom duidelijk aan de hand van de woorden van Christus[4], waar die zijn Vader bad dat al zijn beminden één gemaakt zouden worden, zoals hij één is

[2] R I, pp. 73-74.
[3] *Boecsken*, rr. 455-456.
[4] *Ib.*, rr. 498-500.

met de Vader. Want, al bad Christus in dier voege, Hij bedoelde niet één op de manier waarop Hij één geworden is met de Vader, namelijk één enige substantie van de godheid — dat is immers onmogelijk. Maar Hij bedoelde: één zoals Hij 'sonder differencie' één genieten en één zaligheid is met de Vader''.

Het *Boecsken der verclaringhe* is dus een soort apologie: Ruusbroec probeert zo beknopt en overzichtelijk mogelijk zijn voorstelling van de mystieke beleving op de essentiële punten te verhelderen. Deze eigen bondigheid van 'Heer Jan' — men kan op enkele uurtjes te weten komen wat de Meester van de Nederlandse mystiek in hoofdzaak te zeggen heeft — geeft dit werkje een speciale aantrekkelijkheid. Het spreekt echter ook vanzelf dat men Ruusbroec hier niet in al zijn levendigheid en rijkdom aantreft.

2. De structuur

Ruusbroec geeft zelf de structuur van het *Boecsken* aan. Zij komt neer op de geordende beschrijving van de drie manieren waarop volgens hem de mysticus met God verenigd wordt: ,,Kijk, ik heb het volgende gezegd: dat wie God bemint op een schouwende wijze, met God verenigd wordt met middel en ook zonder middel en ten derde zonder differentie of onderscheid'' (34-36). 'Geordend' betekent echter niet dat hij deze drie aspecten van de mystieke eenheidsbeleving één voor één netjes gaat afwerken. Zoals in zijn andere werken is ook hier de strakke, rechtlijnige compositie hem vreemd. Men krijgt geen stelselmatige behandeling van afgelijnde elementen, maar in één bepaald moment van de uiteenzetting komen de andere ook reeds of nog eens (en nog eens!) ter sprake. Deze — mag men zeggen organische? — opbouw komt het sterkst naar voren waar Ruusbroec het meest verheven aspect van de eenheidsbeleving weergeeft. In feite zal hij de vereniging 'zonder differentie' niet eens afzonderlijk behandelen maar ze alleen voorstellen in haar directe samenhang met de vereniging met middel en zonder middel (Dat deze eigenaardige samenstelling van het werk te maken heeft met de structuur van de ervaring die er in beschreven wordt, zal verder voldoende blijken).

Proberen we nu toch de opbouw van het *Boecsken* zo duidelijk mogelijk in het oog te vatten. Ruusbroec behandelt dus eerst de vereniging met middel (45-164). Hij doet dat enerzijds op een positieve manier (tot 76) en anderzijds door de tegenstrijdige ervaring van de 'valse' mystici weer te geven (,,Ik heb het kwade naast het goede gezet''). Vervolgens bespreekt hij de vereniging zonder middel (166-328). In deze sectie onderscheidt men zonder moeite de beschrijving van de overgang van de vereniging met middel naar die zonder middel (170-243) en de weergave van de vereniging zonder middel als zodanig. En nu zou Ruusbroec meteen het derde aspect van de mystieke eenheidsbeleving moeten uitdiepen: de vereniging zonder onderscheid. Hij doet dat wel, maar op zijn typische manier: hij karakteriseert even dit hoogste aspect van de mystieke ervaring (329-331) en voegt hier dan al gauw een stevige brok theologie van de Triniteit in (332-383). Hij wil blijkbaar het moeilijkste element van zijn uiteenzetting niet aanvatten zonder eerst te wijzen op dit kernstuk van de christelijke leer. Na dit leerstellig intermezzo worden we dan volop meegenomen in zijn cirkelende benadering van het onderwerp: in plaats van nu de vereniging zonder onderscheid op zichzelf te behandelen gaat hij, na een gedrongen, drievoudige karakterisering van de drie aspecten van de eenheidsbeleving (385-390), twee keer alle drie de vormen van vereniging beschrijven (391-468 en, aan de hand van het drievoudige gebed van Christus, 468-504). Deze passages, die zonder twijfel als de kern van het *Boecsken* beschouwd mogen worden, sluit hij dan af met een vierledige typering van de drie vormen van mystieke vereniging (504-508). Ruusbroec onderstreept dan nog het feit dat het één zijn met God de mens als mens niet vernietigt maar hem op alle niveaus vervult (509-531) en hij geeft een laatste korte voorstelling van de eenheid zonder onderscheid die uitloopt op het prachtige zinnetje dat de drie aspecten van de beleving nog eens samenbrengt: ,,eweleke toegaen ende ingaen, ende rasten in gode'' (536). En zo bereiken we het einde van het *Boecsken*: er komt meteen een eerste slot (537-542). Ruusbroec neemt dan nog eens de vergissingen van de 'valse' mystici op de korrel (543-556) en besluit definitief met een aansporing tot actieve vereniging met Christus, een concrete conclusie die de vermanende aanzet van het *Boecsken* (1-23) weer opneemt.

3. Het kernprobleem

Onmiddellijk nadat Ruusbroec de opbouw van het *Boecsken* aangegeven heeft, formuleert hij ook zelf het kernprobleem dat er aan ten grondslag ligt: ,,Verder heb ik gezegd dat geen enkel schepsel zo heilig kan worden of zijn, dat het zijn schepsel-zijn zou verliezen en God zou worden. Dat gebeurt zelfs niet met de ziel van onze Heer Jezus Christus, die voor eeuwig een schepsel zal blijven en iets anders dan God. Toch moeten wij allen, om zalig te kunnen zijn, boven onszelf in God verheven zijn en door minne één geest met God zijn'' (37-42). De mysticus legt hier onverbiddelijk de vinger op een zere plek in de christelijke geloofstraditie: de algemeen aanvaarde leer van het zijn— geen enkel schepsel kan ooit God worden— lijkt in regelrechte tegenspraak te staan met de evangelische belofte dat allen één zouden zijn ,,zoals Gij, Vader, in Mij en Ik in U'' (Joh. 17,21; cf. 470-473). Als het onderscheid tussen God en mens zo strikt en onherroepelijk vastligt als de gangbare ontologie het voorhoudt, kan het 'één geest zijn met God' (1 Kor. 6, 17) dan wel ooit een werkelijkheid zijn? Is het mogelijk tegelijk de afstand te overbruggen en in stand te houden?

Deze contradictie treft Ruusbroec op een bijzonder levendige wijze. Voor hem gaat het hier immers niet om een speculatieve kwestie, maar om een existentieel 'alles of niets'. Want wat is een mysticus anders dan iemand die nu juist de verwerkelijking van de evangelische belofte van het één zijn ervaart? De inwoning Gods, die 'alle goede mensen' wel hebben, maar zonder er zich levendig bewust van te zijn, is voor de mystieke mens ook een psychische werkelijkheid. Met een onweerstaanbare evidentie 'ziet', 'smaakt', 'voelt' hij God als een liefdevolle aanwezigheid die hem met zich verenigt. Zou er hier nu sprake zijn van een onoplosbare tegenstrijdigheid of zou de schoolse ontologie het laatste woord hebben, dan kán de mystiek geen ernstige aangelegenheid zijn: de eenheidsbeleving van de mysticus is dan gedoemd om een dubieus verschijnsel te zijn — een troostprijs misschien voor gevoelige, religieus gestemde zielen, maar geen manifestatie van de werkelijke verhouding tussen God en de mens. En toch, de mysticus Ruusbroec denkt er geen ogenblik aan de primaire ontologische structuren te miskennen. Zoals hier in het *Boecsken* affirmeert hij geregeld in al zijn werken dat God en de mens hun eigen bestaan hebben en altijd behouden. Hij laat ook geen kans voorbijgaan om de idee dat zij ooit zouden versmelten als 'een verwoede dwaasheid' te bestempelen. De vraag is dan of en hoe hij deze basisgegevens ten volle kan aanvaarden zonder de mystieke eenheidservaring te ontzenuwen.

Zijn antwoord is even eenvoudig als ingrijpend: de heersende ontologie geeft wel een correcte, maar een onvolledige kijk op de werkelijkheid van God en mens. Filosofen en theologen stellen een fundamenteel aspect van de verhouding tussen Schepper en schepsel in het licht, doch heel veel — het belangrijkste! — ontgaat hen. De mysticus wéét meer dan zij. Hij is, door wat hij inwendig ondervindt, ruimer geïnformeerd dan zij die alleen steunen op onberispelijk en 'objectief' denkwerk. Hij ervaart namelijk dat er tussen God en de mens iets kan *gebeuren*, dat er in de gegeven structuur ook *leven* mogelijk is. Hij kán niet anders dan erkennen dat degene die ,,niet verminderd noch vermeerderd kan worden'', met zijn schepsel inderdaad een *relatie* tot stand vermag te brengen die alle eerbiedwaardige proporties te boven gaat zonder ze op te heffen. Het één zijn van de mens met God bestáát, zegt de mysticus, — ik voel het, ik leef ervan, ik ben er van top tot teen door veranderd — en het is niet omdat het zich in een uitzonderlijke en hoogst persoonlijke ervaring openbaart of omdat het de gevestigde ontologische orde overstijgt, dat het als minder werkelijk beschouwd moet worden. De leer van het zijn hoeft daarom nog niet afgewezen te worden, maar men dient ze wel aan te vullen. Men moet inzien dat leven en ontmoeting geen bijkomstige realiteit zijn maar de vervulling. Men moet, zonder schoolse terughoudendheid, erkennen dat er zich in een vast kader — God is God en de mens is en blijft een schepsel — iets kan afspelen dat van een andere maar zeker niet minder werkelijke aard is: ,,Toch moeten wij allen, om zalig te kunnen zijn, boven onszelf in God verheven zijn en door minne *één geest* met God zijn''.

Voor de mysticus Ruusbroec is de werkelijkheid dus complexer en rijker dan voor hen die zich beperken tot een naar zakelijkheid zwemende ontologie. Deze eigen, niet-schoolse opvatting van wat nu eigenlijk *is*, komt bij hem tot uiting in een origineel gebruik van de term 'wezen'. Keren we hier even terug naar de bezwaren van zijn vriend de kartuizer. Wat is de belangrijkste reden waarom die zo ongerust is, als hij leest over een eenheid 'zonder differentie'? Waarom wenst hij de woorden van de Meester te relativeren (,,... hoewel dat naar zijn zin wel wat verder ging dan de gedachte die hij wilde uitdrukken'')? Deze contemplatief heeft blijkbaar filosofie gestudeerd. Via de scholastiek heeft hij zich de aristotelische leer over de 'essentia' (in het Nederlands vertaald door 'wezen') eigen gemaakt: alles wat werkelijk bestaat is ook bepaald, het moet dít of dát zijn, het moet zichzelf zijn en blijven, afgescheiden van de rest, van elke andere 'essentia'. Nu ligt het wel voor de hand dat iemand die, met deze theorie in het hoofd, op de uitdrukking 'zonder differentie' stoot, het ergste gaat vrezen voor de orthodoxie daarvan. Want als God eigenlijk zo een aristotelisch 'wezen' is (zij het dan het hoogste) en de mens ook, dan kan er van echte eenwording geen sprake zijn zonder dat men in een of andere vorm van pantheïsme vervalt. De enige wijze van vereniging immers die denkbaar is tussen per se afgebakende 'wezens' is inderdaad een vernietigend samenvallen, — in dit geval zou de mens als mens moeten verdwijnen (zijn 'wezen' verliezen) en zou er aan God (aan Gods 'wezen') iets toegevoegd worden. Deze eerste, nog algemene achterdocht van de geschoolde lezer die broeder Gerard is, wordt nu op de koop toe heel concreet aangewakkerd door het feit dat Ruusbroec voortdurend de termen 'wezen' en 'wezenlijk' gebruikt om over het mystieke één zijn met God te spreken. De kartuizer kan er wel opgelucht en terecht op wijzen dat 'heer Jan' zelf ontkent dat ,,zij samen één wezen zouden worden'' (cf. 454-457) of ,,een enige substantie van de godheid'' (cf. 498-499 en ook 84-86, waar Ruusbroec de mystieke opvatting afwijst als zou er uiteindelijk ,,niets anders overblijven in de eeuwigheid dan de wezenlijke substantie van de godheid''). Maar dat neemt niet weg dat er in het *Boecsken*, om van de overige werken maar te zwijgen', passages voorkomen die de kartuizer wel moesten doen huiveren: ,,Want alle verheven geesten versmelten en gaan te niet in Gods wezen door het genieten'' (448-450) — ,,Want het zalige wezen, dat de genieting is van God en van al zijn bemin-

---

' Eén voorbeeld toch even: ,,Daer wij dese Eenicheit ghevoelen daer zijn wij *één wesen* ende één leven ende ééne zalichede met Gode'' (R III, p. 39).

den, is zo simpel en eenvoudig dat daar geen persoonlijk onderscheid is, noch van Vader noch van Zoon noch van heilige Geest, en ook geen schepsel'' (459-462). Dat Gerard zich goed bewust is van de storende aanwezigheid van de termen 'wezen' en 'wezenlijk' blijkt trouwens als men de laatste zin van zijn boven geciteerde tekst vergelijkt met de passage uit het *Boecsken* die hij voor de rest letterlijk weergeeft: ,,waar hij zonder onderscheid één genieten en één zaligheid is met de Vader in *wezenlijke* minne'' (500-502).

De moeilijkheden van broeder Gerard, en van zoveel commentatoren na hem, zijn van semantische aard. Wat de cruciale woorden 'wezen' en 'wezenlijk' aangaat, leest hij Ruusbroec — die nochtans, zoals hij zelf zei, ,,in onvervalst Brussels Diets'' schreef — als een Latijn schrijvende scholastieke auteur. Hij ziet niet dat deze taalgevoelige mysticus, die geen filosofie ten beste geeft maar een ervaring, de termen 'wezen' en 'wezenlijk' met opzet en consequent op een veelzijdige manier bezigt. 'Wezen' (dat ook in het modern Nederlands nog gewoonweg 'zijn' kan betekenen) kán de bekende 'essentia' weergeven (zoals bijvoorbeeld 454-456). Het kan echter ook zonder meer een manier van zijn beduiden, het kan een existentiële betekenis hebben. In het Nederlands is het dus, kort gezegd, mogelijk één wezen met God te zijn zonder met Hem één 'essentia' te vormen (zo verwijst het 'zalige wezen' van 459 naar een toestand — een echte werkelijke zijnswijze, een reëel één zijn — van de goddelijke Personen en van de mysticus, zonder dat het een samenvallen van de goddelijke en menselijke 'essentia' impliceert). Op zijn beurt kan het woord 'wezenlijk' passen in de scholastieke terminologie (cf. 86 de ,,wezenlijke substantie der godheid''), maar als Ruusbroec deze term aanwendt in zijn eigen weergave van de mystieke ervaring, slaat hij op een werkelijkheid die de mysticus beleeft — één zijn met God op een onvoorstelbaar echte manier —, niet op een wijziging in de orde der 'essentiae'. Het woord wijst dan op de aanwezigheid van de Ander áls ander, op een direct contact met God dat plaats heeft in het 'wezen' van de mens. Deze laatste betekenis van de term 'wezen', die dus sterk meespeelt in 'wezenlijk', verwijst ons tenslotte naar de eigen antropologie van Ruusbroec. Volgens hem is de mens een bepaald en beperkt 'wezen' — in de zin van '(geschapen) essentia' — maar *tegelijk* een realiteit van geestelijke, persoonlijke aard. Dit wil zeggen dat hij in zijn kern geen bedreigde beslotenheid is, maar openheid en ontvankelijkheid. De mens draagt in zich een afgrond die volop toegankelijk is voor wat anders is, voor de Oneindige: ,,Maar ons geschapen wezen moeten we zien als een wilde, woeste woestijn, waar God in leeft die ons regeert. En in deze woestijn moeten wij verdolen, ontdaan van onze eigen wijzen en manieren''[6]. Het 'wezen' (essentia) mens — een unicum onder al wat de zichtbare wereld aan

[6] R III, p. 217.

'wezens' te bieden heeft — is dus, volgens Ruusbroec, met al zijn bepaaldheid en creatuurlijkheid geen hopeloze kerker: de 'grond' van de mens is een 'af-grond', zijn kern is ruimte. Hij kan dus zijn grenzen doorbreken zonder teniet te gaan. Hij is in staat, dank zij die inwendige 'wilde, woeste woestijn', werkelijk in contact te komen met zijn *over*wezen', met wat hem *trans*cendeert, en dit zonder ooit ,,zijn schepsel-zijn te verliezen''. 'Wezenlijk' betekent dus in de mystieke schriftuur van Ruusbroec in geen geval dat twee 'essentiae' finaal met elkaar samenvallen, maar dat er zich in het onbegrensde, diepste 'wezen' van de mens een *andere* aanwezigheid voordoet.

De grote, onontkoombare vraag die Ruusbroec oproept luidt dus: kan de mens echt één zijn met God zonder met Hem vereenzelvigd te worden? En de mysticus is er zich scherp van bewust dat elke speculatie hier spaak loopt. Het zindelijke denken van filosofen en theologen blijkt immers, nadat het zeer terecht God en de mens onderscheiden heeft, op zichzelf niet meer in staat te zijn de werkelijke eenwording van Schepper en schepsel te begrijpen. De erkende wetenschap blijft gevangen tussen de twee polen van een prangend dilemma. Enerzijds schijnt het absolute anders-zijn van God elke waarachtige vereniging met Hem uit te sluiten. Dat de mens volledig in God zou zijn, lijkt onmogelijk te rijmen met de idee van een onaantastbare goddelijke transcendentie en bijgevolg hoort er tussen de mens en God altijd een of ander beveiligend scherm te blijven bestaan (denk aan het fameuze 'lumen gloriae' of aan de interpretatie van de vereniging met God als 'accidenteel' of 'enkel intentioneel'). Het spreekt vanzelf dat deze abrupte opvatting van de transcendentie religieus frustrerend is: zij sluit de mens in definitieve eenzaamheid op. Anderzijds ziet het er naar uit dat voor wie correct denkt, de immanentie van God, die wel een echte eenheid zou impliceren, onvermijdelijk tot een of andere vorm van pantheïsme leidt. Is het niet zo dat in dit, religieus nu wél bevredigend perspectief, de mens áls mens tenslotte moet verdwijnen en de persoonlijke, waarlijk ándere God vervaagt tot een onverschillig en noodzakelijk 'oerwezen'? Wat dus de cruciale vraag naar de uiterste bestemming van de mens aangaat, blijken de denkers — en zo veel door hen geïnformeerde gelovigen — in een totale impasse te verzeilen: ofwel is God transcendent en dan is de mens gedoemd om eenzaam te blijven, ofwel is God immanent en dan moet tenslotte alles wat menselijk is maar gewoon verdwijnen in de goddelijke 'Grond'. Uit deze aporie — één-zijn versus anders-zijn — die ook óns denken over de relatie tussen God en mens én tussen de mensen onderling nog zwaar belast, is er volgens Ruusbroec maar één uitweg: de voorbeeldige ervaring die de mystieke vereniging met God is, serieus nemen en haar niet meteen in de wijsgerige kaders drukken maar ze *beschrijven*. Hij zullen de onbevredigende reflectie over het probleem van God-en-mens vervolledigen door een echte *fenomenologie* van de eenheidsbeleving. Want dat Ruusbroec voornamelijk beschrijft, betekent niet dat hij zich, zoals een moderne auteur die zijn 'mémoires intérieurs' opstelt, toelegt op de minutieuze ontleding van particuliere psychische toestanden. Ook al geeft hij geregeld, met een overvloed aan treffende details die elke psycholoog zullen interesseren, de wisselende gevoelens weer van veertiende-eeuwse mannen en vrouwen, in de kern biedt hij heel wat meer dan een 'document humain'. Door de zo gevarieerde en betrekkelijke zieleroerselen van de mysticus heen vat hij een uniek geestelijk gebeuren in het oog: de mens die in zijn diepste wezen door een 'gans Andere' in bezit genomen wordt. Niet de religieuze aandoeningen van de mysticus of zijn uitzonderlijke 'ervaringen' als zodanig interesseren hem, maar de ultieme en strikt ontologische realiteit — God ín de mens, de mens ín God — die zich in het mystieke bewustzijn manifesteert. Deze persoonlijk beleefde werkelijkheid van het één zijn met God bezit een eigen inwendige structuur — het is een 'levende leven', een gearticuleerd gebeuren. En deze structuur zal Ruusbroec, als een echt fenomenoloog 'avant la lettre', aan het licht brengen.

4. De mystieke eenheidsbeleving

Onderzoekt Ruusbroec nu de mystieke eenheidsbeleving, dan ontdekt hij in de allereerste plaats dat het hier gaat om een complex fenomeen. Het één zijn is geen ongedifferentieerde toestand, maar een levende werkelijkheid die uit verschillende aspecten bestaat. Het is niet één, eindelijk ogenblik — een afgescheiden terminus, een geïsoleerd toppunt — maar het blijvende samenspel van onderscheiden momenten. De voornaamste van die momenten die samen, zoals in een organisch geheel, het één zijn uitmaken worden in het *Boecsken* verscheidene keren als een 'ingaan' en 'uitgaan' bestempeld: "En zodoende moet hij levend uitgaan in deugden en stervend ingaan in God en in deze twee bestaat zijn volkomen leven. En deze twee zijn in hem samengevoegd als de materia en de forma, als ziel en lichaam" (177-181). Het spreekt vanzelf, en in zijn overige werken insisteert Ruusbroec daar vaak op, dat deze verschillende aspecten van het één zijn scherp van elkaar onderscheiden zijn: u uitkeren tot het concrete menselijke leven ('zichzelf zijn in goede werken', zoals hij het geregeld formuleert) is werkelijk iets anders dan uzelf in God verliezen. Maar, hoe duidelijk afgetekend en tegengesteld de verschillende momenten van de eenheidsbeleving ook zijn, zij sluiten elkaar niet uit en nooit heft het een het ander op. In het 'volkomen leven' van de mysticus bestaan zij samen, in en door elkaar; zij zijn van één en dezelfde werkelijkheid de elkaar aanvullende en stimulerende elementen.

In de zoëven geciteerde tekst wordt deze verbondenheid van 'ingaan' en 'uitgaan' sterk onderstreept. Maar er zijn in het *Boecsken* verscheidene passages die zo mogelijk nog verder gaan in deze richting. Ruusbroec vermeldt dan niet twee maar drie momenten: ,,Zij zullen met God ebben en vloeien en altijd, bezittend en genietend, ledig zijn. Zij zullen actief zijn en passief zijn en zonder vrees rusten in het overwezen. Zij zullen uitgaan en ingaan en voedsel vinden hier en daar: zij zijn dronken van minne en in God ontslapen in een donker dat klaar is'' (504-508). Twee punten moet men hier scherp in het oog vatten: deze drie momenten bestaan gelijktijdig, in deze zin dat de eerste twee ('ebben en vloeien', 'actief zijn en passief zijn', 'uitgaan en ingaan') voortdurend ontstaan uit het derde ('ledig zijn', 'rusten in het overwezen', 'in God ontslapen'). Het is dus niet zo dat er ná het 'ebben en vloeien' tenslotte een ogenblik van ledigheid komt dat met al die voorlopige beweging niets meer te maken zou hebben, maar wel dat het 'bezittend en genietend ledig zijn' *altijd* reeds aanwezig is, *in* ebbe en vloed beide. Ten tweede: in deze beeldende uitdrukkingen herkent men natuurlijk de drie vormen van vereniging met God — met middel, zonder middel en zonder differentie — die in het *Boecsken* behandeld worden. In de volgende passage zegt Ruusbroec dat zelf trouwens uitdrukkelijk: ,,Zij zijn allen rijk aan deugden en verlicht in het schouwen en eenvoudig waar zij genietend rusten. Want als zij zich inkeren, openbaart de minne Gods zich als uitstromend met alle goed én intrekkend in de eenheid én overwezenlijk en zonder wijze in eeuwige rust. En daarom zijn zij met God verenigd met middel en zonder middel en ook zonder differentie'' (385-390). Deze laatste vorm van vereniging staat dus nooit los van de andere twee maar bevat ze. Bij het opmaken van de structuur van het *Boecsken* was reeds opgevallen dat Ruusbroec de vereniging zonder differentie nooit apart behandelt: telkens weer verbindt hij haar opnieuw met de vereniging met middel en zonder middel. Het samen-bestaan van de verschillende wijzen van vereniging, dit ononderbroken dóórwerken van de meest verheven vereniging in de andere twee, is zonder twijfel het meest originele en belangrijke element in zijn voorstelling van de eenheidsbeleving. En blijkbaar wilde Ruusbroec tot elke prijs vermijden dat zijn lezer de vereniging zonder differentie als een afgescheiden toppunt zou beschouwen. Had broeder Gerard méér oog gehad voor deze merkwaardige complementariteit van de verschillende soorten van vereniging, zou hij dan zo bevreesd geweest zijn voor de uitdrukking 'zonder differentie'? Wie voor altijd tegelijk 'rust in God' (vereniging zonder differentie) en naar hem 'toegaat' en in hem 'ingaat' is immers nooit Gód, maar wel een mens volop in Hém levend: ,,Willen wij met God de hoge wegen der minne gaan, dan moeten wij voor eeuwig en zonder einde met Hem rusten en zo zullen wij eeuwig (naar Hem) toegaan én (in Hem) ingaan én rusten in God'' (534-536).

De vereniging met middel

Beschouwen we nu achtereenvolgens de drie vormen van vereniging, de drie facetten van de éne, mystieke beleving. Maar wat betekent eigenlijk de term 'middel'? Heel eenvoudig hetgeen elke lezer ook vandaag de dag er meteen onder verstaat: 'middel' is wat zich tussen de verschillende wezens in bevindt en hen zodoende met elkaar in contact brengt. Het 'middel' — door de Franse mystici van de XVIIde eeuw zo treffend weergegeven als 'l'entre-deux' — draagt dus werkelijk bij tot het één zijn. Maar, en dit is een kenmerk waar de mysticus bijzonder gevoelig voor is, elk 'middel', hoe dienstig of bescheiden ook, handhaaft, door het feit zelf dat het tussenbeide komt, altijd enige afstand. De schakel is ook een scherm, — ik blijf, zegt de dichteres, ,,van u gescheiden door mijn eigen ogen''. Het 'middel' verenigt dus wel degelijk, maar het sluit ook de volledige eenheid uit. Voor zover men 'vermiddeld is', zoals Ruusbroec zegt, voor zover men, door welke subtiele bemiddeling dan ook, het andere benadert, is men er niet mee één.

Ook God en de mens zijn door 'middelen' verbonden. Zo is heel de schepping één groot, 'natuurlijk middel': door en in alles wat is — de natuur, de andere mensen, ikzelf — is God voor mij aanwezig, als Schepper en noodzakelijk. Dit universele, eindeloos variërende teken van de Albeweger staat iedereen voortdurend ter beschikking. In de schepping ligt dus een weg open naar de goddelijke Grond, die de mens op eigen initiatief en uit eigen kracht vermag te gaan: men kan om zich heen kijken en door alle dingen heen opstijgen tot de Oorzaak ervan, en men kan ook zijn blik naar binnen richten om in zichzelf een dieper ik — het 'wezen' — te ontdekken, dat wondere domein waar ,,God in leeft die ons regeert''. Dank zij deze laatste demarche is trouwens de 'natuurlijke' inkeringsmystiek mogelijk, die Ruusbroec als een belangrijk en volstrekt authentiek fenomeen beschouwt.

Naast de 'natuurlijke' zijn er echter ook 'bovennatuurlijke middelen'. Dit laatste woord, met zijn zwaar theologische reminiscenties, hoeft ons hier niet af te schrikken. Het beduidt dat, naast de tekens van God die constant voorhanden zijn, er ook nog 'middelen' voorkomen die volledig toevallig zijn. Zo is het bestaan van Jezus — een niet te voorzien gegeven — het meest sprekende uitwendige 'middel' tussen God en de mens. Maar er zijn ook inwendige 'bovennatuurlijke middelen': de mens die zich tot God verheft ondergaat soms merkwaardige, innerlijke 'bewegingen', hij ondervindt van binnen 'invloeden', 'aanrakingen' die duidelijk niet wetmatig zijn, door geen 'natuurlijke' inkering te bewerken. Hij ontvangt verrassende geestelijke 'gaven' die evident anders zijn dan alles wat hij door eigen speculatieve of religieuze toeleg verkrijgen kan. Het gaat hier dus om gratuite 'middelen', die spreken van iets 'nieuws' (een lieve-lingswoord van Ruusbroec) — van liefde, van vrijheid. Zoals de 'natuurlijke middelen' brengen zij God nabij, nu echter niet als het noodzakelijke Opperwezen, maar als een levende Persoon. Hier ontdekt de mens dat de Schepper, die alles voortdurend in stand moet houden en die overal in-is, ook nog onberekenbare initiatieven neemt en 'nieuwe' dingen doet: God blijkt ook Iemand te zijn die, overal buiten en altijd anders, op bezoek komt bij zijn eigen schepsel. De bovennatuurlijke middelen zijn dus niet de elementen van een structuur waarin God en mens als Schepper en schepsel hun vaste plaats hebben, maar het zijn de speelse tekenen die een levende God geeft aan het persoonlijke wezen dat mens heet.

Het *Boecsken* biedt maar één *beschrijving* van de manier waarop de mysticus deze bovennatuurlijke middelen ervaart, namelijk in het uitgebreide stuk waarin de overgang van de vereniging met middel naar de vereniging zonder middel weergegeven wordt (170-243). De drie belangrijkste passages die over de vereniging met middel als zodanig handelen (45-74; 391-401; 476-485) geven de fenomenologische *structuur* van dit aspect van het één zijn aan. Zo lezen we: ,,Want Gods minne vloeit altijd in ons met nieuwe gaven. En zij die dat waarnemen worden met nieuwe deugden vervuld en met heilige werkzaamheid en met al wat goed is...'' (480-482). Het steeds vernieuwde 'invloeien' van God in de mens lokt een bovennatuurlijk, maar echt menselijk antwoord uit. Wie 'dat waarneemt' kán immers niet anders dan deze ongewone gaven trachten te vatten, — hij ontplooit meteen een 'heilige werkzaamheid', hij moet dit ongehoorde proberen te begrijpen (Is het in de relatie tussen mensen ook al niet zo dat men vanzelf geneigd is zich het goede-en-schone waardoor de ander ons treft eigen te maken?). Dit actieve — 'begerende', 'zoekende' — uitgaan van de mens naar het wondere dat hij in zich voelt gebeuren, is de kern van het 'inwendige beoefenen van de minne', waarover Ruusbroec het zo vaak heeft. Maar dit antwoord op de 'gaven' is geen louter gebaar, geen ideële geste van een wezen dat eigenlijk intact blijft. Het gaat hier om een authentieke reactie waarbij de mens werkelijk verandert. De relatie is dus scheppend: ingaan op deze nieuwe gaven is ipso facto vernieuwd worden. Men kan het andere maar vatten als men er op gaat 'gelijken' (een sleutelwoord van Ruusbroec) en men wordt juist 'gelijkend' door naar die nieuwe gaven uit te gaan (Men vermag, ook in de relatie van mens tot mens, liefde nooit als liefde te begrijpen als men zelf niet gaat liefhebben). Deze vernieuwende reactie van de mens op de goddelijke aanraking — het 'middel' waardoor God tot de mens komt, doet het 'middel' ontstaan waardoor de mens naar God toegaat — is wat Ruusbroec fundamenteel onder 'deugd' verstaat. Of het nu gaat om een inwendige houding of om uitwendige 'goede werken', deugd is voor hem nooit in de eerste plaats een moreel begrip of een ascetisch instrument, maar een echt mystiek verschijnsel. Wie God ervaart gaat op hem 'gelijken' en daarom zal de mens, die hem 'smaakt' als het 'ghemeyne' (in alles en altijd uitvloeiende) Goed, ook zelf van harte en concreet uitgaan tot de noden van alle schepselen. Als er in de inleiding van het *Boecsken* zo gehamerd wordt op de noodzakelijkheid van de deugden en als er in het slot geïnsisteerd wordt op de navolging van Jezus (557-564), als Ruusbroec nooit het concreet menselijke leven uit het oog verliest, dan gaat het niet om sociale bezorgdheid noch om een veilig stellen van de maatschappelijke orde, en ook niet om een formele trouw aan de christelijke levenswijze (uw naaste beminnen), maar wel degelijk om mystiek. De vereniging met middel is een essentieel aspect van de mystieke eenheidsbeleving dat altijd, ook in de hemel, van kracht blijft: ,,Zo zult ge dan wel begrijpen dat wij met God verenigd zijn met middel, zowel hier in (het rijk van) de genade, als (later in het rijk van) de heerlijkheid'' (70-72).

De voornaamste reden waarom Ruusbroec zo een sterke en nooit aflatende nadruk legt op de vereniging met middel is dat er, zonder dit 'gelijk' worden door 'Gods gaven en de beoefening van de deugden', geen sprake kan zijn van een echte relatie. Waar alle bemiddeling zonder meer wegvalt, daar verzwindt ook elk reëel object, — en dus zeker elke transcendentie. Wie weigert met de Ander óók via het 'middel' verenigd te worden maakt in feite geen vooruitgang — van eenzaam naar één met Hem — maar vervalt onvermijdelijk in een of andere vorm van regressieve eenheid: Narcissus en de hang naar de moederschoot belagen ook de mysticus. Ruusbroec ontmaskert deze bekoringen echter niet op het vlak van de psychologie maar op dat van de fenomenologie. Alleen als de eenheidsbeleving een moment van voortdurende vernieuwing behelst — als de Ander door altijd nieuwe 'middelen' komt en gezocht wordt — kan God door de mens als de hem overstijgende werkelijkheid ervaren worden. Om dit fundamentele punt van zijn mystieke leer in het licht te stellen beschrijft Ruusbroec ook in het *Boecsken* de 'valse' mystici. Zoals reeds werd opgemerkt sluit de belangrijkste passage daarover (76-164) direct aan bij de uiteenzetting van de vereniging met middel, als een verhelderend contrast (159).

Nu moet men wel oppassen met de kwalificatie 'vals'. Ruusbroec bedoelt niet dat het hier gaat om mensen die een onechte, voorgewende geestelijke ervaring zouden hebben. Hij wil alleen zeggen dat zij bedrogen uitkomen, omdat hun overigens reële godservaring onvolledig is: wat zij 'God' noemen is niet meer dan één aspect van Hem. Hoe komen nu deze mystici tot hun ervaring en wát ervaren zij? Op eigen initiatief — 'door natuurlijke neiging', 'op eigen kracht' — keren zij tot zichzelf in. Dit betekent dat zij zich van elke bepaalde bewustzijnsinhoud — beelden en begrippen — ontdoen en dat zij de activiteit van hun onderscheiden geestelijke vermogens stilleggen. Op die manier komen zij in een toestand van inwendige 'blootheid', 'ledigheid', 'rust', 'eenvoudigheid'. Zo stoten zij in zichzelf op een 'iets' dat, ook al is het 'niets' van al wat men doorgaans waarneemt, bijzonder werkelijk is: zij komen in contact met hun eigen 'grond', zij ontdekken hun eigen 'wezen'. En nu is het juist in dit niet bepaalde 'wezen' van de mens dat God — is ook hij niet 'niets' van al wat gewoonlijk voor ons bestaat? — op een ongehinderde wijze aanwezig is: ,,Want zij zijn op een zo eenvoudige en werkeloze manier verenigd met het blote wezen van hun ziel en het inzijn van God in hen...'' (92-93). Met deze meest intieme, ongedifferentieerde kern van zichzelf 'hangt' de mens 'in Gods wezen'.

De vergissing van de 'valse' mysticus is dan, volgens Ruusbroec, niets anders dan een verkeerde interpretatie van deze op zichzelf authentieke ervaring. Het contact met het uiteindelijke, goddelijke domein dat in hemzelf verborgen ligt, gaat hij aanzien als een vereniging met God: ,,En de eenvoudige simpelheid die zij bezitten houden zij voor God, omdat zij daarin een natuurlijke rust vinden'' (97-98). De ondervindelijke ontdekking van het eigen 'wezen', waarin God als de Schepper inderdaad op een overweldigende wijze aanwezig is, blijkt zo fascinerend te zijn, dat de 'valse' mysticus denkt dat hij nu alles van God bezit en dat deze heerlijke 'rust' het één zijn met God zelf is: ,,Zij hebben zich verenigd met de blinde, donkere leegheid van hun eigen wezen en daar hebben zij de indruk dat zij met God één zijn en ze houden dat voor hun eeuwige zaligheid'' (134-136). In feite vervallen zij tot afgoderij: ,, Zij hebben de indruk dat zij zelf God zijn in de grond van hun eenvoudigheid'' (98-99). Men kan dus zeggen dat de 'valse' mysticus zich laat misleiden door — of misschien beter: zich blind staart op — het immanentie-aspect van God. Hij vindt God alleen voor zover die in hem, in zijn schepping is. Hij komt dus niet *uit zichzelf*, en de echte ontmoeting met de 'gans Andere' ontgaat hem: ,,Want boven de wezenlijke rust die zij bezitten, ervaren zij noch God noch andersheid'' (139-140). Geen wonder dan als deze mensen, die het transcendentie-aspect van God miskennen, gaan denken dat het ,,eeuwige leven niets anders zal zijn dan een 'istech' zalig wezen... dat de Personen in de Godheid zullen vergaan en dat er in de eeuwigheid niets anders zal overblijven dan de wezenlijke substantie der Godheid...'' (82-86). Geen wonder ook, en nu komen we terug bij de vereniging met middel, als juist deze mystici, die tenslotte alleen zichzelf ontdekken, menen dat men in het één zijn met God ,,zonder kennis, zonder minne en vrij van deugden is'' (101-102). Zij ,,willen één zijn met God zonder de genade Gods en zonder de deugden te beoefenen...'' (546-547). Zij willen ,,zelf God zijn zonder de gelijkheid die in (goddelijke) genade en menselijke deugden bestaat'' (554-555).

De vereniging met middel die op het eerste gezicht zo weinig 'mystiek' en zo erg 'menselijk' aandoet, stelt dus een essentieel aspect van de eenheidsbeleving in het licht, namelijk de transcendentie-ervaring: als de mens de goddelijke Ander ontmoet, dan komt er aan het be-grijpen geen einde en wordt hij zelf altijd weer vernieuwd, altijd meer 'gelijkend'.

Van vereniging met middel naar vereniging zonder middel

De overgang van de vereniging met middel naar de vereniging zonder middel wordt nogal uitvoerig behandeld: 170-243. Eerst geeft Ruusbroec in enkele kernachtige regels (172-177) het verband aan tussen de onderscheiden momenten van de relatie met God. Als sleutelwoord bezigt hij daarbij de term 'zelf': de mens moet met alles wat hij zelf is en heeft voor God leven; verder moet hij aan alles wat hij zelf kan doen sterven, in God, en zodoende de 'overvorming'[7] door God zelf ondergaan. Men ziet: het middel — 'beantwoorden aan de gaven en de beweging van God' — behoort onherroepelijk tot het moment van de eenheidsbeleving waar de mens zélf is en, ook al groeit hij voortdurend, zichzélf blijft. Door de ervaring van Gods inwerking wordt hij rijker en steeds maar ruimer, hij gaat met steeds meer kracht en ontvankelijkheid naar de Ander toe, maar werkelijk buiten zichzelf komen doet hij niet. Om met God zelf één te worden moet hij dus boven elk middel 'verheven worden', uit zijn zelfheid gehaald worden. Hoe de mysticus nu deze verandering — die niets minder is dan een ware ontzelving — ervaart, wordt door Ruusbroec in deze sectie weergegeven.

De mystieke mens ervaart dus 'Gods gaven', hij wordt door Hem 'bewogen'. En hij voelt zich daar aanvankelijk zeer goed bij. Royaal reagerend op de goddelijke inwerking, ondervindt hij dat hij er religieus gezien op vooruitgaat: ,,hoe (de minne) hem ook beweegt, hij groeit altijd maar in minne en in alle deugden'' (187-188). Tot hij een onthutsende ontdekking doet: de goddelijke beweging is onbetrouwbaar, of althans onberekenbaar. Nu eens is God voor hem aanwezig met al zijn goede gaven, maar dan, opeens, verdwijnt hij en de mysticus voelt zich een hoopje ellende: ,,zijn eigen verstand zegt hem: Waar is nu uw God? Waar is nu gebleven al wat ge ooit van God gevoeld hebt?'' (213-214). Er wordt hier dus met hem een spel gespeeld — het meedogenloze spel van vertroosting en verlatenheid — door iemand die sterker is, door iemand Anders, helemaal

---

[7] 'Overvorming' is een technische term in de Nederlandse mystieke literatuur. Hij moet dezelfde ervaring weergeven als 'transformatio', maar doet dat met meer nuance: bij 'over-vorming' heeft men niet de indruk dat de mens verdwijnt in de eenwording met God maar wel dat hij een nieuw leven begint.

Anders. Want dát — de werkelijkheid van de goddelijke Andere — is het nu juist wat die mens door deze wrede pedagogie wordt bijgebracht: ,,zo moet hij erkennen en voelen dat hij niet van zichzelf is'' (216-217).

Wat men nu vooral niet uit het oog mag verliezen, is dat Ruusbroec hier geen levensregel ('men moet zichzelf verloochenen') wil voorhouden, maar dat hij wil laten zien hoe de mysticus op het stuk van de ervaring een beslissende stap zet: het gaat hier voornamelijk over de ontdekking van een nieuw soort van 'voelen'. Het kruisigende feit dat dezelfde God hem in twee voor hémzelf tegenstrijdige toestanden brengt — nu eens hemels gezond, dan weer ellendig als een helbewoner — maakt zijn ervaring los van het zelfgevoel. De 'smaak' van deze mens wordt verfijnd: hij leert God nu ook te voelen voor zover die geen aanvulling van hemzelf is: ,,hij vindt vrede'' buiten zichzelf.

De vereniging zonder middel

De vereniging zonder middel wordt in hoofdzaak behandeld van 244 tot 328. Op drie manieren probeert Ruusbroec een idee te geven van dit moment van de eenheidsbeleving. Eerst doet hij een beroep op de tegenstelling 'werken'-'lijden': dat wat de mysticus inwendig 'beweegt', en wat hij dan, zich inkerend, tracht te be-grijpen openbaart zich als iets waarop hij geen vat krijgt, als een overvloed die niet veroverd kan worden maar alleen 'genoten' ('genieten' wijst altijd op een overstelpende beschikbaarheid). Het enige dat de mens ten overstaan van zulk een overweldigende aanwezigheid — dit IS — verder nog vermag te doen is zich te laten doen: zijn pogen om zich God eigen te maken moet hier worden aangevuld met een 'ondergáán', een 'wijken', — met een passief moment dat hem in staat stelt méér te ontvangen dan hij kan bevatten. Hij die zelf probeert in God binnen te dringen wordt nu ook ,,doordrongen door de waarheid en goedheid die God zelf is''.

Naar aanleiding van de treffende term 'doregaen' roept Ruusbroec vervolgens twee bekende vergelijkingen op om de vereniging zonder middel te verduidelijken: het ijzer kan volledig één worden met het vuur en de lucht met het zonnelicht zonder dat ze vernietigd worden. En, ,,als materiële dingen die God gemaakt heeft zo zonder middel één kunnen worden, dan kan Hij Zichzelf nog veel beter verenigen met zijn beminden, als Hij wil'' (276-278).

Tenslotte typeert Ruusbroec de vereniging zonder middel door haar te situeren in de psychologische structuur van de mens. Hoe de mysticus zijn verstand, wil, geheugen ook inspant, de bron van deze zijn eigen inwendige activiteit — zijn eigenlijke zijn, dat waardoor hij ís en waaruit hij lééft — kan hij op die wijze niet vatten. Het 'wezen' ligt buiten het bereik van de 'vermogens' en alleen als deze 'zich stervend inkeren' krijgt hij voeling met zijn diepere ik. Nu heeft de vereniging zonder middel juist plaats in deze meest intieme kern, waar geen enkel van de middelen, zoals het verstand, die de mens doorgaans aanwendt om met iets anders in contact te komen, een greep op heeft. De term 'wezenlijk' — 'een wezenlijk gevoelen', 'wezenlijke minne' — verwijst dan ook naar een aanwezigheid die zich, zonder de bemiddeling van de 'vermogens', in het naakte 'wezen' laat ervaren.

Dat de 'vermogens' onderscheiden zijn van het 'wezen' betekent ondertussen helemaal niet dat zij er van gescheiden zijn. Het is niet omdat zij als zodanig altijd te kort schieten om hun eigen grond en wat dáárin gebeurt te begrijpen, dat hun activiteit op een bepaald ogenblik zonder meer moet worden opgeheven. Want de mens is één, en iemand die alleen nog maar 'wezen' zou zijn, is volgens Ruusbroec geen mens en bijgevolg een 'valse' mysticus. Men moet dus altijd weer opnieuw proberen, dat wat 'wezenlijk' is en gebeurt, met de 'vermogens' te vatten, dat wat per se 'rust' is, actief te benaderen: ,,En hierom moeten wij ons altijd inkeren en vernieuwd beminnen, als we de minne door minne willen gevoelen'' (269-271). Na een mooie samenvattende passage (279-296) over de vereniging met middel (verlichte rede en werkelijke minne) en die zonder middel (een bloot gezicht en wezenlijke minne) gaat Ruusbroec nog verder in op de eenheid van de mystieke mens (297-328). Eerst wijst hij er op dat de goddelijke aanraking in het 'wezen' al de 'vermogens der ziel' doorvloeit. Zowel de hogere als de lagere vermogens van de mens worden in beweging gebracht — de passage over de weerslag van de inwendige ervaring op het lichaam getuigt van een echt psychosomatische kijk op de mens. En na die uitvloeiende beweging in de gehele mens tekent hij dan nog even hoe ook weer de hele mens de weg teruggaat, van het 'lichamelijke gevoelen' tot 'het onbeweeglijk zalig gevoelen' van de vereniging zonder differentie (vergelijk nog 514-531).

De vereniging zonder differentie

Van de vereniging zonder middel gaat Ruusbroec meteen over naar de vereniging zonder differentie: ,,en door het goddelijk gevoelen (= vereniging zonder middel) moet hij uit zichzelf wegzinken in een onbeweeglijk zalig gevoelen. Dit gevoelen is onze overwezenlijke zaligheid, zij is het genieten van God en van al zijn beminden. Deze zaligheid... is wezenlijk voor God en overwezenlijk voor alle schepselen'' (327-331). Na deze enkele, erg sobere regels over het derde aspect van de mystieke eenheidsbeleving last Ruusbroec hier een uitvoerig stuk theologie van de Triniteit in (332-383) en in plaats van dan daarna, zoals men verwacht, de vereniging zonder differentie als zodanig extensief te behandelen, beschrijft hij verscheidene keren achtereen de drie vormen van vereniging te zamen (384-508).

Waarin bestaat nu dit laatste moment van de eenheidsbeleving? In het ervaren van 'zaligheid'. En zalig zijn betekent: volkomen 'wegzinken uit uzelf' in een werkelijkheid die 'onbeweeglijk' is en 'altijd ledig', — hier heeft men helemaal niet meer het gevoelen dat men zélf is, hier valt niets meer te veroveren of te begrijpen. Zalig zijn is zo rijk zijn dat men geen oog meer heeft voor eigendom, ,,men ontvangt meer dan men begeren kan'', zoals Ruusbroec het geregeld formuleert. Het gaat hier om een rust die zo totaal is dat zij door geen enkele, onrustige activiteit aangetast kan worden. Na — of liever: samen met — het moment van het zoeken (vereniging met middel) en dat van de ontmoeting (vereniging zonder middel) is er dus nog het opgenomen zijn in de Ander. Het 'werken' en 'lijden' worden bekroond door het 'rusten' of, om een geliefd beeld van de Meester te gebruiken, naast het 'branden' en het 'verbranden' is er ook het 'verbrand zijn'. De mysticus kent het eigenmachtige gebruik van de 'vermogens' en het lijdzame 'verdolen' in het eigen diepste 'wezen', maar ook het 'verloren zijn' in het 'overwezen', in het wezen van de Ander. Het zalig zijn waarover het hier gaat, is dus een grondeloze overvloed, zowel voor God als voor de mens, maar wat voor God natuurlijk is — 'wezenlijk' — is voor de mens bovennatuurlijk — 'overwezenlijk'.

Beschouwen we nu van nabij de leerstellige passage over de Triniteit. Wat wil Ruusbroec hiermee voornamelijk in het licht stellen aangaande de mystieke ervaring? In de eerste plaats dat het leven in de drievuldige God zich aandient als het 'voorbeeld' van de complexe beleving van de mysticus, óók van zijn wellicht choquerende ervaring van een onaantastbaar zalig zijn. Wat ik u als de ondervinding van bepaalde mensen beschrijf, zegt Ruusbroec, is niet zo maar een 'mystiek' en verdacht snufje, het heeft een solide basis in de leer. Om de ene God in drie Personen te kunnen denken onderscheidt men namelijk doorgaans het Wezen en de Personen. Maar onderscheiden is niet voldoende, Wezen en Personen moeten ook nog volstrekt één zijn. En dit laatste — eenheid in verscheidenheid — veronderstelt dat er in de Godheid iets gebeurt, iets paradoxaals: ,,de Personen geven zich prijs en worden meegesleept in de wezenlijke minne, dat is, in de genietende eenheid, en houden nochtans altijd stand als Personen voor zover zij als Drievuldigheid actief zijn'' (332-334). Men moet de goddelijke natuur dus als een complexe werkelijkheid beschouwen: ,,eeuwig actief voor zover zij uit de Personen bestaat, en eeuwig ledig en zonder wijzen voor zover zij haar eenvoudig Wezen is'' (335-336). Deze voorstelling van God — een bipolaire structuur waarin voortdurend eenheid geschiedt —

heeft in de westerse traditie de overhand. Hoe dienstig zij ook is, er zit een niet te onderschatten nadeel aan vast: men kan zich maar moeilijk van de indruk ontdoen dat in dit model de drie Personen samen tegenover het Wezen staan. Een Wezen dat, hoe dan ook van hen afgescheiden, de uiteindelijke goddelijke realiteit zou vormen. Het persoonlijke, actieve aspect van de Godheid lijkt dan toch op de een of andere manier maar een voorlopig en bijkomstig moment te zijn. Om deze subtiele dubbelzinnigheid, die echter vérstrekkende gevolgen heeft — willen niet alle 'valse' mystici bijvoorbeeld altijd voorbijgaan aan de Personen in de Godheid? — op te heffen zal Ruusbroec deze eerste voorstelling van de drieëne God aanvullen, daarbij steunend op de leer van de Griekse Vaders. De Personen, zo preciseert hij dan, staan nooit tegenover het Wezen, zij staan altijd en alleen tegenover elkaar. Het Wezen is enkel *in* de andere Persoon en alleen dáár kunnen Vader, Zoon en Geest ermee één zijn. Zo zullen dan de Vader en de Zoon in elkaar 'behagen' scheppen (denk ondertussen aan de vereniging met middel) en elkaar 'omhelzen' (zie de vereniging zonder middel) en dit 'omhelzen' openbaart zich als *grondeloos*: waar de ene Persoon de andere helemaal be-grijpt wordt hij meteen door een nooit te vatten overvloed overstelpt. Deze over-rijkdom is het Wezen, dit overrompeld worden is zaligheid. Het Wezen is dus volgens Ruusbroec niets anders dan de onuitputtelijke transcendentie van de andere Persoon; de zaligheid is niets anders dan een rust die zich in de activiteit openbaart.

In de tweede plaats wil Ruusbroec duidelijk maken hoe de mysticus met dat voorbeeldige leven van God verenigd wordt. Zoals er tussen de goddelijke Personen onderling een actief liefdespel gespeeld wordt, zo ook tussen God en de mens. 'God' is in dit verband bij Ruusbroec altijd de Zoon: ,,Wie dan door toedoen van de genade met een liefdevol behagen teruggebogen wordt in het eeuwige behagen van God, die wordt omvat en omhelsd'' — een persoonlijke ontmoeting die ook in het goddelijke Wezen uitmondt: ,,omvat en omhelsd door de grondeloze minne die God zelf is'' (353-356). Het *Boecsken* is op dit punt, namelijk dat de mens door de vereniging met de Zoon het Wezen bereikt, niet erg expliciet, daarom hier één passage uit *Die brulocht* die dat duidelijk confirmeert: ,,Door het genietend neigen van zijn geest overwint hij God en wordt één geest met Hem. En door deze vereniging met de geest van God komt hij in een genietend smaken en bezit hij het goddelijke Wezen''[8].

[8] R I, p. 224.

III. DE UITGAVE

1. Verantwoording

Tot nog toe zijn de werken van Ruusbroec tweemaal in hun geheel uitgegeven: door Jan Baptist David[1] en door het Ruusbroecgenootschap[2].

De uitgave van David steunt in zoverre op een kritische behandeling van de bronnen, dat hij voor elk werk de geraadpleegde handschriften aangeeft en de keuze van het basishandschrift motiveert. Uit een vergelijking van Davids tekst met de door hem gebruikte handschriften blijkt evenwel dat hij heel wat spellingwijzigingen en 'correcties' in de verbuigingsvormen heeft aangebracht zonder die in voetnoot te vermelden[3]. De foute lezingen in zijn basishandschrift worden vaak niet gecorrigeerd en wanneer ze toch worden gecorrigeerd, laat hij wel eens na dit te signaleren. Dit heeft tot gevolg dat de lezer slechts zelden met zekerheid weet of hij met de tekst van het basishandschrift dan wel met een variant uit een ander handschrift of met een conjectuur van David zelf te doen heeft.

Naar aanleiding van de vijfhonderdvijftigste verjaardag van Ruusbroecs dood in 1931, werd in de daaropvolgende jaren door het Ruusbroecgenootschap een nieuwe uitgave bezorgd[4]. Toch mag ook zij, naar het woord van de uitgevers zelf, geen 'definitieve critische uitgave' worden genoemd[5]. Zulke uitgave zou rekening moeten houden met al de varianten der in aanmerking komende handschriften. Wegens tijdgebrek moesten de uitgevers evenwel op bescheidener manier te werk gaan. Daarmee staat de Middelnederlandse filologie nog steeds voor het merkwaardig feit dat van twee meesterwerken van een harer grootste prozaïsten, *Die geestelike brulocht* en *Vanden blinkenden steen*, wel een kritische uitgave van de Opperduitse vertaling bestaat[6], maar niet van de oorspronkelijke, Middelnederlandse tekst.

---

[1] [J. David], *Werken van Jan van Ruusbroec*, 6 dln., (Maetschappy der Vlaemsche Bibliophilen, 3e serie, nrs. 1, 4, 7, 9, 12), Gent, 1858-1868.

[2] Jan van Ruusbroec, *Werken*. Naar het standaardhandschrift van Groenendaal uitgegeven door het Ruusbroec-genootschap te Antwerpen, 4 dln., Mechelen-Amsterdam, 1932-1934; (2e uitg.), Tielt, 1944-1948.

[3] Cf. L. Reypens, *Uit den voorarbeid tot eene critische uitgave van Ruusbroec's ,,Brulocht''*, in *V.M.K.V.A.*, 1921, p. 79; R II, p. XVII-XXV; G. de Baere, *Jan van Ruusbroec, Vanden seven sloten*, pp. 16-17.

[4] Cf. noot 2.

[5] R I, p. XVIII.

[6] W. Eichler, *Jan van Ruusbroecs 'Brulocht' in oberdeutscher Überlieferung*. Untersuchungen und kritische Textausgabe, (Münchener Texte und Untersuchungen zur deutschen Literatur des

De uitgevers namen als grondslag voor hun uitgave twee handschriften, hs.
Brussel, K.B., 19295-97 (De Vreese: hs. A) en hs. Brussel, K.B., 1165-67 (De
Vreese: hs. F), waarvan het eerste drie en het tweede de acht overige werken
van Ruusbroec bevat. Hs. A is het tweede deel van een laat-veertiende-eeuwse
codex die uit de priorij van Groenendaal stamt, waar Ruusbroec zelf de eerste
prior was; hs. F is een laat-vijftiende-eeuwse, te Brussel geschreven kopie van
het verloren eerste deel van die zelfde Groenendaalse codex[7]. De plaats en de
datering van A evenals de afkomst van F laten vermoeden dat beide handschriften goede teksten leveren, die bovendien in het Brabants, de streektaal
van Ruusbroec, gesteld zijn. Wel is dit Brabants, zo merken de uitgevers op,
jonger dan dat van Ruusbroec en daarom kan voor de kritische uitgave van de
afzonderlijke traktaten een ouder Brabants handschrift meer in aanmerking
komen[8]. Zeldzame fouten in hs. A en regelmatig voorkomende fouten in hs. F
werden gecorrigeerd vanuit de enige twee handschriften die de volledige werken van Ruusbroec bevatten, hs. Brussel, K.B., 3416-24 (De Vreese: hs. D) en
hs. Gent, U.B., 693 (De Vreese: hs. G), en vanuit de meeste andere handschriften die in de tijd van de uitgave bekend waren.

In de hoge waardering van de handschriften A en F[9] speelden externe criteria een belangrijke rol: de veertiende-eeuwse codex van Groenendaal moest
wel een schier ideale codex zijn, een norm voor de andere handschriften, het
'standaardhandschrift', zoals de ondertitel van de uitgave het in onbedekte
termen zegt.

De externe gegevens over hs. A en hs. F leiden terecht tot een gunstig
apriori ten aanzien van de waarde van hun tekst. Maar men mag een bescheiden priorij als die van Groenendaal niet voor een ijkkantoor aanzien waar de
feilloze maatstaf voor alle Ruusbroec-teksten geborgen lag. Dat er in de directe
omgeving van de Meester geen handschriften werden geduld die zijn leer zouden vertekenen, is nogal waarschijnlijk, maar dat deze kritische zin zich over
alle gebieden van de tekst gelijkelijk zou uitstrekken, is minder waarschijnlijk.
Herhaaldelijk beweren de uitgevers dat een volledige kritische uitgave wel in-

Mittelalters, 22), München, 1969; Id., *Jan van Ruusbroec, Van den blinckenden steen in oberdeutscher Texttradition*. Herausgegeben von —, (Kleine deutsche Prosadenkmäler des Mittelalters, 4), München, 1968.
[7] Cf. L. Reypens, *Ruusbroecbijdragen, Belangrijke ontdekking in handschrift A*, in *Tijdschrift
voor Nederlandsche Taal- en Letterkunde*, 42 (1923), pp. 47-71; R I, p. XVIII.
[8] R I, pp. XVIII-XIX, n. 4. Deze wenk hebben we met goed resultaat opgevolgd voor het *Boecsken der verclaringhe*. Dat de keuze van het veertiende-eeuwse hs. Brussel, K.B., 3067-73 (De
Vreese: hs. Vv) niet alleen de taal maar ook de tekst zelf ten goede komt moge uit onze uitgave
blijken.
[9] ,,... twee handschriften, die zelfs, alles wel beschouwd, er slechts één vertegenwoordigen, dat
echter twijfelloos een goeden en wellicht den besten tekst oplevert'' (R I, p. XVIII).

teressant kan zijn voor de dialectologie maar niet voor de mystieke inhoud van Ruusbroecs werken[10]. Dat de teksten van A en F — en dus de uitgave van het Ruusbroecgenootschap — een betrouwbaar beeld geven van de mystieke leer, daaraan zal niemand twijfelen die enigszins in de handschriften en in de leer thuis is. Maar dat een tekst filologisch correct is, als de leer maar in orde is, daarmee zullen weinig filologen vrede kunnen nemen. Zij zullen erop wijzen dat de tekst méér bevat dan alleen maar een mystieke leer, dat hij ook wel eens historische situaties beschrijft, dat hij moraliseert en allegoriseert: gebieden die niet direct de leer uitdrukken, waarbinnen dus varianten mogelijk zijn — goede en minder goede en foute — zonder dat de leer aangetast wordt. Meer nog, ook die leer zelf kan in het ene handschrift adequater uitgedrukt zijn dan in het andere. Heel het gebied dat tussen de materiële vorm van het dialect en de idee van Ruusbroec ligt en waarin juist het meesterschap van zijn proza gestalte krijgt, verdient in het tekstkritisch onderzoek te worden betrokken.

In vergelijking met de uitgave van David biedt die van het Ruusbroec-genootschap door de aanduiding en de verantwoording van de correcties een steviger filologisch houvast. De kritiek die men op de uitgave zou kunnen hebben, betreft dan ook niet zozeer de techniek van de tekstbehandeling als wel het uitgangspunt van de editie: de hoge waardering voor de handschriften A en F, die duidelijke fouten in hun tekst heeft laten voorbijzien. Vroeger hebben we een voorlopig oordeel over de uitgave geformuleerd op grond van het tekstonderzoek van het *Boecksen der verclaringhe*[11]. Dit oordeel werd nadien door het onderzoek van de *VII Sloten* bevestigd[12]: het handschrift F is een goed handschrift maar het kreeg meer vertrouwen dan het verdiende, zodat ook sommige van zijn feilen mee in de tekstuitgave zijn ingeslopen. De varianten van de andere tekstgetuigen hadden meer aandacht verdiend.

Tot nog toe hebben we geen traktaten onderzocht die op grond van hs. A zijn uitgegeven. Maar aangezien vele foute lezingen van hs. F ook in hs. G voorkomen en aangezien beide hss. teruggaan op dezelfde codex waartoe hs. A heeft behoord[13], is het vermoeden groot dat ook hs. A een aantal afwijkingen vertoont die slechts met behulp van de andere tekstgetuigen kunnen worden opgespoord.

Samenvattend: we achten een nieuwe uitgave van de volledige werken van Ruusbroec verantwoord om de volgende redenen:
1° voor enkele traktaten, met name het *Boecksen der verclaringhe* en *Vanden seven sloten*, kunnen als basis van de uitgave handschriften worden genomen die

[10] R I, p. XVIII, n. 1; R III, p. XXIII.
[11] G. de Baere, *Dat boecsken der verclaringhe van Jan van Ruusbroec, Opmerkingen bij de tekst van handschrift Vv (Brussel K.B. 3067-73)*, in *O.G.E.*, 46 (1972), pp. 367-368.
[12] Id., *Jan van Ruusbroec, Vanden seven sloten*, p. 441.
[13] Cf. L. Reypens, *Ruusbroecbijdragen, Belangrijke ontdekking in handschrift A*, in *Tijdschrift voor Nederlandsche Taal- en Letterkunde*, 42 (1923), pp. 47-71.

ouder zijn dan hs. F en die Ruusbroecs taal dichter benaderen.

2° voor alle traktaten kunnen na een grondig onderzoek van alle tekstgetuigen niet-oorspronkelijke lezingen in hs. F (en eventueel A) opgespoord en gecorrigeerd worden.

Het zwaartepunt van deze nieuwe uitgave ligt in de kritische tekst, vergezeld van het variantenapparaat en de kritische commentaar. Bovendien wordt de oorspronkelijke tekst in het Middelnederlands begeleid door een nieuwe Engelse vertaling om de tekst voor een zo ruim mogelijk publiek toegankelijk te maken. Tenslotte is ook de Latijnse vertaling van Surius toegevoegd, omdat zij Ruusbroec wereldkundig heeft gemaakt — langs die weg zijn zijn werken in verscheidene moderne talen vertaald — en omdat deze even soepele als precieze vertaling zelf een literair monument van eerste rang is.

2. Wijze van uitgeven

1. De weergave van de Middelnederlandse tekst

1.1. De interpunctie en het gebruik van *i, j, u, v* en *w* zijn aangepast aan de hedendaagse norm. Hoofdletters worden alleen geschreven bij het begin van de zin en van eigennamen.

1.2. De afkortingen worden opgelost in overeenstemming met de voluit geschreven vormen. Als deze vormen verschillende schrijfwijzen vertonen, wordt voor de oplossing van de afkortingen die vorm genomen die het meest voluit geschreven voorkomt. Als een afgekort woord nooit voluit voorkomt, wordt de meest waarschijnlijke spelling aangenomen binnen het spellingsysteem van het handschrift.

1.3. De ingrepen van de uitgever in de tekst van het handschrift die aanwijsbare afwijkingen ten opzichte van de originele tekst corrigeren, zijn als volgt aangeduid:

1. Tussen spitse haken (< >) staan de woorden of letters die toegevoegd zijn. De spelling van de ingelaste elementen wordt aangepast aan de spelling van het handschrift. Als het handschrift voor een bepaald woord uiteenlopende schrijfwijzen vertoont, wordt de meest frequente spelling overgenomen. Als een ingelast woord geen tweede keer in de tekst voorkomt, wordt het geschreven in die spelling die binnen het systeem van het handschrift het meest waarschijnlijk is.

2. Tussen vierkante haken ([ ]) staan de woorden of letters die moeten worden weggelaten.

3. Vóór woorden waarin letters veranderd zijn of die in de plaats van een ander woord gekomen zijn, staat een asterisk (*).

4. Begin en einde van een woordgroep waarvan de volgorde is gewijzigd, worden aangeduid met een °.

1.4. De verdeling van de tekst in paragrafen geeft de duidelijke structuur van het werk zelf weer. Deze structuur wordt bevestigd door de lombarden en de paragraaftekens in de gezaghebbende handschriften A, F en G. Opschriften worden niet ingelast, aangezien ze blijkens de handschriften A en F niet oorspronkelijk zijn.

1.5. In de rechtermarge staan de overeenkomende bladzijden van de tweede uitgave van het Ruusbroecgenootschap en de folio's van het handschrift.

2. *De vormgeving van het variantenapparaat en de noten*

2.1. *Het variantenapparaat*[14]

Het apparaat wordt in principe negatief opgevat, d.w.z. dat alle afwijkingen ten opzichte van de basistekst volgens de normen van de selectie van de varianten worden genoteerd, gevolgd door de kenletters der handschriften die deze afwijking vertonen. Op elke bladzijde worden boven het apparaat de handschriften vermeld die het tekstgedeelte van die bladzijde geheel of gedeeltelijk bevatten. Als ze slechts een gedeelte van de tekst op de betreffende bladzijde bestrijken, wordt het woord waarmee ze beginnen en/of eindigen in het apparaat vermeld. Op deze wijze kan men voor elke variant nagaan welke handschriften deze variant niet hebben.

Waar de basistekst zelf door correcties gewijzigd is, worden in het apparaat de afwijkingen ten opzichte van de gecorrigeerde tekst genoteerd. Als de correctie in de vervanging van een woord door een ander woord bestaat, worden ook de kenletters van de handschriften vermeld die de correcte lezing hebben. Waar een tekstkritische keuze tussen verschillende varianten moet worden verantwoord, wordt na die reeks varianten met de tussen haakjes geplaatste aanduiding *see C.C.* verwezen naar de kritische commentaar.

2.1.1. De selectie van de varianten[15]

Volgende varianten worden genoteerd:

1. weglatingen van woorden (ook het weglaten van syllaben dat niet aan het weglaten van een afkortingsteken te wijten is[16]);

---

[14] Het uitgangspunt voor deze regels is de vormgeving van het variantenapparaat in W. Eichlers tekstuitgave: W. Eichler, *Jan van Ruusbroecs 'Brulocht' in oberdeutscher Überlieferung*, München, 1969. — Enkele elementen hebben we ook ontleend aan *Plotini opera*. Ediderunt Paul Henry et Hans-Rudolf Schwyzer, 3 dln., Parijs-Brussel-Leiden, 1951-1973.

[15] Bij het opstellen van deze regels hebben we o.m. gebruik gemaakt van de doctorale dissertatie van W. van Hoecke, *L'œuvre de Baudouin de Condé et le problème de l'édition critique*, 5 dln., (Diss.), Leuven, 1970, (offset). Over de selectie van de varianten is sprake in dl. II, pp. IV-VIII.

[16] Waar verwarring tussen *en* en *ende* mogelijk is, worden dergelijke varianten toch vermeld.

2. toevoegingen van woorden (ook het toevoegen van syllaben dat niet aan het toevoegen van een afkortingsteken te wijten is[17]);
3. wijzigingen in de woordvolgorde;
4. vervangingen van woorden door andere woorden.

Hierbij gelden de volgende beperkingen[18]: worden niet opgenomen:
1. verschillen in de spelling;
2. klaarblijkelijke spellingfouten[19];
3. historische en geografische varianten van hetzelfde woord;
4. verschillen in de flexie die geen invloed uitoefenen op de betekenis van de tekst;
5. verschillende genera van hetzelfde woord;
6. variaties door proclisis of enclisis;
7. het al dan niet voorkomen van het ontkennend bijwoord *en*, wanneer het door andere ontkennende woorden wordt begeleid;
8. enkele vaak voorkomende woorden die naar de betekenis synoniem zijn en naar de vorm veelal gelijkend, namelijk:
   — de zelfstandige naamwoorden: hitte/hette, liefde/liefte, raste/ruste, vroude/vroechde
   — de werkwoorden: rasten/rusten, wandelen/wanderen
   — de voornaamwoorden: een iegelijc/iegelijc/iegewelc
   — de bijwoorden: aldus/alsus, mede/met, vore/voren
   — de voegwoorden: doe/doen
   — de voorzetsels: jegen/tegen, na/naer, te/tote.

2.1.2. De voorstelling van de varianten
2.1.2.1. Voorstelling van de soorten varianten
   1. weglatingen: het weggelaten gedeelte wordt vermeld, gevolgd door de afkorting *om*[20];
   2. toevoegingen: het toegevoegd gedeelte wordt vermeld, vergezeld van het tussen haakjes geplaatste voorafgaande of volgende woord[21];
   3. wijzigingen in de volgorde: het gedeelte met de gewijzigde

---

[17] Zie vorige noot.
[18] De bedoeling van deze beperkingen is, frequente varianten van louter vormelijke aard uit het apparaat te weren. Om uiteenlopende motieven worden op deze beperkingen een zeldzame keer uitzonderingen gemaakt.
[19] Deze beperking geldt niet voor het basishandschrift.
[20] Bij weglating van pro- of enclitische elementen wordt het woord vermeld waarbij deze vormen horen.
[21] Bij toevoeging van pro- of enclitische elementen wordt het woord vermeld waarbij deze vormen horen.

volgorde wordt vermeld[22], waarbij een schuine streep (/) het scharnier van de omzetting aanduidt, als dit scharnier geen woord van de groep is. Als een woord of een reeks woorden vrij ver van de oorspronkelijke plaats verwijderd staat, wordt aangeduid op welke regel en vóór of na welk woord dat verplaatste woord resp. die verplaatste reeks woorden staat. Aan de kenletter van het betreffende handschrift gaat dan de aanduiding *trnsp* vooraf;

4. vervangingen: als het wegens de vormelijke gelijkenis duidelijk is op welke woorden van de tekst de variant slaat, wordt alleen de variant vermeld. In het andere geval gaan de betreffende woorden van de tekst vooraf en worden van de variant gescheiden met een dubbele punt.

2.1.2.2. Schrijfwijze
Behalve in het geval van de weglating volgen de varianten de spelling van het eerst vermelde handschrift. Is dit handschrift een reconstructie, dan is de spelling die van het eerste handschrift dat tot de gereconstrueerde groep behoort[23]. In overeenkomst met de kritische tekst is het gebruik van *i, j, u, v* en *w* aangepast aan de hedendaagse norm.

2.1.2.3. Situering
1. de varianten worden voorafgegaan door het getal van de regel waarop ze betrekking hebben;
2. vóór de varianten die op meer dan één regel betrekking hebben, wordt begin- en eindregel vermeld;
3. tussen varianten die op hetzelfde tekstgedeelte betrekking hebben, wordt een komma geplaatst;
4. als identieke woorden van een zelfde regel kunnen worden verward, geeft het rangcijfer na het woord of na de variant van dat woord aan, om welk van de identieke woorden het gaat[24].

2.1.2.4. Volgorde
1. de varianten worden geordend naar de volgorde waarin ze in de tekst voorkomen;
2. varianten die op dezelfde plaats betrekking hebben, worden geordend naar de hieronder (cf. 2.1.3.2.) aangeduide volgorde van de handschriften, terwijl weglatingen steeds na de overige varianten worden vermeld.

2.1.2.5. Synthese
1. als verschillende varianten in een handschrift samen voorkomen,

[22] Als pro- of enclitische elementen van plaats veranderen, wordt het gevend en het ontvangend woord vermeld.
[23] Voor de volgorde van de handschriften, zie 2.1.3.2.
[24] Het onderscheid hoofdletter-kleine letter heft de identiteit niet op.

87

wordt deze complexe variant in haar geheel vermeld, zo nodig voorafgegaan door de versie van de basistekst;

2. als verschillende handschriften, eventueel op één of meer afwijkingen na, een gemeenschappelijke variant hebben, worden ze samen vermeld, terwijl de afwijkingen binnen de variant worden aangeduid als volgt:

   1. weglating: na elk weggelaten woord volgt tussen haakjes *om* gevolgd door de kenletters van de betreffende handschriften;
   2. toevoeging: de toevoeging wordt tussen haakjes geciteerd gevolgd door de afkorting *add* en de kenletters van de betreffende handschriften;
   3. wijziging in de volgorde: de woorden met die volgorde worden tussen haakjes geciteerd na de woorden die de volgorde van de groep hebben;
   4. vervanging: de vervangende woorden worden tussen haakjes vermeld na de woorden van de gemeenschappelijke variant waarop zij betrekking hebben en gevolgd door de kenletters van de betreffende handschriften;
   5. doorhaling: na elk doorgehaald woord volgt tussen haakjes de afkorting *del* en de kenletters van de betreffende handschriften.

   Opmerking

   Bij een conflict tussen de synthese van varianten van één handschrift en de synthese van handschriften die dezelfde variant hebben, geniet de tweede synthese de voorkeur.

2.1.2.6. Voorstelling van de tekstgedeelten der onvolledige handschriften

   1. de aanvang van deze tekstgedeelten wordt aangeduid met *inc* na het woord waarmee de handschriften beginnen;
   2. de onderbrekingen worden aangeduid met *breaks off*[25] *up to* na het woord dat de onderbreking onmiddellijk voorafgaat, gevolgd door het nummer van de regel waar de handschriften de tekst hervatten;
   3. de hervattingen worden aangeduid met *resumes* na het woord waarmee de handschriften de tekst hervatten, tussen haakjes gevolgd door *cf.* en het nummer van de regel waar ze de tekst onderbroken hebben;
   4. het einde wordt aangeduid met *des* na het laatste woord van de tekst dat de handschriften hebben.

2.1.3. De voorstelling van de handschriften
   1. Aanduiding

---

[25] Mist het handschrift een gedeelte van de tekst door een uitwendige oorzaak, dan wordt *breaks off* vervangen door *lacking*.

Elke variant wordt gevolgd door de kenletter van het handschrift waartoe zij behoort. Na gemeenschappelijke varianten komen de kenletters van de handschriften samen voor, zo mogelijk herleid tot de in het stemma gereconstrueerde handschriften.

2. Volgorde

De kenletters van de grote Ruusbroec-handschriften A, D, F, G gaan vooraf aan de kenletters van de andere handschriften. Deze laatste worden geordend naar hun onderlinge verwantschap en hun belang voor de tekstoverlevering zoals die zich in elk afzonderlijk werk van Ruusbroec voordoen. Als het basishandschrift zelf (en/of een of meer handschriften die tot dezelfde familie behoren) in het apparaat voorkomt, neemt zijn kenletter de eerste plaats in.

2.2. De paleografische commentaar

De tweede reeks noten levert de paleografische commentaar. Hij vermeldt alleen de correcties in het handschrift zelf die niet in de kritische tekst zijn opgenomen. De overige paleografische noten zijn samengebracht onder appendix 5, pp. 183-185. Zij vermeldt de tekstcorrecties in het handschrift die in de kritische tekst opgenomen zijn en andere fenomenen die buiten het gewone verloop van de handschriftelijke tekst vallen, zoals lombarden, uitzonderlijke schrijfwijzen wegens woordsplitsing en tot enkele afzonderlijke letters beperkte tekstschade door uitwendige oorzaken (afsnijdingen, vlekken etc.).

2.3. De aanduiding der Schriftplaatsen

De derde reeks noten bevat de verwijzingen naar de Schrift. De Schriftplaatsen worden voorafgegaan door de aanduiding *cf.* wanneer het om parafraserende citaten gaat en door de aanduiding *see* wanneer het om passages gaat die een plaats uit de Schrift samenvatten of er slechts enkele elementen aan ontlenen. Bijna altijd bevatten de citaten slechts een deel van de aangeduide verzen.

3. *De Latijnse vertaling van Surius*

Als basis voor de tekst hebben we de eerste uitgave (1552) van deze vertaling genomen. Hierbij gelden de volgende regels:

3.1. De noten die Surius in de marge van zijn vertaling heeft aangebracht, zijn weggelaten.

3.2. Spelling en interpunctie zijn onveranderd overgenomen met de volgende uitzonderingen:

1. de afkortingen zijn opgelost (behalve de afkortingen door middel van de punt);

2. het gebruik van *i, j, u* en *v* is aangepast aan de schrijfwijze die gangbaar is sedert de negentiende eeuw en de accenten zijn weggelaten;
3. de drukfouten die niet voorkomen in de lijst van errata in de eerste Surius-uitgave zijn verbeterd in de tekst, terwijl de drukfouten vermeld staan in voetnoten waarnaar door letters wordt verwezen;
4. van woorden die in hoofdletters gedrukt staan, is alleen de eerste letter als hoofdletter bewaard.

3.3. Opvallende afwijkingen van Surius ten opzichte van de kritische Middelnederlandse tekst evenals die varianten welke hij gemeen heeft met één of meer handschriftenfamilies die in het variantenapparaat vermeld staan, zijn vermeld in voetnoten waarnaar door de regelnummers wordt verwezen. Deze varianten worden aangeduid als volgt:

1. weglatingen: de Middelnederlandse woorden die door Surius niet vertaald zijn worden vermeld, gevolgd door *om*;
2. toevoegingen: de Latijnse woorden in Surius die geen Middelnederlands equivalent hebben worden vermeld, gevolgd door *add*;
3. vervangingen: de Middelnederlandse versie wordt gescheiden van de afwijkende versie door een dubbele punt.

3.4. De plaatsen waar de drie Surius-uitgaven (1552, 1608/9, 1692) niet identiek zijn (bijna altijd wegens drukfouten), worden vermeld in appendix 6.

4. *Toelichting bij de Engelse vertaling*

De vertaler heeft de bedoeling gehad Ruusbroecs tekst zo letterlijk en zo getrouw mogelijk weer te geven. Alle stilistische vijlerij die zou trachten het Middelnederlandse proza te vermooien, is daarbij vermeden. Sommige uitdrukkingen hebben wellicht de veertiende-eeuwse lezer verrast; hetzelfde effect moeten zij nu kunnen hebben, zonder enige verzachting. Andere passages zijn dubbelzinnig in het origineel; we hebben niet getracht ze voor de lezer duidelijk te maken.

Bijzonder lastig was de precieze weergave van Ruusbroecs technische, mystieke woordenschat, die door zijn hele oeuvre heen op samenhangende wijze wordt voortgezet en ontwikkeld. Daartoe moesten wij een basisterminologie ontwerpen die trouw is aan de auteur, zonder hem in het Engels meer — of minder — te doen zeggen dan hij zelf oorspronkelijk bedoelde.

Wanneer een enkele keer een toevoeging duidelijkheidshalve noodzakelijk is, wordt die tussen haakjes geplaatst.

BOECSKEN DER VERCLARINGHE

Chapter I

THE MANUSCRIPTS

1. *Tracing and classifying the manuscripts*

In his bibliography of the Ruusbroec manuscripts R. Roemans records the following manuscripts of the *Boecsken der verclaringhe*:[1]

1. D (Brussels, K.B., 3416-24);
2. F (Brussels, K.B., 1165-67);
3. G (Ghent, U.B., 693);
4. H (Brussels, K.B., 2412-13);
5. L (Leiden, U.B., Letterk. 343);
6. N (Leiden, U.B., Letterk. 344);
7. n (Zwolle, Gemeentelijke Archiefdienst, Coll. Emanuelshuizen, 7);
8. Vv (Brussels, K.B., 3067-73);
9. Zz (Brussels, K.B., II 469).

MS L was destroyed in the fire of the University Library of Louvain in 1914.[2]

R. Lievens sent us the following supplement to Roemans's list:

1. Boxmeer, Karmel, W.W.I.;
2. Egmond, Sint-Adelbertabdij, H. IV;
3. Heverlee (Louvain), Abdij van Park, 17.

The Boxmeer manuscript was probably destroyed by fire in Nijmegen 1944. The relative recency of this manuscript (1649) discouraged us from further research.

J. Deschamps mentions excerpts from Ruusbroec in MS Brussels, K.B., IV 423.[3] A few of them appear to be taken from the *Boecsken*.

---

[1] R. Roemans, *Beschrijvende bibliographie van en over Jan van Ruusbroec*, in *Ruusbroec, leven, werken*. Onder de redactie van het Ruusbroec-genootschap Antwerpen, Mechlin-Amsterdam, 1931, p. 334.

[2] At the B.N.M. in Leiden there exists a copy of one page of this manuscript containing a fragment of *Vanden kerstenen ghelove* (R III, pp. 76.11-77.9). Three L-variants concerning the *Boecsken* may be found in David's edition, vol. VI, pp. 241-269. Two of them agree with the critical text: *wilde* (l. 117 of our edition) and *ongheleefde* (l. 163); the third one deviates: *sake* instead of *oert* (l. 370).

[3] J. Deschamps, *Middelnederlandse handschriften in de K.B. Albert I, Brussel. Vierde reeks (1952-1977)*, in *Archief- en Bibliotheekwezen in België*, 48 (1977), p. 675.

91

St. Axters draws our attention to a Middle High German translation of the complete *Boecsken* in the fourteenth century MS Munich, Bayerische Staats-bibliothek, Cod. germ. 99.[4] We collated the text of this manuscript with that of the basic manuscript Vv but did not incorporate the numerous variants in the apparatus. Indeed most of these variants are due either to a free translation or to a misunderstanding of the original. Nevertheless the comparison of the German text with that of MS Vv is interesting, since it reveals that most of the readings of manuscript Vv differing from manuscript F are confirmed by this fourteenth century German manuscript Mu. In chapter V, Critical Commentary, the version of manuscript Mu is mentioned in each case.

So we come to the following list of twelve manuscripts prefaced by their sigla if they have one:

1. F   Brussels, K.B., 1165-67;
2. H   Brussels, K.B., 2412-13;
3. Vv   Brussels, K.B., 3067-73;
4. D   Brussels, K.B., 3416-24;
5. Zz   Brussels, K.B., II 469;
6.   Brussels, K.B., IV 423;
7. Eg   Egmond, St.-Adelbertabdij, H. IV;
8. G   Ghent, U.B., 693;
9. He   Heverlee, Abdij van Park, 17;
10. N   Leiden, U.B., Letterk. 344;
11. Mu   Munich, Bayerische Staatsbibliothek, Cod. germ. 99;
12. n   Zwolle, Gemeentelijke Archiefdienst, Coll. Emanuelshuizen, 7.

All have the complete text except MS Zz which contains only ll. 190-245 (according to our edition) and MS Brussels, K.B., IV 423 which contains only excerpts (see appendix 1 on p. 181).

2. *Description of the manuscripts*

Of the twelve manuscripts containing the *Boecsken der verclaringhe* the following eight have been described by W. de Vreese in *De handschriften van Jan van Ruusbroec's werken*, Ghent, 1900-1902:

1. D	: p. 21-43		5. N	: p. 161-163	
2. F	: p. 44-55		6. n	: p. 330-334	
3. G	: p. 55-70		7. Vv	: p. 639-663	
4. H	: p. 70-79		8. Zz	: p. 688-700	

---

[4] St. Axters, *Nederlandse mystieken in het buitenland*, in *V.M.K.V.A.*, (1965), p. 276.

We published a description of MS He in O.G.E.[5] A thorough description of the MS Eg has been made by G. Heuvelman and will shortly be published in O.G.E. MS Mu was described by E. Petzet.[6]

In order to give a general idea of the manuscripts concerned we follow with a very concise description of each of them, except for MS Brussels, K.B., IV 423 which merely contains excerpts from the *Boecsken*. In view of this the following remarks should be made. In the number of *folios* the flyleaves are not included. The *language* in which the manuscript was written is mentioned only when previous research in that field has been done. All texts mentioned in the *contents* are in Middle Dutch except for the prayers with Latin title and the Middle High German manuscript Mu.

a) *Brussels, Koninklijke Bibliotheek, 1165-67 (De Vreese F)*

Paper, 278/193 mm, end of 15th century.
237 folios.
Two columns of 34 to 36 lines.
Littera bastarda.
Provenance: the Nazareth house of the Brethren of the Common Life in Brussels.
Language: Brabantine.
Contents: exclusively Ruusbroec-texts, namely:

1. *Dat rijcke der ghelieven*
2. *Die geestelike brulocht*
3. *Vanden blinkenden steen*
4. *Vanden vier becoringhen*
5. *Vanden kerstenen ghelove*
6. *Vanden seven sloten*
7. *Boecsken der verclaringhe*
8. *Vanden XII beghinen.*

b) *Brussels, Koninklijke Bibliotheek, 2412-13 (De Vreese H)*

Paper and parchment, 218/147 mm, first half of 15th century.
47 folios.
One column of 36 to 45 lines.
Littera cursiva.

[5] G. de Baere, *Dat boecsken der verclaringhe van Jan van Ruusbroec, Tekstuitgave als steekproef,* in *O.G.E.*, 43 (1969), pp. 103-110.
[6] E. Petzet, *Die deutschen Pergament-Handschriften Nr. 1-200 der Staatsbibliothek in München,* pp. 173-175.

Provenance: the monastery of St Agnes (Sisters of the Common Life, changing over to Tertiaries of St Francis and later to Canonesses Regular) in Arnhem.
Language: Brabantine.
Contents: 3 Ruusbroec-texts and 1 Hadewijch-text, namely:
1. *Een spieghel der eeuwigher salicheit*
2. *Boecsken der verclaringhe*
3. *Vanden blinkenden steen*
4. Hadewijch, Tenth Letter, excerpt with two additions.

c) *Brussels, Koninklijke Bibliotheek, 3067-73 (De Vreese Vv)*

This manuscript is a collection of ten smaller manuscripts.
Parchment, 130/95 mm, 14th century.
182 folios.
One column of 16 to 30 lines.
Littera textualis.
Provenance: Rooklooster (Canons Regular, Congregation of Windesheim since 1412) in Oudergem near Brussels.
Language: according to W. de Vreese, parts II, III and IX of the collection are written in "Westmiddelnederlandsch, Brabantsch getint" (West Middle Dutch tinged with Brabantine).[7] Part V containing the *Boecsken der verclaringhe* shows pronounced Brabantine features.
Contents: the manuscript is composed of 10 parts, the contents of which run as follows:

Part I
Three commentaries on Pseudo-Dionysius

Part II
1. Four texts related to Eckhart
2. Poem related to Hadewijch
3. Beatrijs van Nazareth, *Van seven manieren van heiliger minnen*
4. Ten dicta under the name of St Augustine

Part III
Eckhart, Sermons VIII and XXV (according to Pfeiffer's edition) or 2 and 3 (according to Quint's edition)

Part IV
1. Two unidentified tracts
2. *Te Deum* followed by a prayer

---

[7] W. de Vreese, *Mnl. W.*, X, *Bouwstoffen*, Eerste gedeelte (A-F), p. 278, nr. 394: 3, 6, 7.

94

Part V
Ruusbroec, *Boecsken der verclaringhe*

Part VI
1. Commentary on the ten commandments with texts from the Old and the New Testament
2. Tract on the ten commandments
3. Commentary on the seven capital sins
4. Enumeration of the seven sacraments and the seven works of mercy
5. Prayers to Mary and meditations on the Lord's Passion
6. Sermon of the "Leesmeester" of Strasbourg
7. *Salve Regina* followed by a prayer to Christ through Mary's intercession
8. Guide for confession
9. Ruisbroec, *Vanden blinkenden steen*, excerpt
10. Unidentified exemplum
11. Dicta patrum
12. Thirty points of perfect humility
13. Pseudo-Eckhart, *Schwester Katrei* (Pfeiffer, Tractate, VI), excerpt

Part VII
Sermon on St Stephen's day

Part VIII
1. Gheraert Appelmans, *De glose op den pater noster*
2. Unidentified fragment
3. The legend of Meister Eckhart's reception (Pfeiffer, Sprüche, 70; cf. IX, 2)

Part IX
1. Unidentified poem
2. The legend of Meister Eckhart's reception (Pfeiffer, Sprüche, 70; cf. VIII, 3)

Part X
1. Legend of St Aleck
2. Legend of St Marina
3. Ruusbroec, *Van seven trappen*, excerpt.

d) *Brussels, Koninklijke Bibliotheek, 3416-24 (De Vreese D)*

Paper, 298/211 mm, 1461.
290 folios.
Two columns of 48 to 55 lines.
Littera cursiva.
Provenance: according to L. Reypens, the manuscript (or at least its model) was

probably written in the monastery of St Salvator (Canons Regular, Congregation of Windesheim since 1395) in Eemstein (North Brabant).[8]

Language: Brabantine with Hollandic influence.

Contents: the complete works of Ruusbroec (except his letters) and some other texts out of Ruusbroec's surroundings, namely:

1. The prologue by brother Gheraert van Herne
2. Godfried van Wevel, *Dat boec van den XII dogheden*
3. *Vanden kerstenen ghelove*
4. *Een spieghel der eeuwigher salicheit*
5. *Van seven trappen*
6. *Vanden seven sloten*
7. *Vanden vier becoringhen*
8. *Vanden XII beghinen*
9. *Van den geesteliken tabernakel*
10. *Dat rijcke der ghelieven*
11. *Die geestelike brulocht*
12. *Vanden blinkenden steen*
13. *Boecsken der verclaringhe*
14. The epilogue of the "nacomelinc"
15. Four panegyrics on Jan van Ruusbroec by Jan van Leeuwen
16. Dictum of Jan van Leeuwen.

e) *Brussels, Koninklijke Bibliotheek, II 469 (De Vreese Zz)*

Paper, 144/105 mm, 15th century.
203 folios.
One column of 18 to 24 lines.
Littera cursiva.

Provenance: the monastery "Ter Noot Gods" (Canons Regular, Congregation of Windesheim since 1432) in Tongres.

Contents: this manuscript contains many small fragments of text. We mention only the most important items:

1. Gerard van Vliederhoven, *Van den vier utersten*
2. Heinrich Suso, *Horologium aeternae sapientiae*, excerpt
3. Ruusbroec, *Van den geesteliken tabernakel*, excerpt
4. Prayers with introduction and commentary
5. Description of the seven churches of Rome and the indulgences to be gained there
6. Ruusbroec, *Boecsken der verclaringhe, Vanden blinkenden steen, Die spie-*

---

[8] L. Reypens, *De uitgave van 't Groenendaelsche obituarium en haar eerste vruchten*, in *O.G.E.*, 17² (1943), p. 126.

ghel der eeuwigher salicheit, *Van seven trappen*, *Die geestelike brulocht*,
excerpts, and Jan van Leeuwen, excerpts.

f) *Egmond, Sint-Adelbertabdij, H. IV (Eg)*[9]

Paper, 194/145 mm, 1588.
354 folios.
Two columns of 25 to 29 lines.
Provenance: a recent sheet attached to the front flyleaves of the manuscript
mentions as its probable place of origin: the monastery of Sion (Canons
Regular, Congregation of Windesheim since 1431) in Beverwijk (North
Holland).
Littera bastarda and littera cursiva.
Contents: this manuscript contains a considerable number of fragments. We
mention only the most important items:

1. Commentary on the Song of Songs
2. Hendrik Mande, *Een boec dat heet een spiegel der waerheit, Dat boec
   vanden licht der waerheit, Ene claghe of enighe sprake*, excerpts
3. Eckhart, *Reden der Unterweisung, Paradisus anime intelligentis* and Sermon LVII (according to Pfeiffer's edition), excerpts
4. Tauler, Sermon 60 f (according to Vetter's edition)
5. Eckhart, Sermon XLII (Pfeiffer) or 69 (Quint) and the tract *Von den drîn
   fragen* (Denifle, *Taulers Bekehrung*, pp. 137-143), excerpts
6. Ruusbroec, *Vanden seven sloten*
7. *Van negenreleijen minnen*
8. Four exempla of St Augustine
9. Eckhart, tract XI, 2 (Pfeiffer), excerpts
10. Ruusbroec, *Van den geesteliken tabernakel*, adaptation of excerpts
11. Ruusbroec, *Boecsken der verclaringhe*
12. Ruusbroec, *Een spieghel der eeuwigher salicheit*, excerpts
13. Hendrik Mande, *Een boecsken van drien staten eens bekierden mensche
    dairin begrepen is een volcomen geestlic leven*, and *Een devoet boecskijn
    van der bereydinghe ende vercieringhe onser inwendigher woeninghen*,
    excerpts
14. *De Dialoog van Meester Eggaert en de onbekende leek*, adaptation.[10]

---

[9] For this description I am greatly indebted to G. Heuvelman whose detailed description will
shortly be published in O.G.E.
[10] Cf. C.G.N. de Vooys, *De Dialoog van Meester Eggaert...*, in *Nederlandsch Archief voor
Kerkgeschiedenis*, 7 (1910), pp. 169-226.

g) *Ghent, Bibliotheek der Rijksuniversiteit, 693 (De Vreese G)*

Paper and parchment, 286/202 mm, 1480.

392 folios.

Two columns of 34 to 45 lines.

Littera cursiva.

Provenance: the monastery of St Margaret (Canonesses Regular) in Bergen-op-Zoom.

Language: Brabantine.

Contents: the complete works of Ruusbroec (except his letters) preceded by the prologue by brother Gheraert van Herne:

1. The prologue by brother Gheraert van Herne
2. *Van den geesteliken tabernakel*
3. *Een spieghel der eeuwigher salicheit*
4. *Van seven trappen*
5. *Vanden seven sloten*
6. *Boecsken der verclaringhe*
7. *Vanden XII beghinen*
8. *Dat rijcke der ghelieven*
9. *Die geestelike brulocht*
10. *Vanden blinkenden steen*
11. *Vanden vier becoringhen*
12. *Vanden kerstenen ghelove.*

h) *Heverlee, Abdij van Park, 17 (He)*

Parchment, 119/84 mm, second half of 14th century.

128 folios.

One column of 15 to 22 lines.

Littera cursiva and littera textualis.

Provenance: the Carthusian monastery of St John the Baptist in Zelem near Diest.

Contents:

1. Meditation on the passion of Christ, ascribed to St Bernard
2. Nicodemus's Passion
3. *Die spiegel des sondaers*
4. Ruusbroec, *Boecsken der verclaringhe*
5. Testimony of Gulielmus de Salvarvilla about Geert Groote
6. Five points which Geert Groote preached among the common people.

i) *Leiden, Bibliotheek der Rijksuniversiteit, Letterk. 344 (De Vreese N)*

Paper, 198/141 mm, 1466.

79 folios.

Two columns of 25 to 33 lines.

Littera textualis.

Provenance: Holland.

Contents: four works of Ruusbroec, namely:

1. *Vanden vier becoringhen*
2. *Boecsken der verclaringhe*
3. *Een spieghel der eeuwigher salicheit*
4. *Vanden kerstenen ghelove.*

j) *Munich, Bayerische Staatsbibliothek, Cod. germ. 99 (Mu)*

Parchment, 144/100 mm, end of 14th century.

176 folios.

One column of 14 tot 23 lines.

Littera textualis.

Provenance: the monastery of Engelthal (Cistercian nuns) near Altdorf (Bavaria).

Contents:

1. Ruusbroec, *Vanden vier becoringhen*
2. Ruusbroec, *Boecsken der verclaringhe*
3. Life and revelations of Adelheid Langmann.

k) *Zwolle, Gemeentelijke Archiefdienst, Coll. Emanuelshuizen, 7 (De Vreese n)*

Paper and parchment, 143/105 mm, first half of 15th century.

152 folios.

One column of 18 to 23 lines.

Littera cursiva and littera textualis.

Provenance: the monastery of St John the Baptist (Canonesses Regular incorporated into the Congregation of Windesheim between 1414 and 1420) in Brunnepe near Kampen (Province of Overijssel).

Contents: three works of Ruusbroec, namely:

1. *Dat rijcke der ghelieven*
2. *Boecsken der verclaringhe*
3. *Vanden vier becoringhen.*

3. *Manuscript interrelationships*

A fundamental insight into the structure of the tradition was acquired by L. Reypens.[11] In the treatises which MS A and MS G have in common, G is copied

---

[11] L. Reypens, *Ruusbroechbijdragen, Belangrijke ontdekking in handschrift A*, in *Tijdschrift voor Nederlandsche Taal- en Letterkunde*, 42 (1923), pp. 47-71.

directly from A, the second part of the late fourteenth century Groenendaal codex. Reypens considers it very probable that the remaining treatises were copied by G from the lost first part of the same codex. MS F is also directly or indirectly a copy of this lost part.

The treatise *Boecsken der verclaringhe* being relatively short and the variations of the manuscript tradition being considerably limited, it is impossible even to sketch a stemma of the manuscripts concerned. The following variants suggest relationships of the manuscripts mentioned:[12]

F G He

| 59/60 | volheit haerre doeghede : volheyt |
| 153 | met anxste der doet : metter doet |

n N Eg

234	beweghene gods : beweghen
256	licht : het heet
464	alle die : die

N Eg

377	sine : siel
552	verdreven was : gheworpen wert
558/9	vore ghevaren : ghevaren
561	dat eweghe leven : die eweghe glorie
566	(middel) ende crancke voertganc
567	(soen) die ghebenedijt is in der ewicheit

These variants justify the hypothesis that MS He is related to the F G-family. Also the MSS N, n and Eg belong to one family within which N and Eg form a subfamily. On account of their chronology and their individual variants, none of the manuscripts derives directly or indirectly from one of the others.

---

[12] For the variants consult the apparatus in Chapter III: Text and Apparatus, pp. 107-159. The preceding numbers refer to the line-numbering of our edition. The presentation of the variants is explained in the introduction, III, 2 on pp. 48-51.

Chapter II

THE REDACTION OF THE CRITICAL TEXT

1. *The selection of the basic manuscript*

The Ruusbroecgenootschap had edited the complete works of Ruusbroec on the basis of two manuscripts: MS A (Brussels, K.B., 19295-97), the second part of the Groenendaal codex, and MS F (Brussels, K.B., 1165-67), a copy, from about the year 1500, of the lost first part of the same Groenendaal codex. This was unquestionably the best choice in order to complete a consistent edition in a short time.[1] The editors, for that matter, concede that MSS A and F are not necessarily the best for all treatises, although this admission concerns only the idiom: for some of the treatises, one might take another manuscript in order to approach Ruusbroec's language more closely.[2]

In the choice of a manuscript that could serve as basis for this edition of the *Boecsken*, we are able to see the realization of this possibility. Moreover, it appears that not only the idiom but also the quality of the text itself have thereby benefited.

External data such as place of origin and dating allowed us to surmise that MS Vv (Brussels, K.B., 3067-73) could contain a good text. Its origin is the Rooklooster, near Groenendaal, and, like Groenendaal, inhabited by Canons Regular of St Augustine; its copy of the *Boecsken* may well have come into existence not long after 1362.[3] The comparative textual study confirmed this hypothesis. MS Vv affords a complete and carefully corrected text. Almost no words were omitted there, which is a frequent occurrence in MS F, the basic manuscript for the Ruusbroecgenootschap's edition. Words which are clearly superfluous and faulty are confined to details, such as the confusion of *en* for *ende*. The only thing which sporadically blemishes the quality of MS Vv is the intervention of some correctors, which at times is less felicitous.

In going through the bibliography for MS Vv, it appears that the codex also contains the best text of *Van seven manieren van heileger minnen* by Beatrijs

---

[1] R I, p. XVIII.

[2] *Ibid.*, pp. XVIII-XIX, n. 4. - Cf. also pp. 44-45 supra.

[3] W. de Vreese, *De handschriften van Jan van Ruusbroec's werken*, Ghent, 1900-1902, p. 650; R III, p. LVII.

of Nazareth[4] and of the *Sermoen van de Leesmeester van Straatsburg*[5] and the only text of the *Glose op den pater noster* by Gheraert Appelmans.[6] Axters observes, in an article concerning the above-mentioned sermon, that the various sections of the manuscript apparently were copied from a trustworthy apograph in the same milieu.[7]

2. *The composition of the text and the apparatus*

For the general rules of the composition of the text and the apparatus we refer to the introduction.[8] In this section we deal with the special case of MS Vv as a basis for the edition of the *Boecksen der verclaringhe*. The numbers in parentheses refer to the corresponding numbers of the general rules.

(1.)   We consider as MS Vv's text: the original text of the manuscript in which we incorporate the corrections as they occur in the manuscript.[9] Corrections which appear to spoil an originally correct reading are referred to only in the variant apparatus and in the paleographic notes. Corrections which appear to adapt the orthography of the original are referred to only in the paleographic notes. We distinguish three correctors: Vv1 is the first corrector, most probably the copyist himself (littera textualis, brown ink identical with that of the text); Vv2 is the second corrector (littera bastarda, blue ink); Vv3 is the rubricator (red ink).

(1.1.) To reconstruct the original spelling from the modern adaptation the following rules apply: 1) j → i (also in the combination *ij*); 2) u → v: 1° in isolated position (i.e. as a personal pronoun); 2° in the word *nu*; 3° in the following isolated cases: *nuwe* (361), *uten* (348), *utevloeiende* (202); 3) v → u: 1° between two vowels (except in *ghevoelen* (190)); 2° after *l* and *r*; 3° as the first letter of the second (or third etc.) member of a compound word (except in *ghevoelen* (190)); 4° in the following isolated case: *vore* (496); 4) uu → w in *duustere* (330); 5) w → u in *morwherteghe* (315); 6) w → v in *wijf* (6).

---

[4] Beatrijs van Nazareth, *Seven manieren van minne*. Critisch uitgegeven door L. Reypens en J. van Mierlo, (Leuvense Studiën en Tekstuitgaven), Louvain, 1926, p. 122*-123*.
[5] St. Axters, *De preek op den Gulden Berg door den Leesmeester van Straatsburg*, in *Tijdschrift voor Taal en Letteren*, 28 (1940), p. 13 and pp. 17-18.
[6] L. Reypens, *Gheraert Appelmans' Glose op het Vaderons*, (Oude mystieke teksten I), in *O.G.E.*, 1 (1927), pp. 81-83.
[7] St. Axters, *art. cit.*, p. 18.
[8] See pp. 46-52.
[9] For the diplomatic edition of the text see G. de Baere, *Dat boecksen der verclaringhe, Tekstuitgave*, in *O.G.E.*, 43 (1969), pp. 114-160.

(1.2.) The following abbreviations appear:

⁻ = n	dē	den
= m	hierōme	hieromme
= de	eñ	ende
´ = er	v́smaedt	versmaedt
= aer	ẃheit	waerheit
ʺ = ra	g̋tie	gratie
= re	sp̋ct	sprect
ȝ = et	moghȝ	moghet
ꝑ = per	ꝑsoene	persoene
p̄ = pre	p̄laet	prelaet
ꝓ = pro	ꝓphete	prophete
iĥc		jhesus
xp̄c		cristus
x̊		cristus

(1.5.) The pages refer to the third volume of the second edition by the Ruus-broecgenootschap.

(2.1.3.2.) According to the general rule the sequence of the manuscripts runs as follows:

Vv,
D, F, G, He,
H,
n, N, Eg,
Zz.

D, F and G occupy the first place after the basic manuscript Vv, F and G being the representatives of the Groenendaal codex. MS He is placed immediately after F and G on account of its affinity to these manuscripts. Also the MSS n, N, Eg are put together, in chronological order, as belonging to the same family. MS H has an independent position and is placed between the groups F G He and n N Eg. Containing only part of the text and showing no relation to the other manuscripts, Zz is placed at the end.

Chapter III

TEXT AND APPARATUS

Dit is die tafel vanden vijften boec In dit navolghende boexken der verclaringhe staet ierst vanden verworpenen coninc samuel ende vanden heydenen wive van chanaan ⁌ Vander eninghen der sie-len met gode mids middel ⁌ Vander eninghe sonder middel ⁌ Vander eninghe sonder differen-cie ⁌ Item dit navolghende boexken is der verclaringhen van hoghen woerden die inden voirghe-noemden iiij boeken geset sijn als vanden rike der ghelieven ende vander gheestelike brulocht ende vanden tabernakel ende dat vierde vanden blinkenden steen Ende dese vijfte boec hiet van-der hoechster waerheit *table D*, Dit es de tafele vanden vijfsten boeke dat daer heet die hoechste waerheit In dit boecsken der verclaringhe staet eerst vanden verworpenen coninc saul ende vanden heydenen wive van chanaan ⁌ vander eninghen der zielen met gode mids middele ⁌ vander eninghen sonder middel cc iii ⁌ vander eninghen sonder differencie ⁌ Hier eyndet die tafele vanden .v. boeke *table G*

The prophet Samuel wept for King Saul though he well knew that God had disdained and rejected him and all his kin as kings in Israel, by reason of his pride and his disobedience to God and to the prophet sent by God. We also
4 read in the Gospel that the disciples of Our Lord pleaded with Him to send away the heathen woman of Canaan, and to do for her what she desired because she cried after them. So I can now say that we might well weep over those conceited people who think that they are kings in Israel. For they think
8 that they are lifted up above all other good men in a high contemplative life. Nevertheless they are proud and willingly and consciously disobey God, the law, the Holy Church and all the virtues. Just as King Saul tore the mantle of

---

p. 540

D. IOANNIS RUSBROCHII
DOCTORIS DIVINI ET EXCELLENTISSIMI CONTEMPLATORIS,

Libellus eximius Samuelis titulo, qui alias De alta Contemplatione, alias De
4 unione dilecti cum dilecto, dicitur: et est velut Apologia et explanatio sublimium quorundam huius sanctissimi patris dictorum.

❡ Ut superbis Deus resistat, humilibus det gratiam. Cap. I.

Eximius ille Propheta Samuel olim regem planxit Saulem, tametsi non ignoraret con-
8 temptum eum et abiectum a Deo, ne regnaret super Israel, idque ob superbiam illius, et quod Deo eidemque Prophetae loco Dei non obtemperasset: Evangelica quoque narrat historia discipulos Iesu rogasse pro foemina Cananitide, ut eam Dominus dimitteret, id est, eius precibus annueret, eo quod post ipsos clamaret. Itidem nimirum et nos
12 hodie eversos quosdam ac deceptos homunciones merito lugere possimus, qui sibi videntur esse reges Israel, dum se putant supra caeteros bonos homines in sublimem contemplativam vitam esse elevatos, cum tamen superbia tumeant, et scientes ac dedita opera Deo ac legi divinae, et S. Ecclesiae cunctisque virtutibus non obtemperent: et sic-

---

8 ende sijn oer *om*

106

\<BOECSKEN DER VERCLARINGHE\>

Die prophete Samuel die beweende den coninc Saulle, nochtan dat hi wel
wiste dattene god versmaedt ende verworpen hadde, hem ende sijn oer,
coninc te sine in Israel. Dat was om sine hoverde, ende om dat hi
4 onghehoersam was gode ende den selven prophete van gods weghen. Men
leest oec in der ewangelien, dat die jonghere ons heren onsen here
baden vore dat heidene wijf van Canaan, dat hise liete; dat es, dat
hi hare aldat dade dat si begherde, want si riep na hen. Alsoe maghic
8 nu segghen, dat wi wel bewenen moghen selke bedroeghene menschen dien
dunct dat si coninghe sijn in Israel. Want hen dunct dat si verhaven
sijn boven alle andere goede menschen in een hoghe scouwende leven.
Nochtan sijn si hoverdech, en\<de\> willens en\<de\> wetens onghehorsam
12 gode, ende der wet, ende der heilegher kerken, ende allen doegheden.

Vv   D F G He   H   n N Eg

Hier beghint dat boec der hoechster waerheit *(afterwards changed into:* Hier beghint dat boec der
verclaeringe vander hoechster waerheit synder leeren) *title D,* Incipit liber apologeticus sive retrac-
tationis. loquens de unione amantis anima cum deo. Iste libellus eciam translatus est in latinum
per predictum fratrem premonstratensis de perca *title F,* Dit es dit boexken der verclaringhen van
hoghen woerden die inden vore ghescrevene .iiij. boeke gheset sijn *title G,* Hier beghint een boec
van hoeghen scouwen dat ghenoemt is samuel dat her Jan van Ruusbroec ghemaect heeft om sul-
ker carthuser wille die hem dair om baden *title H,* Hier beghint dat boec heren Johans van ruse-
broec vander hoechster waerheit *title n,* Hier beghint een suverlijc boec vander hoechster waerheit
dat heer jan ruusbroec van groenendael ghemaect hevet *title N,* Dit ist boeckgen vander hoochster
waerheit *title Eg*

1 die*(2) om* H n Eg   so *(dat)* N   2 wilste *Eg*   *(*versmaet*)* hadde F   2/3 hem - Israel : te
sijn een coninc van israhel N   2 sijn oer : die sine nummermeer hoer *n*   oer : oie H, eer Eg
3 coninghe *Eg*   Ende *(dat(1))* N   was *om* F   hoverdie H N, hoverdicheit *n,* hovaerdijt
Eg   om*(2) om* H   5 die *om n*   onsen here *om* N   here *om* G   5/6 baden / onsen
heer *D*   6 heidensche *N Eg*   chananea N   7 hi *om n*   -dat *om* H n N Eg   dade / al
dat *D*   dat *om* D   hem / na *Eg*   8 nu : wel D   (nu) weel *n*   beweghen *Eg*   mogen / bewenen *D N*   moghen *om n*   selke : alselke D *n*   8/9 die duncken *Eg*   9 dunct :
dunc het *n*   sijn *om Eg*   10 alle *om* D   goede *om Eg*   bescouwende D *Eg*
11 ende*(1)* : en *Vv, om* N   ende*(2)* : en *Vv*   onghehorsam *om* N   12 (gode) waerheit *N*   ende der heiligher kercken / ende der wet N   allen : den F

1/4 see 1 Sam. 15, 10-26   4/7 see Matt. 15, 21-28

the prophet Samuel so they strive to tear apart the unity of Christian faith and
12 all true doctrine and virtuous life. Those who persist in this way are cut off and
parted from the kingdom of eternal contemplation just as Saul was from the
kingdom of Israel. On the contrary, the humble little woman of Canaan,
although she was a heathen and a stranger, believed and hoped in God. She
16 acknowledged and confessed her littleness before Christ and His apostles. And
thereby she received grace and health and all that she desired. For God raises
up the humble man and fills him with all the virtues, but the proud He resists
and he remains empty of all good things.

20 Some of my friends desire, and have prayed me to show and explain in a few
words, to the best of my ability, and most precisely and clearly, the truth that I
understand and feel about all the most profound doctrine that I have written,
so that my words may not mislead anyone but may serve to improve each one;
24 and that I most willingly do. I will, with God's help, teach and enlighten the
humble who love virtue and truth. And with the same words I shall inwardly
trouble and cloud those who are false and proud. For my words will fall contrary to them and displease them, and that the proud cannot tolerate; it only
28 makes them angry.

---

16 ut Saul scidit pallium Samuelis prophetae, ita isti Christianae fidei nitantur scindere
unitatem, omnemque sanam et veracem doctrinam, et vitam virtutum studiosam. Porro qui in his perseverant malis, haud dubio ab aeternae contemplationis excluduntur ac
disiunguntur regno, quemadmodum Saul ab Israelitici regni administratione reiectus
20 est. Contra vero humilis illa foemina Cananitidis, tametsi gentilis esset et extranea, quia
tamen credidit ac speravit in Deo, suamque agnovit et confessa est coram Christo et eius
Apostolis exiguitatem, eamobrem gratiam et sanitatis beneficium, atque adeo quicquid
voluit, impetravit. Humilem enim exaltat Deus, et cunctis eum implet virtutibus: su-
24 perbo autem resistit, et is bonis omnibus manet vacuus.

❡ Cur praesens confecerit opusculum. Cap. II.

Petierunt a me quidam amici mei, ut paucis verbis, quoad possim, proximam atque evi-
dentissimam explicem et aperiam veritatem, quam equidem sentiam et intelligam de
28 sublimissimis quibusdam dictis meis, uti ne quis ex verbis meis ullum patiatur offendi-
culum, sed omnes inde reddantur meliores. Faciam id equidem, ac lubens. Nanque humilitatem, virtutes, veritatem, divina fretus ope, diligam semper et docebo, ac declara-
bo: atque iis verbis fallaces et superbos quosdam intus confundam et obscurabo:
32 quandoquidem re ipsa comperient, dicta mea ab ipsis plane dissentire, eisque esse con-
traria: quod superbi ferre non possunt, quin semper inde reddantur deteriores. |

29/30 Nanque humilitatem, virtutes, veritatem, divina fretus ope, diligam semper et docebo : Ic
wille die oetmoedeghe, die doghede ende waerheit minnen, met der hulpen gods leren

108

Ende gheliker wijs dat die coninc Saul scoerde den mantel des propheten
Samuels, alsoe pinen si hen te | scorene enecheit kerstens gheloves, ende   F. 56v
alle warechteghe leringhe, ende dochtsam leven. Die hier inne bliven,
16 si werden ghesceden ende aveghedeilt vanden rike ewechs scouwens,
gheliker wijs dat Saul was vanden rike van Israel. Maer dat oetmoedeghe   p. 276
wijfken van Canaan, al was si heiden ende vremde, si gheloefde ende
hoepte in gode; ende si bekinde ende belide hare cleinheit vore Cristume
20 ende vore sine apostole. Ende daer omme ontfinc si gratie ende ghesonde,
ende al dat si begherde. Want den oetmoedeghen verheft god ende
vervultene met allen dogheden; ende den hoverdeghen weder steet god,
ende die blivet idel van allen goede.

24 Selke van minen vrienden begheren ende hebben mi ghebeden, dat ic
met corten waerden tonen ende verclaren soude, na mijn vermoghen, die
naeste ende die claerste waerheit die ic versta ende ghevoele van alle
der hoechster leren | die ic ghescreven hebbe, op dat minre waerde niemen   F. 57r
28 vererghert en werde maer ieghewelc ghebetert. Ende dit wille ic gherne
doen. Ic wille die oetmoedeghe, die doghede ende waerheit minnen, met
der hulpen gods leren ende verclaren. Ende met den selven waerden salic
die valsche hoverdeghe van binnen ontsaten ende verdonkeren, want mine
32 waerde selen hen contrarie vallen ende onghelijc. Ende dat en mach die
hoverdeghe niet gheliden, hi en werts altoes gheerghert.

Vv   D F G He   H   n N Eg

13 saul / die coninc D   14 die (eenicheijt) Eg   des (kersten) N   15 leringhe : lere n
ghedochsam n, goet Eg   bliven : blijft G   16 ghesceden : ghestooten Eg   des (ewichs) D
N Eg   (schouwens) ende levens n   17 (was) ghedeelt n   van om Eg   18 cananea N
als Eg   19 belijdde ende bekinde F G He N   cristume : gode Eg   20 vore om n   gesontheijt Eg
21 verheft : vergheeft N   22 gueden (dogheden) n   weder steet : versmaedt H   god :
goed n, hij Eg   23 die : hi n, sij Eg   bliven Eg   goede : duechden Eg   24 Hier seghet hi wat dat die sake was dat hi dit boecsken makede heading H   Selke -hebben : Daer om
hebben sommighe van mijnen vrienden N   begheerden D Eg   25 beste (vermoghen) D
26 die(1) om n   alle om n   26/7 -der / alren N   27 ic van (mijnre) D   waerde : waerheit
D N   28 gheerghert F Eg, verarghet N   maer : ende Eg   ieghewelc om N   verbetert
N   29 oetmoedicheit N   die(2) : de F   (die(2)) die H   doghet n   mynnen ende
die waerheit N   die (waerheit) D F H N Eg   mijnen Eg   30 gods om Eg   loven (leren) D   leren om n N   ende(1) om N   verclaren : doen verstaen n   31 den valschen
hoverdighen D   hoverdeghe : ende die hoverdie N   32 hem D   vallen : wesen n
33 hoverdie N   lijden Eg   wert Eg   ghearcht N

13/7 cf. 1 Sam. 15, 27-28   21/2 cf. Luke 1, 52; 1 Pet. 5, 5

See, I have thus said that the contemplative lover of God is united with God by intermediary, and again without intermediary, and thirdly without difference or distinction. And this I find in nature and in grace and also in glory. I have further stated that no creature can become or be so holy that it loses its own condition of creature and becomes God, not even the soul of our Lord Jesus Christ: it will remain eternally creature and other than God. Nevertheless we must all be lifted up above ourselves in God and be one spirit with God in love if we would be blessed. And, therefore, mark my words and my meaning and understand me right well as to which are the way and the ascent of our eternal beatitude.

Firstly, I speak thus: all good men are united with God by an intermediary. This intermediary is the grace of God together with the sacraments of the Holy Church and the divine virtues of faith and hope and love and a virtuous life led according to God's commandments. And hereto belongs a death to sin and to the world and to all the disordered appetites of nature. And thereby we remain in union with the Holy Church, that is, with all good men, and are obedient to God and of one will with Him, just as a good community is at one with its superior. And without this union one cannot please God nor be saved. It is of him who maintains this union with this intermediary until the end of his life that Christ speaks in the Gospel of St John to His heavenly Father:

---

p. 541

❡ Ut Deo uniamur per medium. Caput III.

Itaque scripsi quandoque hominem contemplatorem Deum amantem, Deo unitum esse per medium, et sine medio, atque etiam sine distinctione. Idque comperio ipse in natura, in gratia, et in gloria. At nihilo minus etiam hoc dixi, nullam creaturam tam sanctam aut esse aut posse effici, ut creatam suam amittat essentiam, et Deus fiat: immo nec ipsam quidem Domini Iesu animam id posse. Veruntamen si quidem beati esse debeamus, supra nosipsos in Deum ut sublevati, atque unus cum Deo in amore spiritus ut simus oportet. Animadvertat igitur Lector verba mentemque meam, et probe me capiat, quaenam ratio sit vel modus et asscensus in aeterna nostra beatitudine. Principio ita aio, bonos omnes cum Deo per medium unitos esse, quod quidem medium, est divina gratia, et sanctae Ecclesiae sacramenta, et virtutes Theologicae, nempe Fides, Spes, Charitas, et vita virtutum studiosa secundum praecepta Dei: Quibus iungenda est mors illa, qua morimur vitiis, mundo, et quibuslibet inordinatis naturae oblectamentis. Atque per haec coniuncti et uniti manemus sanctae Ecclesiae catholicae, id est, cunctis hominibus bonis: Deoque obtemperamus, atque unius cum eo sumus voluntatis, quemadmodum aliquod religiosum ac bene constitutum coenobium cum suo Praefecto sive Praelato concordat atque coniungitur: Et sine hac unione nemo Deo placere, nec beatitudinem quisquam adipisci potest. Qui vero unionem hanc simul cum his mediis ad ultimum usque vitae punctum servaverit, is est de quo Christus dicit apud sanctum Ioan-

---

39 die sal eweleke creature bliven ende een ander van gode *om*

110

❡ Siet, ic hebbe aldus gheseghet: dat de scouwende minnere gods met gode verenecht es overmidts middel, ende oec sonder middel, ende ten derden
36 male sonder differentie ochte onderscheet. Ende dit vende ic in naturen ende in der gratien ende oec in der glorien. Ic hebbe voert gheseghet, dat en ghene creature en mach soe heilech werden noch sijn, dat si hare ghescapenheit verliese ende god werde, noch oec die ziele ons
40 heren Jhesu Cristi: | die sal eweleke creature bliven ende een ander van gode. Nochtan moete wi alle boven ons selven in gode verhaven sijn ende een geest met gode in minnen, sele wi salech sijn. Ende hier omme merct mine waerde ende mine meininghe, ende verstaet mi wel rechte,
44 welc die wise ende die op ganc si onser ewegher salecheit.

p. 277
F. 57v

❡ In den iersten spreke ic aldus, dat alle goede menschen met gode verenecht sijn overmids middel. Dat middel dat es die gratie gods, ende die sacramente der heilegher kerken, ende godleke doeghede: ghelove, hope
48 ende minne, ende een doechtsam leven na die ghebode gods. Ende hier toe behoert een sterven der sonden, ende der werelt, ende alre ongheordender lost der naturen. Ende hier mede blive wi gheenecht der heilegher kerken, dat es, allen goeden menschen. Ende met den selven sijn wi gode ghehoersam
52 ende eens willen met heme, gheliker wijs dat een goet convent gheenecht es met sinen prelaet. Ende sonder dese eninghe en mach | nieman gode behaghen noch behouden bliven. Die dese eninghe met desen middele behoudet tote in dat inde sijns levens, hi es de ghene daer Cristus af sprect, in

F. 58r

Vv   D F G He   H   n N Eg

34 Hier sett hi een recapitulacie vander alre hoechster leren die hi in allen sinen boeken gheschreven heeft *heading* H   Siet *om* N   scouwende : scouwere *Eg*   35 gheenicht *F*   oec *om* n
36 differentie ochte : reverentien ende *Eg*   der (naturen) *D Eg*   37 der*(1) om* F G n N
der*(2) om* n   oec *(voert)* n   voor *Eg*   38 en*(1)* : nie n   heilech : salich n   sijn noch
werden *D*   sijn *om* Eg   40 want *(die)* He n   die *om* N   42 ende*(1)* - sijn *om* Eg
sijn : wesen N   43 te *(techte)* D n   rechte *om* H N   44 die*(2) om* n Eg   si - salecheit :
onser salicheit is N   in *(onser)* n   45 Vander eninghe overmits middel *heading* D,
Vander*(*Van *cut off)* eningen der zielen met gode*(go cut off)* mits middelle *heading* G, Hier
seghet hi hoe dat alle goede menschen mit gode verenicht sijn overmids middel *heading* H   gheenicht *F*   45/6 sijn / verenicht N   46 Dat*(1)* : Dit *D F G He N*   dat*(2) om* n N Eg
47 die *(godlike)* N   Alse *(ghelove)* n   48 gedoechsam *D*, duechsamich *N*   49 der werlt
ende der sonden *N*   alre : al der n N   ongheordinierder *D Eg*   50 gheenecht : enichs n
52 convent : coninc *D*   53 gode / nieman n   54 dese *om* H   enighe *D n*   55 in
dat : -ten *N*   ghene : glorie *Eg*

48   "Father, I will that where I am My servant shall also be, that he may see the
glory which Thou hast given Me." And in another place He says that His ser-
vants will sit at the feast, that is, in the richness and fullness of their virtues
which they have wrought. And He shall pass before them and serve them with
52   His glory which He has merited. This He will give generously and shall reveal
it to all His beloved and to some more, and to some less, to each individually
according to his merit and his understanding of the majesty of His glory and
honor that He Himself alone has earned through His life and through His
56   death. Thus all the saints shall be forever with Christ and each in his own order
and in that degree of glory which he has merited through his works by means
of the help of God. And Christ according to His humanity shall be above all
the saints and above all the angels as a prince of all glory and all honor which
60   belong to His humanity alone above all creatures. See, thus you may mark that
we are united with God by means of an intermediary, both here in grace and
in glory. And in this intermediary there is a great diversity and otherness as
much in life as in reward, as I have told you. St Paul understood it very well
64   when he said that he wished to be released from his body and to be with
Christ. But he did not say that he himself wished to be Christ or God, as do
now certain unbelieving and perverse men who say they have no God yet are so
dead to themselves and so united to God that they have become God.

---

nem: Pater[a], volo ut ubi sum ego, illic et minister meus sit, ut videat claritatem quam
dedisti mihi. Qui etiam alibi dicit de seipso, quod faciet ministros suos discumbere, videlicet in virtutum ipsorum quas fecerint, divitiis ac plenitudine, et transiens ministra-
56   bit illis, id est, gloriam suam, quam meritus est, omnibus amicis suis liberalissime prae-
bebit ac manifestabit, atque etiam singulis quibusque speciatim, magis tamen et minus, aliis atque aliis, prout quisque dignus erit, et gloriae ac honoris ipsius, quem ipse
solus sua vita suaque morte promeruit, celsitudinem capere ac intelligere valebit. Atque
60   hoc pacto sancti omnes perenniter erunt cum Christo, et singuli in suo ordine, eoque
quem per Dei gratiam operibus suis meriti fuerint, gloriae statu. Christus autem secundum humanitatem suam supra omnes tum angelos, tum homines beatos erit tanquam
rex et princeps omnis gloriae et honoris, quae ipsius duntaxat humanitati supra creatu-
64   ras omnes iure debentur. Ex his ergo id licet animadverti, unitos nos esse Deo per medium, idque tam hic in gratia, quam postmodum in gloria. Atqui medii istius magna
plane, ut ante diximus, tum vitae, tum praemii differentia atque diversitas est. Id quod
probe satis perspectum habebat Apostolus cum diceret: Cupio dissolvi et esse cum
68   Christo: non ait, cupio esse ipse Christus vel ipse Deus, uti hodie perversi quidam hae-
retici affirmare non verentur, dum aiunt nullum se habere Deum, sed usqueadeo se sibi
esse mortuos ac Deo unitos, ut ipsimet Deus effecti sint.

---

[a] Peter

112

56 sinte Jans ewanghelie, tote sinen hemelschen vader: "Vader, ic wille waer
ic ben, dat daer mijn dienare[n] si, op dat hi sien moghe die claerheit die
du mi ghegheven heves." Ende op ene andere stat soe sprect hi, dat sine
dienaren selen sitten ter werscap, dat es in rijcheit ende in volheit haerre
60 doeghede die si ghewracht hebben. Ende hi sal vore hen liden, ende sal   *p. 278*
hen dienen met sijnre glorien die hi verdient hevet. Die sal hi meldelec
schincken ende oppenbaren allen gheminden, ende elken sonderlinghe, men
ende meer, na dat hijs werdech es, ende verstaen mach hoecheit sijnre
64 glorien ende sijnre eren, die hi selve allene verdient. hevet met sinen
levene ende met sijnre doet. Aldus selen alle heileghen eweleke sijn bi
Cristum, ende ieghewelc in sijnre | ordenen ende in den staet sijnre   *F. 58v*
glorien die hi verdient hevet met sinen werken, overmids die hulpe gods.
68 Ende Cristus na sijnre menscheit, die sal sijn boven alle heileghen ende
boven alle ingle, alse een prinse alre glorien ende al der eren, die
sijnre menscheit allene toe behoret boven alle creaturen. Siet, aldus
moghedi merken dat wi met gode verenecht sijn overmids middel, beide
72 hier in der gratien ende oec in der glorien. Ende in desen middele es
groet onderscheet ende anderheit, beide van levene ende van lone,
gheliker wijs alsoe ic u gheseghet hebbe. Ende dit verstont sente
Pauwels wel, doe hi sprac dat hi begherde ontbonden te sine vanden li-
76 chame ende met Cristum te sine. Maer hi en sprac niet, dat hi selve
Cristus woude sijn ochte god, alse nu selke ongheloveghe verkeerde
menschen die segghen: si en hebben ghenen god, maer si sijn alsoe
haers selves ghestorven ende met gode gheenecht, dat si god | worden sijn.   *F. 59r*

Vv   D F G He   H   n N Eg

56 sancte johans *n*, sanctus johannes *N*   Evangelio *Eg*   dat *(waer) n*   57 dienaren
Vv, dienres *n*   sij sien moghen *Eg*   58 soe *om F H n N Eg*   59 ter : tot der *n*
59/60 haerre doeghede *om F G He*   60 hi *om n*   *(vore)* bi *N*   *(hen)* luijden *Eg*   liden :
gaen *N Eg*   61 minlijc ende *(mildelic) N*   meldelec : minlike *n*   62 ende*(1)* - elken
om Eg   *(alle)* sijnen *N*   gheminden : mynneren *n*   63 die *(hoecheit) n*, na *(hoecheit) N*
hoechte *H*   64 allene *om Eg*   65 *(alle)* die *Eg*   66 ende*(2) om D*   in*(2) om Eg*
staet *om G*   67 hevet *om Eg*   sinen *om Eg*   68 die *om n*   68/70 heileghen - alle *om Eg*
69 al der : alre *D F G He H n N*   70 allene *om F*   71 so *(moechdi) N*   verenicht sijn /
mit gode *n*   middel : milde *D*   72 hier *om F*   ende *(inder(1)) Eg*   73 lone : love *Eg*
74 alsoe : als *D F G H n N Eg*   u *om F G He n N*   sancte *n*   75 ende *(dat) D*   75/6 vanden lichame *om n*   75 -den : sinen *He*   76 te *(om n)* wesen / mit cristo *n N*   sine : wesen *n N*   Van verkeerden ledighen menschen *heading D G*, Hier seghet hi van sulken bedro-
ghenen luden in gheesteliker oeffeninghen *heading H*   76/7 cristus / selver *N*   cristus
woude sijn / selve *F G He*   77 soude *N*   Alsoe *D Eg*   78 *(menschen)* doen *D H n N Eg*
die : ende *Eg*   dat *(si(1)) H*   alsoe : soe *Eg*   79 gheworden *n N Eg*

56/8 cf. John 17, 24   60/1 cf. Luke 12, 37   75/6 cf. Phil. 1, 23

68 These men, remark, by their plain simplicity and natural inclination, have
   returned to the nakedness of their essence, so that it seems to them that life
   eternal shall be nothing other than an impersonally existing blessed entity
   without distinction of rank, of saints or of reward. Yes, and some are so insane
72 as to state that the Persons will disappear into the Divinity and that, there,
   nothing else will remain in eternity but the essential substance of Divinity;
   and that all the blessed spirits with God will have returned to the essential
   beatitude, so simply that, beyond this, nothing else will remain, neither will
76 nor activity nor distinct knowledge of any creature. You see, these men have
   strayed into the empty and blind simplicity of their own essence and wish to
   become blessed within the limits of their own nature. For they are so simple
   and so inactively united to the naked essence of their soul and to the indwell-
80 ing of God in themselves, that they have neither ardor nor devotion towards
   God, neither without nor within. For in the highest point in which they are
   turned, they feel nothing save the simplicity of their essence, hanging in the
   essence of God. This absolute simplicity which they possess they regard as
84 being God because there they find a natural repose. This is why they consider
   themselves as being God in the ground of their simplicity, for they lack real
   faith, hope and love. By means of the bare emptiness which they feel and
   possess they are, so they say, without knowledge, loveless, and quit of all
88 virtues. And as a consequence they endeavor to live without awareness of what

---

℃ Describit impios quosdam sui temporis haereticos. Caput IIII.

72 Huius farinae homines nuda quadam simplicitate et naturali propensione in essentiae
   suae nuditatem sese introrecipiunt, planeque persuasum habent, vitam aeternam nihil
   fore aliud, quam beatam quandam existentiam absque ulla vel ordinum, vel vitae, vel
   praemiorum distinctione. Immo quidam ad id usque amentiae devoluti sunt, ut aiant di-
76 vinitatis personas interituras, nec quicquam in illa mansurum aeternitate, nisi essentialis
   .substantiam divinitatis, omnesque beatos spiritus tam simpliciter cum Deo in ipsam
   essentialem beatitudinem sese recepturos, ut extra eam nec voluntas, nec actio, nec
   cognitio distincta ullius creaturae sit remansura. Sed miseri isti in ociosa et occaecata pro-
80 priae essentiae suae simplicitate prorsus aberrarunt, et tamen beati esse volunt.
   Usque adeo enim simplices sunt, et tam ociose nudae essentiae animae suae, cui Deus
   semper inest, uniti sunt, ut nec foris nec intus ulla erga Deum diligentia et strenuitate
   ferveant, nec sese ad illum applicent et adiungant. In supremo enim illo, quo se ipsi
84 intro receperunt, non nisi essentiae suae ex divina dependentis essentia simplicitatem
   p. 542 sentiunt: eamque simplicitatem, quam possident, Deum esse cre|dunt, eo quod natu-
   ralem in ea quietem reperiant: sicque putant seipsos esse Deum in suae fundo simplici-
   tatis. Deficit enim eis vera fides, spes et charitas: atque ob nudum illud, quod sentiunt
88 et possident, ocium, cognitionis et amoris expertes, atque a virtutibus immunes se esse
   confirmant: et eam ob rem absque ullo conscientiae scrupulo et accusatione vivere ni-

---

74 istech *om*   vitae : van heileghen   80 in bloeter naturen *om*

80 ❡ Siet, dese menschen sijn overmidts eenvoldeghe sempelheit ende naturleke gheneicheit ghekeert in bloetheit haers wesens, alsoe dat hen dunct dat dat eweghe leven anders niet sijn en sal, dan een istech salech wesen, sonder onderscheet van ordenen, van heileghen ochte van lone. *p. 279*

84 Ja, ende selke sijn alsoe verdwaest, dat si segghen, dat die persoene in der godheit vergaen selen, ende dat daer anders niet bliven en sal in der ewecheit dan die weseleke substantie der godheit, ende dat alle saleghe gheeste met gode alsoe eenvoldech ghekeert selen

88 sijn in die weseleke salecheit, dat daer buten niet bliven en sal: noch wille, noch werken, noch kinnesse met onderschede tote enegher creaturen. Siet, dese menschen sijn verdoelt in ene ledege verblende sempelheit haers eighens wesens ende willen salech sijn in bloeter

92 naturen. Want si sijn alsoe eenvoldech ende alsoe ledechleke gheenecht | den bloten wesene haerre zielen, ende den inwesene gods in hen, dat *F. 59v* si en hebben noch ernst, noch toevoeghen te gode, van buten noch van binnen. Want in dat hoechste daer si inne ghekeert sijn, en[de] ghe-

96 voelen si niet dan sempelheit haers wesens, hanghende in gods wesen. Ende die eenvoldeghe sempelheit die si besitten, houden si vore god, om dat si daer naturleke raste in venden. Ende hieromme dunct hen dat si selve god sijn in den gronde haerre eenvoldecheit. Want hen ghebrect

100 ghewarech ghelove, hope ende minne. Ende overmidts die bloete ledecheit die si ghevoelen ende besitten, so segghen si dat si sijn kinneloes <ende> minloes ende dogeden quite. Ende hieromme pinen si hen te levene sonder

---

Vv   D F G He   H   n N Eg

82 eewelijcke *F G He*   een istech : eenistich *G H*   istech *om N*   83 ochte *(van(2))* *G* love *Eg*   84 Ja *om N Eg*   ende *om N*   verdwaelt *Eg*   85 ende *om Eg*   87 sellen / mit gode also eenvoldich ghekeert *n*   eenvoldech : eenwillich *N*   89 willen *D F G He N Eg*   werke *H n* bekennisse *D*   met : noch *Eg*   enighen *N Eg*   90 blijnde *H*   92 alsoe eenvoudich / sijn *N*   gheneicht *N*   93 den inwesene : inden wesene *Eg*   (hem) toe *Eg*   94 noch : of *H n* 95 en : ende *Vv*   97 in (die) *Eg*   98 hieromme : hier *Eg*   dat (dat(2)) *Eg*   99 selve *om D*   100 ghelove / ghewarech *He*   101 ghevoelen : bevoelen *Eg*   segghen si : segge ic *H n* ende(2) *om Vv He N*   102 quite : loes *N*   Ende(2) *om Eg*   102/3 wat quade dat si doen / pijnen - conciencie *N*   102 hen *om H*

evil they do, neglecting all the sacraments and all virtues and all practices of the Holy Church, for they think they have no need of them. According to their idea, they have passed beyond all. But the imperfect have need of them, so
92 they say. In their hardened and inveterate simplicity some remain as inactive and as heedless of all the works that God has ever wrought and of all the Scriptures, as if not a word (of them) had ever been written; for they believe that they have found and possessed that for which all Scripture has been written,
96 and that is the blind essential repose which they experience. But in fact they have lost God and all the ways which would lead to Him since they have no more inwardness nor ardor nor holy exercise than a dead beast. Yet they sometimes approach the sacrament and quote from time to time from Scrip-
100 ture the better to camouflage and cover themselves; and they gladly call to mind some vague passages of Scripture of which they can falsely twist the meaning for their own purposes to please other simple men and to draw them into the deceitful emptiness which they themselves experience. Look, these
104 men consider themselves wiser and more subtle than any others; nevertheless, they are the dullest and most uncouth who are now alive. For what pagans, Jews, and bad Christians, both learned and unlearned, find and understand by natural reason, these wretched men can neither attain nor wish to. You may
108 sign yourself against the devil, but guard yourself with great care against these

---

tuntur, quicquid etiam mali perpetrent: negliguntque et floccipendunt sacramenta omnia, virtutes omnes et cuncta sanctae Ecclesiae instituta. Putant enim nihil se his ha-
92 bere opus, ut qui excesserint omnia: imperfectis autem ea dicunt esse necessaria. Quidam autem in hac simplicitate usque adeo obduruerunt ac inveterarunt, ut omnia Dei opera, quae is unquam egerit, totamque scripturam tam nihilipendant ac negligant, ac si nullum unquam iota scriptum sit. Existimant enim id se iam invenisse et obtinuisse,
96 cuius causa scriptura omnis confecta sit: idque est caeca illa essentiae suae, quam experiuntur, requies et ocium. Et tamen Deum ipsum, et vias omnes, quae ducant ad ipsum, amiserunt. Nihilo enim plus devotionis, vitae internae, sanctae exercitationis habent, quam cadaver mortuum. Ac nihilo minus quandoque ad venerabile accedunt
100 sacramentum, atque nonnunquam de sacris loquuntur scripturis, scilicet ut hac ratione melius se simulare et occultare queant: libenterque utuntur raris quibusdam et minus usitatis vocibus scripturae, quam ad suum sensum falso interpretari et pervertere possint, quo aliis simplicibus placeant, eosque in fallax quod ipsi sentiunt, ocium pelliciant
104 pertrahantque. Et revera sibiipsis intantum placent, ut se putent aliis omnibus esse sapientiores, acutiores, subtiliores, cum tamen sint mortalium omnium rudissimi atque stupidissimi. Quod enim Pagani et Iudaei atque improbi Christiani, docti pariter atque indocti, sola naturali ratione reperiunt et intelligunt, eo miseri isti neque volunt neque
108 possunt pertingere. Signo crucis muniat se quidem unusquilibet adversus spiritus tarta-

116

conscientie, wat quaede dat si doen. Ende si sijn onachtsam alle der
104 sacramente ende alre doghede ende alre oefeninghen der heilegher
kerken. Want hen dunct dats hen ghene noet en es. Want na haren wane
sijn si alles | overcomen. Maer onvolcomenen menschen dien es noet, dat
segghen si. Ende selke sijn in deser sempelheit alsoe verstoct[1] ende
108 veroudt, dat si alsoe ledech sijn ende alsoe onachtsam alle der werke
die god ie ghewrachte, ende alle der scrifturen, alse ochte nie
lettere ghescreven en hadde gheweest. Want hen dunct dat si dat vonden
ende beseten hebben, daer alle die scriftture omme ghemaect es, ende dat
112 es die blende weseleke raste die si ghevoelen. Nochtan hebben si gode
verloren, ende alle die weghe die daer toe leiden mochten. Want si en
hebben niet meer innecheiden noch devotien noch heilegher oefeninghen
dan ene dode beeste. Nochtan gaen si some ten sacramente, ende spreken
116 bi wilen uter screfturen, op dat si hen te bat veinsen ende decken moghen.
Ende si nemen gherne vore someghe welde woerde der screfturen die si
valscheleke verkeren moghen na haren sen, op dat | si anderen eenvoldeghen
menschen behaeghen mochten ende trecken in die valsche ledecheit die si
120 ghevoelen. Siet, desen liden dunct dat si wiser ende subtijlre sijn dan
eneghe andere menschen. Nochtan sijn si die plompste ende die rudste die
nu leven. Want dat heidene ende joden ende quade kerstene, gheleerde
ende ongheleerde, overmidts naturleke redene venden ende verstaen, daer
124 toe en willen noch en connen dese ellendeghe menschen niet comen. Ghi
moghet u segchenen vore den duvel, maer hodt u met groten erenste vore

---

Vv   D F G He   H   n N Eg

103 dat *om* H   onachtsam : onghehorsam F G He *n* N   104 alre : der Eg   (alle(2)) der
Eg   105 want hem dunct (want) H   dat D N   es *om* N   (is) segghen sie *n*   na haren wane *om n*   106 so (sijn) Eg   si / sijn *n*   si alles : sijt alle D   alles : altoes *n*, *om* G
106/7 onvolcomenen - si : si segghen dat onvolcomen menschen noet is N   106 dien *om* D
dien es : es dier *n*   es : eest D F Eg, is oic H   dat *om* F H *n*   107 deser : dier *n*   verstoct : verstout Vv3 D N, verhert Eg   108 verboudt H   sies *n*   ende *om* He   alsoe(2)
om N   109 ghewrachte : ghemaecte Eg   scrifturen : werke G   alse : alsoe *n* Eg   nie : noit
D   110 gheweest / en hadde Eg   hadde : w de G   dat(2) *om n*   ghevonden *n* Eg
111 hebben / ende beseten He   die *om* D   112 die(1) *om* H   113 si (daer) H *n*
mochten *om n*   114 innecheiden : in tucheden Eg   115 sommich N   te D H
heilighen (sacrament) N   116 moghen / ende decken N   dencken Eg   117 gherne :
gher D   vore *om* D F G He *n* N   someghe : mighe D   melde F, wel die H   ende (die) N
119 mochten : moghen D *n* N, *om* Eg   die(1) *om* D F G He *n* N   120 wijs Eg   (wiser)
sijn *n*   121 eneghe *om* N   122 dat : die Eg   die (joden) Eg   ende(2) *om* H   die
(quade) Eg   123 die (natuerlicke) Eg   si (vinden) D, te (vinden) Eg   te (verstaen) Eg
124 ellendeghe : onzedighe Eg   ghecomen N   125 mocht F   vore(1) : jegen D   behoet D F G He *n* N Eg   groten : goeden *n* N

1 This is the original reading of the manuscript. Expunging the *c* and adding a *u* above the *c*,
Vv3 changed *verstoct* into *verstout*.

twisted men and mark their words closely and their works. For they wish to teach and will learn from none; they wish to revile and be reviled by none; to command and to obey no one; they wish to oppress others and to be oppressed

112 by none; they wish to say what they will and never to be contradicted. They are self-willed and subject to none; and this is what they call spiritual liberty. They practice the freedom of the flesh by giving the body what it lusts after; and they consider that to be nobility of nature. They have united themselves to the

116 blind, dark emptiness of their own being; and there they believe themselves to be one with God and they take that to be their eternal beatitude. And there they are turned inwards and are habitually possessed by their own will and natural tendency. Because of this they think themselves above the law and

120 above God's commandments and those of the Holy Church. For above the essential repose which they possess they feel neither God nor otherness. For the divine light has not shown itself in their darkness and that is because they have not sought it with active love and supernatural freedom. And for this reason

124 they have fallen away from the truth and from all virtues in a perverse unlikeness (to God). For they hold that the highest holiness is for man to follow his nature in every way and to live unrestrained so that he may dwell within in emptiness, with inclined spirit, and turn outwards to follow every

---

reos: sed a perverso hoc hominum genere perquam serio sibi caveat: eorumque tam verba quam actus inspiciat. Docere nanque volunt alios, sed ipsi a nemine doceri: alios libenter reprachendunt, sed se neutiquam ferunt ab aliquo reprachendi. Alios premunt:

112 ipsi se premi non patiuntur. Quicquid libet, effutire volunt, nec tamen quicquam sibi sustinent a quopiam contradici. Et cum propriae dediti sint voluntati, nec cuiquam se submittant et obtemperent, hoc ipsum tamen spiritalem arbitrantur esse libertatem. Colunt autem re ipsa et sectantur carnis libertatem: indulgent enim corpori quicquid

116 ei libet: et tamen id naturae dignitatem et praestantiam credunt. In caeco quodam et obscuro propriae essentiae suae ocio sese unierunt, atque inibi se putant unum esse cum Deo, et hanc propriam suam credunt beatitudinem, atque in eam intro sese receperunt, propriaque cum voluntate et naturali propensione eam possident. Atque hac ex causa

120 putant se esse supra legem, et praecepta Dei, et sanctae Ecclesiae. Nam supra essentiae suae quietem, quam possident, neque Deum neque diversitatem sentiunt, eo quod lux divina in eorum tenebris et caligine minime sese manifestarit: idque ea de causa, quod eam minime quaesierint, neque actuoso amore, neque supernaturali libertate. Quo fit,

124 ut ex veritate cunctisque virtutibus exciderint, et in perversam quandam dissimilitudinem prolapsi sint. Supremam enim sanctitatem in eo constituunt, ut quis modis omnibus suae obsequatur naturae affectibus, nec ullum sibi frenum iniiciat, ut propenso spiritu in ocio possit intus degere, et ad quemlibet motum foras se recipere, et corporis ex-

---

111 ghebieden, ende niemene ghehoersam sijn *om*   118 propriam : eweghe   119 hebbent *om*

dese verkeerden menschen, ende merctse nauwe in haren worden ende in
haren werken. Want si willen leren, ende van niemene gheleert sijn; si
128 willen berespen, ende van niemene berespet sijn; ghebieden, ende niemene
ghehoersam sijn; si willen drucken andere menschen, ende van niemene
verdruct sijn; si willen segghen dat si willen, ende van niemene wederstaen
sijn. Si sijn | eighens willen ende niemene onderdaen, ende dat achten $\qquad$ *F. 61r*
132 si geesteleke vrieheit. Si oefenen vriheit des vleschs, want si gheven
den lichame dies hem ghelust, ende dat achten si edelheit der naturen.
Si hebben hen gheenecht in ene blende, donckere ledecheit haers eighens $\qquad$ *p. 281*
wesens, ende daer dunct hen dat si met gode een sijn, ende houden dat
136 vore hare eweghe salecheit. Ende daer sijn si inne ghekeert ende
hebbent beseten met eighenen wille ende met naturleker gheneicheit.
Ende hieromme dunct hen dat si sijn boven de wet ende boven de ghebode
gods ende der heilegher kerken. Want boven die weseleke raste die si
140 besitten en[de] ghevoelen si god noch anderheit. Want dat godleke licht
en hevet hem niet vertoent in haeren deemsterheit. Ende dat es daeromme,
si en hebbent niet ghesocht met werkeleker minnen, noch met overnaturleker
vriheit. Ende hieromme sijn si der waerheit ont|fallen, ende alle $\qquad$ *F. 61v*
144 doegheden, in ene verkeerden ontghelijcheit. Want si setten daer in die
hoechste heilecheit, dat de mensche in alre wijs sijnre naturen
volghe[n], ende onbedwonghen si, alsoe dat hi in woenen moghe met
gheneichden gheeste in ledecheit, ende ute keren na lost des lives in

---

Vv   D F G He   H   n N Eg

126 voorkeerde *Eg*   in*(2) om Eg*   127 Want *om Eg*   128 berespen - sijn *om Eg*   si
(ghebieden) *D*   (ende*(2)*) en willen *D*   129 ghehoersamich *N*   verdrucke *H*
130 ghedruct *F G He H n N Eg*   wat *H*   verstaen *Eg*   131 sijn*(1) om D*   133 lust *H*
edelheit : vriheit *D F G He n N*   134 gheenecht : gheneyget *H Eg*   blende *om F Eg*
135 hen *om D*   137 met*(2) om Eg*   140 en : ende *Vv D F Eg*   141 hem : mij *Eg*,
om H   142 werkender *D n H*, waerlicker *Eg*   143 vriheit : waerheijt *Eg*   overvallen *Eg*
144 daer : dat *D*   145 dat : die *F*   146 volghen *Vv*   volghe, ende onbedwonghen :
volgende ingedwonghen *Eg*   hi : sij *Eg*   daer (in) *Eg*   moghen *Eg*   147 in*(2)* :
ende *N*

128 prompting of his body's desires and appease the flesh, in order that he may be speedily relieved of the image and return unhindered to the bare emptiness of his spirit. See, this is a hellish fruit, springing from their disbelief, and nourishing their incredulity till eternal death. For when the moment comes

132 that their nature is oppressed with bitter woe and fear of death, then they are inwardly assailed by images, and dismayed and beset by fears within; they lose their vacant turning-inward in repose and fall into despair, so that no one can console them, and they die like rabid dogs. Their emptiness brings them no

136 reward. And those who have done evil works and die in them belong to the eternal fire, as our faith teaches.

I have set for you the evil by the good that you may the better understand the good and be on your guard against the evil. You shall shun and flee these

140 people as the deadly enemies of your soul, however holy they may appear to be in manners, words, dress or appearance. They are the devil's messengers and the most pernicious now alive among simple, unexperienced, well-intentioned people. I will now lay this matter aside and return to the theme with which I

144 began.

---

128 plere appetitiones et voluptates, carnique satisfacere, quo sic celeriter ab ea absolvatur imagine, ac sine impedimento rursus in nudum spiritus sui ocium revertatur. Qui nimirum tartarei fructus sunt, ex ipsorum perfidia et haeresi nascentes, quibus eadem ipsa haeresis in mortem usque sempiternam alitur et confovetur. Ubi enim tempus illud ad-

132 venit, quo natura eorum acerbis cruciatibus et angoribus mortis obruitur ac praegravatur, tum intus formis pinguntur ac imaginibus, perturbanturque atque terrentur, amittuntque ociosam sui in quietem introversionem, adeoque desperatione absorbentur, ut nemo eos consolari possit: sicque ceu canes rabidi ex hac vita demigrant: ocio autem il-

136 lorum ea quam speraverant, non redditur merces: et qui mala egerunt, atque in illis animam reddiderunt, ut nostra habet fides, eunt in ignem aeternum. En mala simul cum bonis proposui, ut bona rectius possint intelligi, et mala devitari. Cavendum est autem atque fugiendum hoc, quod iam commemoravimus, hominum genus, haud

140 secus quam hostes animae capitales, quantumvis etiam gestibus, verbis, habitu atque

p. 543 institutis qui|busdam sancti videantur. Sunt enim nuncii diaboli, et omnium qui modo vivant perniciosissimi, praesertim simplicibus, indoctis bonae voluntatis hominibus. Sed his omissis, ad propositum revertar argumentum.

120

148 elker beweghinghen ende den vleessche ghenoech doen, op dat hi haesteleke
des beelds ontcommert werde, ende onghehendert weder in kere in die
bloete ledecheit sijns geests. Siet, dit es ene hilsche vrocht die wast
ute haren onghelove, daer dat onghelove mede ghevoedt wert tote in
152 die eweghe doet. Want alse die tijt comt dat hare nature verladen wert
met bitteren wee ende met anxste der doet, dan werden si verbeelt ende
ontsaet ende verveert van binnen, ende verliesen haren ledeghen inkeer
in rasten, ende vallen in meshopen, alsoe datse niemen getroesten en
156 can, ende sterven alse rasende honde. Ende haerre ledecheit en antwert
gheen loen. Ende die quade werke ghewracht | hebben ende daer in   F. 62r
sterven, behoeren ten eweghen viere, sprect onse ghelove.

Ic hebbe u dat quade gheset bi den goeden, op dat ghi dat goede te bat
160 verstaen moghet ende vanden quaden behoet wert. Dese liede seldi scouwen   p. 282
ende vlien, alse uwer zielen doetviantde, hoe heilech si schinen, in wisen,
in woerden, in abite ochte in ghelate. Want si sijn des duvels boden,
ende die scandelecste die nu leven onder semple, ongheleefden goetwilleghen
164 menschen. Dit latic al ghewerden; ic wille weder keren te miere materien
daer ic op begonste.

Vv   D F G He   H   n N Eg

148 bewegheghinghe D   ghenoecht Eg   doe D F G He n, daer Eg   hi : sij Eg   haeste H
149 ende - weder om Eg   150 (een) een N   151 ghevoert Eg   152 die(2) : hoer He
153 anxste om F G He n   154 ontsaet - ende(2) om F G He n   verveert : verwaert H, ver-
werret Eg   157 ghewracht : ghedaen N   159 gheseit D F G He n n N   te bat / dat goede H
160 mocht N   werden D   161 uwer zielen doetviantde : uwe doetviande uwer zielen H
dootviant D n Eg   hoe heilech om Eg   dat (si) n   hi scijnt D   van buijten (in) Eg
161/2 in woerden / in wisen N   161 wesen H, wijsheijden Eg   162 ende (in(2)) D
163 scadelicste all MSS (see C.C.)   ende (ongheleefde) n   gongheleerde G   ongheleefden, goetwilleghen : onbeloefde willighe Eg   163/4 ongheleefden, goetwilleghen menschen :
ongeproefde menschen die goetwillich sijn H   164 Dit : Dat H   nu (al) N, u (al) Eg
(ghewerden) daer ick voor geseijt hebbe Eg   165 (ic) ierst D, (ic) eerst i.m. N   om Eg
(begonste). Ut sequitur Eg

You well know that I have already told you that all the saints and all good men are united with God by an intermediary. Now I will further tell you how they are all united to God without intermediary. But in this life few of them are fit

148 and proper and enlightened enough to feel and understand this. Therefore he who would wish to feel and experience within himself these three unions of which I am speaking, must live for God with all the fullness of his self so that he may respond to the grace and divine movements and submit with docility

152 to all the virtues and all interior exercise. He must become exalted through love and die in God to himself and to all his works, so that he yields himself with all his faculties and suffers the transformation wrought by the incomprehensible truth that is God Himself. It is thus that living, he must go out to

156 exercise virtues and, dying, enter into God. And these two constitute his perfect life—these two are joined in him as matter (is joined) to form, as body (is) to soul. And because he practices this he has a clear understanding and a rich and abundant feeling for he is joined to God, with faculties uplifted, with

160 a pure intention, a heartfelt desire, an unsatisfied craving, with the living ardor of his spirit and his nature. Because he thus holds and exercises himself in the presence of God, love therefore masters him in every way. Howsoever love then directs him he will ever grow in love and in all the virtues. The impulse of

164 love is always directed to the advantage and the capacity of each and everyone.

---

144 ⁋ Ut homines sancti cum Deo sine medio uniti sint: et quid agere debeat, qui hanc triplicem cum Deo unionem in se experiri velit. Caput V.

Iam ante in superioribus dixi, sanctos et bonos omnes cum Deo per medium unitos esse: videamus nunc, ut etiam cum Deo sine medio uniti sint. Quanquam pauci sunt in hoc

148 mundo, qui habiles ac idonei satisque illuminati sint, id ut sentire possint ac intelligere. Itaque qui tres has, de quibus modo agimus, uniones in se sentire ac experiri volet, is Deo totus omnino vivere debebit, ita ut gratiae ac instinctui divino cunctis in virtutibus atque omni interna exercitatione satisfaciat et obsequatur. Atque per amorem ut

152 elevetur oportet ac moriatur in Deo sibiipsi et cunctis actionibus suis, ita ut cum omnibus viribus suis cedat, et veritatis incompraehensibilis, quae Deus est, patiatur transformationem. Oportet, inquam, ut vivendo egrediatur ad virtutes actitandas, et moriendo ingrediatur in Deum. In quibus duobus vita eius perfecta consistit: suntque in ipso si-

156 mul coniuncta et adunata, quemadmodum materia et forma, corpus et anima. Et quia in his sese exercet, eam ob rem intellectu illustris et lucidus est, et affectu vel experimento locuples ac abundans. Adiungit enim et applicat sese ad Deum erectis viribus, recta intentione, intimo cordis desiderio, insedata appetentia, et vivida sui spiritus ac

160 naturae strenuitate. Dum vero hoc pacto sese gerit, et exercet in divinae praesentia majestatis, iam amor modis omnibus ipsius potens fit, ita ut quomodocunque eum moveat amor, semper ille in amore cunctisque virtutibus crescat et augmentetur.

℃ Ghi wet wel dat ic vore gheseghet hebbe, dat alle heileghen ende alle
goede menschen met gode verenecht sijn overmidts middel. Nu wille ic u
168 voert segghen, hoe si alle met gode gheenecht sijn sonder middel. Maer
diere es lettel in desen levene, die daer toe hebbelec sijn ende ghenoech
verclaert, dat si dat gevoelen ende | verstaen moghen. Ende hier omme,   *F. 62v*
die dese .iii. eninghen daer ic af spreke in hem bevenden ende ghevoelen
172 sal, hi moet gode leven met gheheelheit ende alheit sijns selves, also dat
hi der gratien ende den beweghene gods ghenoech si, ende ghevoelchsam
in allen dogheden ende in alre inwendegher oefeninghen. Ende overmids
minne moet hi verhaven werden ende sterven in gode, sijns selves ende
176 alle siere werke, also dat hi wike met alle sinen crachten ende ghedoghe
die overforminghe der onbegripeleker waerheit die god selve es. Ende
aldus moet hi levende utegaen in dogheden, ende stervende ingaen in
gode. Ende in desen tween gheleghet sijn volcomene leven. Ende dese .ii.
180 sijn in hem te gadere ghevoeghet alse materie ende forme, alse ziele   *p. 283*
ende lichame. Ende omdat hi hem hier inne oefent, soe es hi clare van
verstane, ende rike ende overvloedech van ghevoelne. Want hi es te gode
ge|voeghet met op gherechten crachten, met rechter meininghen, met   *F. 63r*
184 herteleker begherten, met onghepaeyder ghelost, met levenden eernste
sijns geests ende sijnre naturen. Ende omme dat hi heme aldus houdet
ende oefent vore die jeghenwerdecheit gods, soe wert minne sijns gheweldech
in alre wijs: hoe dat sine beweghet, hi es altoes wassende in minnen
188 ende in allen dogheden. Ende minne beweget altoes na orbore ende na
hebbelecheit ieghewelcs menschen.

Vv   D F G He   H   n N Eg

166 Vander eninghe *(enigen G)* sonder middel *heading D G,* Hier seghet hi hoe die scouwende
mensche gode verenicht is sonder middel *heading H*   167/8 overmidts - sijn *om Eg*
168 verenicht *H*   169 toe *om N*   170 dat si dat *(verstaen) H*   171 dese *om G*
.iii. : vier *H*   enighe *D*   172 sal *om Eg*   mit *(gode) H*   loven *D*   gheheelicheijt *Eg*
mit *(alheit) H*   altijt *Eg*   selves *om n*   173 ghevoelsam *D G n N*   *(ghevolsam)* si *G n N,*
(ghevolchsam) si *F Eg*   174 inwendegher : ynniger *H*   vermits *n*   175 der *(minnen)*
so *N*   178 moet hi : moechdi *D F G n N Eg*   leven *G*   179 in - Ende*(2) om F*
leghet *H N Eg*   in *(dese) Eg*   dese : die *H*   180 alse*(1)* : also *Eg*   materien *D*
formen *D*   181 hier / hem *F*   inne : mede *D*   182 ende*(1) om H*   ghevoelne : ghelove *n*   184 lost *D H Eg*   186 gods *om Eg*   187 beweghet : bewijst *D*

The most beneficial impulses which this man can feel and of which he is capable are heavenly health and hellish pain, and responding to these two with adequate works which are fitting. Heavenly health raises man above all things, in free power to praise and love God in every way which his heart and soul desire. After this comes the hellish evil which sets man down in misery and in deprivation of all savor and of all consolation that he has felt till now. In this misery health sometimes shows itself and gives hope which no one can frighten away and then he falls again into a despair which no one can console. When man feels God within him, with richness and fullness of grace, this I call heavenly health, for then man is wise and clear in his understanding, flowing out and rich with heavenly teaching, warm and generous in charity, overflowing and drunk with joy and feeling, and valiant, courageous and undaunted in all things that he knows please God, and the like without number, which only those who experience this may know. But when the scale of love sinks and when God hides Himself with all His grace, then man falls again into desolation and affliction and in a dark misery as though he might never recover, such that he feels himself to be nothing but a poor sinner who knows little or nothing of God. All consolation that creatures may give to him is distasteful. Savor and consolation from God do not come to him. And in addition his own

---

⁋ Ut charitas istiusmodi homines moveat, et de caelica sanitate, ac languore tartareo. Caput VI.

Charitas autem sive amor semper pro cuiuslibet utilitate ac habilitate et aptitudine movet. Motus autem utilissimus, quem istiusmodi homo sentire queat, et ad quem sentiendum habilis sit, caelica sanitas et languor Tartareus est: atque his duobus consimilibus, eo pertinentibus respondere actionibus. Caelica sanitas elevat eum supra omnia in liberam quandam Deum pro omni cordis et animae voto ac desiderio laudandi et amandi facultatem. Sequitur inde languor Tartareus, deiicitque eundem in quandam miseriam ac desolationem, et omnis gustus et consolationis quae unquam senserit, carentiam. Atque sub hac angustia et desolatione nonnunquam sanitas sese exhibet, spemque praebet, cui nemo possit diffidere: sed mox rursus in quandam labitur velut desperationem, quam consolari nemo queat. Nimirum dum quis Deum cum larga, opulenta ac plena gratia in se sentit, eam ipse dico caelicam sanitatem. Tum enim eiuscemodi homo sapiens et intellectu luminosus ac perspicax est, caelestibus exuberat institutionibus, charitate fervidus ac pius est, gaudio abundat et ebrius est, sensu vel affectu fortis, fidens et alacer in omnibus, quae quidem Deo placere noverit: atque id genus aliis innumeris praeditus est bonis, quae nemo nisi expertus novit. Atqui dum charitatis lanx deprimitur, et Deus cum omni sua gratia se occultat, dum rursum in desperationem quandam et languorem et obscuram angustiam ac desolationem recidit, perinde ac si nunquam sit sanitatem recuperaturus: neque tum aliter se sentit, quam miserum quendam peccatorem, qui de Deo parum aut nihil comperti habeat. Consolatio autem omnis, quam possint creaturae impendere, taedio est illi. A Deo vero nulla neque consolatione, neque gustu afficitur. Inter haec ratio illius intus ei loquitur, Ubi nunc est

Dat orboerlecste beweghen dat dese mensche ghevoelen mach, ende daer
hi hebbelec toe es, dat es hemelsche ghesonde ende hielsche quaele,
192 ende [in] desen twen antwerden met ghelikin werken die daer toe behoeren.
Hemelsche ghesonde verheft den mensche boven alle dinc in .i. vri
vermoghen gode te lovene ende te minnenne na alre wijs dats sine herte
ende sine ziele beghert². Hier na comt die hielsche quale | ende set   F. 63v
196 den mensche neder in ene ellende ende in een daerven alles smaecs ende
alles troests dies hi ie ghevoelde. In deser ellenden so vertoent hare
die ghesonde bi wilen, ende ghevet hope dien nieman versaghen en mach;
ende dan valt hi weder in onthoepen dien nieman ghetroesten en can.
200 Wanneer dat de mensche gode in hem ghevoelt met riker volre ghenaden,
dat hetic hemelsche ghesonde. Want dan es de mensche wijs ende claer
van verstane, utevloeiende rike van hemelscher leren, heet ende melde
in karitaten, overvloedech ende droncken van vrouden ende van ghevoelne,
204 staerc, coene ende ghenendech in allen dinghen³ die hi weet dat gode   p. 284
behaghen, ende des ghelike sonder ghetael, dat si allene weten moghen
dies ghevoelen. Maer wanneer dat die waaeghescale der minnen neder sleet,
ende hem god verberghet met alle siere ghenaden, dan valt de mensche weder
208 in mestroeste ende | in qualen ende in ene donkere ellende, alse ochte   F. 64r
hi nemmermeer vercoveren en[de] soude. Ende dan en ghevoelt hi hem
anders niet dan .i. aerm sondare die van gode lettel weet ochte niet.
Alle troeste die creaturen gheven moghen, dat es hem een verdriet. Smaec
212 ende troest van gode, dies en wert hem niet. Ende hier toe sprect sijns

---

Vv   D F G He   H   n N Eg   Zz

190 Hier seghet hi wat des scouwendens menschen oirbairlicste beweghen is *heading* H
Dat(1) *inc* Zz   Dat(1) - mensche *om* Eg   dese : een Zz   afghesceden *(mensche)* Zz
191 ghesontheit N   192 in *(desen)* Vv   193 ghesontheit N   in : ende gheeft *n*
194 levene H   196 ene *om* H   197 in *(alles)* Eg   *(ellenden)* oec D, *(ellenden)* oec *i.m.* N
so *om n*   198 ghesontheit N   willen F   dien nieman : diemen die men niet H
versegghen D F G He *n* N Eg   199 onthoeghen G   can : mach Zz   200 ghevoelt /
in hem D   201 ghesontheit N   201/2 claer van verstane ende wijs H   203 in : van H
204 *(sterc)* ende D N   coene ende ghenendech : gheweldich ende coene N   dinghen :
dooghden Vv1 *(see C.C.)*   205/6 ende - ghevoelen *om* N   205 sonder : sons G
206 der : van D   neder sleet : beghint neder te slaen N   208 wantroest N   ene *om* Zz
alse : alsoe D Eg Zz   209 vercoeveren : vercoevereren F, becomen N   *(vercoveren)* verkoeve-
ren *n*   en soude / vercoeveren D   en(1) : ende Vv   210 lettel - niet : niet en weet of
luttel Eg   211 *(die)* hem D *n*   die *(creaturen)* D N   212 dies *om* H *n*   toe : omme Zz
(toe) of mede D

2 Adding *e* under the word between *h* and *e*, Vv2 changed *beghert* into *begheert*.
3 This is the original reading of the manuscript. Changing *in* into *oo* and adding *d* above the
word between *h* and *e*, Vv1 changed *dinghen* into *dooghden*.

184 reason speaks within him: "Where is thy God now? Where has all thy experience of God fled?" Then his tears are his nourishment day and night, as the prophet says. If man is to be healed of this distress, then he must consider and feel that he does not belong to himself but to God. He must therefore

188 abandon his own self-will into God's free will and let God act with his (will) in time and in eternity. If he can bring himself to do this without oppression of heart, with liberty of spirit, then at that very moment he recovers his health and he brings heaven into hell and hell into heaven. For however much the

192 scale of love goes up or down, he always rests in balance, even and steady. For whatever love wishes to give or to take, he who denies himself and loves God finds peace therein. He who has lived in suffering without resentment, his spirit remaining free and undisturbed, is capable of feeling the union with

196 God without intermediary. As for the union with intermediary, he has obtained that by the richness of his virtues. This is why, being of one thought and one will with God, man feels God in him with the fullness of His grace, like a vigorous health of all his being and all his works.

200 But you may ask why it is that all good men do not come so far as to experience this. Now mark well, for I am going to tell you the why and the wherefore. They do not respond to the divine impulse with an abnegation of self and for this reason do not stand in the presence of God in lively earnest. And they are

---

Deus tuus? ubi iam est quicquid unquam sensisti de Deo? Fiuntque tunc ei lachrymae suae panes die ac nocte, quemadmodum Propheta ait. Sed ab hoc languore si debeat

188 convalescere, adspiciat oportet et sentiat non se suum esse, sed Dei: atque eam ob rem voluntatem suam resignet in liberrimam voluntatem Dei, sinatque Deum agere cum suo id, quod ipsi visum erit in tempore et aeternitate. Hoc si absque cordis gravamine li|

p. 544 bero spiritu facere poterit, mox sanitati restituetur, ducetque caelum in infernum, et

192 infernum in caelum. Utcunque enim amoris libra vel sursum vel deorsum feratur, ipse semper manet aequabilis. Quicquid enim amor sive dare, sive auferre velit, in eo pacem invenit quisquis seipsum abnegat, et Deum suum amore prosequitur. Qui enim in perpessione vel afflictione patiens est et minime calcitrat, eius spiritus liber et immotus

196 manet, aptusque est et habilis, qui magis immediatam cum Deo sentiat unionem. Enimvero unionem illam, quae per medium fit, in virtutum opulentia et affluentia possidet. Cum igitur plane concors et unius sit cum Deo voluntatis, Deum cum omnis gratiae eius plenitudine tanquam vitalem totius essentiae suae et omnium actionum sua-

200 rum sanitatem intra se sentit.

❡ Cur boni omnes haec intra se non sentiant. Caput VII.

Sed quaerat forsan aliquis, quid causae sit, cur boni omnes huc minime pertingant, ut idem et ipsi sentiant. Cuius ista est ratio, quod divino instinctui sive motioni cum sui

204 abnegatione non respondeant. Atque eam ob rem vivida cum strenuitate in Dei prae-

selves redelecheit in heme: "Waer es nu dijn god? Waer es di ontbleven
al dat du van gode ie ghevoeles?" Dan sijn sinen trane sine spise
dach ende nacht, gheliker wise dat die prophete seghet. Sal nu de
216 mensche deser qualen ghenesen, soe moet hi anesien ende ghevoelen dat
hi sijns selves niet en es, maer gods. Ende hieromme moet hi sijns
selves willen vertien in den vrien wille gods, ende laten gode ghewerden
metten sinen in tijt ende in ewecheit. Can hi dit ghedoen sonder
220 bedructheit van herten, met vrien gheeste, altehant | wert hi ghesont, *F. 64v*
ende voert den hemel in die helle ende die helle in den hemel. Want
hoe die waghe der minnen op ochte neder gheet, altoes weghet hi
effene ende ghelijc. Want wat dat minne gheven ochte nemen wilt, daer in
224 vent hi vrede die sijns selves verloechent ende gode miint. Want sijn
gheest blivet vri ende ombeweghet, die in doghene sonder weder wille
levet. Ende hi es hebbelec onghemiddelder enecheit met gode te ghevoelne.
Want die enecheit die overmidts middel es, die hevet hi beseten in
228 rijcheiden van dogheden. Ende hieromme, want hi eendraechtech ende
eens willen met gode es, soe ghevoelt hi gode in hem met volheiden
sijnre ghenaden, alse ene levende gesonde alle sijns wesens ende alle
sijnre werke.

232 Maer ghi moghet vraeghen, waeromme dat alle goede menschen hier toe niet *p. 285*
en comen, dat | si des ghevoelen mochten. Nu merket, die zake ende die *F. 65r*
waeromme willic u segghen: si en antwerden niet den beweghene gods met
enen verloechenen haers selves. Ende hieromme en staen si niet met
236 levenden eernste vore die jeghenwordecheit gods. Ende si en sijn niet

---

Vv   D F G He   H   n N Eg   Zz

213 in heme *om Eg*   *(di)* nu *N*   214 ye / van gode *D*   215 dat : als *F*   216 des *Zz*
ghenesen / deser qualen *H*   hi *om G*   218 selves *om Zz*   willen *om N*
219 mitti ende *(mitten) N*   eenicheijt *Eg*   dit : dat *Eg*   220 bedroeftheyt *D F n N Eg*
222 ochte : ende *N*   hi : si *He Zz*   223 ende : ofte *D*   wat *om n N Eg*   dat *om D F G Zz*
die *(minne) D F G n N Eg Zz*   nemen of gheven *H*   224 verloechent : vervolghen *D*
(verlochent) hevet *N Eg*   225 doghene : doechden *D N*   weder willen *D*   226 met
gode *om N*   229 is / met gode *D*   232 Hier seghet hi wairom dat alle goede menschen hier
niet toe en komen *heading H*   233 des *om N*   Nu merket *om N*   234 waeromme :
manier *N*   gods *om n N Eg*

213/5 cf. Ps. 42(41), 4

204   not careful in the inward observation of themselves, and so they always remain more outward and manifold than inward and simple, and they perform their activities rather more from good custom than from inner experience. They think more of eccentricity, and of greatness and multiplicity of good works,

208   than of the intention and love of God. That is why they remain outward and manifold of heart and are not aware of how God lives in them with the plenitude of His grace. But how the interior man who, amidst all evil, experiences health, will feel himself one with God without intermediary, I shall

212   now explain.

When he who lives in this manner raises himself with the totality of his self and with all his powers and turns to God with lively active love, then he feels that the depth of his love, there where it begins and ends, is enjoyable and

216   fathomless. If he then wishes further to penetrate this enjoyable love with his active love, there all the powers of his soul must give way, and must suffer and endure the piercing truth and goodness which is God Himself. For, in the same way that the air is bathed with the sun's light and heat, and just as the

220   iron is penetrated by the fire so that with the fire it does fire's work—for it burns and gives light like fire. I say the same thing for the air. If the air itself

---

sentia non assistunt, nec ita ut deberent, soliciti sunt intus observare seipsos. Quo fit, ut semper magis externi ac multiplices, quam interni et simplices maneant: actusque suos et opera potius ex bona quadam consuetudine, quam interno affectu efficiant, pluris-

208   que faciant singularia et privata quaedam instituta sive modos, et magnitudinem ac multiplicitatem bonarum actionum, quam puram intentionem et amorem ferventem erga Deum. Atque hac ex causa externi et corde multiplices manent, nec ut Deus intra ipsos cum gratiae suae plenitudine vivat, experiuntur.

212   ❡ Ut homo internus cum Deo sine medio unum sit, manifestior explicatio.
Caput VIII.

Ut autem homo internus, qui in omni languore sanitate perfruitur, cum Deo sine medio unum se sentire debeat, iam age explicemus. Itaque ubi talis quispiam vividus ho-

216   mo totum sese cum universis viribus suis sursum erigit, et ad Deum vitali et actuali cum amore adiungit et accommodat, sentit nimirum amorem suum in suo fundo, ubi incipit ac desinit, fruitivum et fundi expertem esse. Quod si tum actuoso cum amore suo ulterius in amorem fruitivum niti ac penetrare velit, ibi iam cedant necesse est omnes ani-

220   mae eius vires, ferantque et patiantur penetrantem veritatem ac bonitatem illam, quae Deus ipse est. Ut enim aërem solis splendor et calor penetrat, utque ferrum ignis, ita ut ignis actiones efficiat. Ardet enim et lucet instar ignis: quod similiter de aëre illus-

---

222 met den viere *om*

sorfhertech in inwendeghen warenemene haers selves. Ende hieromme bliven si
altoes meer utewendech ende menechfoldech, dan inwendech ende eenvoldech.
Ende si werken meer hare werke ute goeder costumen, dan ute inneghen
240 [ghe]ghevoelne. Ende si achten meerre sonderlinghe wisen ende groetheit
ende menechfoldecheit goeder werke, dan meininghe ende minne te gode.
Ende hieromme bliven si utewendech ende menechfoldech van herten, ende
en werden niet gheware hoe god in hen levet met volheit sijnre ghenaden.
244 Maer die inneghe mensche die met alre qualen ghesonde hevet, hoe | hi   F. 65v
hem met gode een ghevoelen sal sonder middel, dat wille ic nu segghen.

❧ Wanneer dat hem al selc levende mensche, met gheheelheiden sijns selves
ende met allen sinen crachten, op recht ende te gode voeghet met
248 levender werkeleker minnen, soe ghevoelt hi dat sine minne in haren
gronde, daer si beghent ende indet, ghebrukeleec es ende sonder gront.
Wilt hi dan voert in dringhen met sijnre werkeleker minnen in die
ghebrukeleke minne, al daer moeten wiken alle die crachte siere zielen,
252 ende moeten liden ende ghedoghen die doregaende waerheit ende goetheit
die god selve es. Want gheliker wijs dat die locht doregaen wert met   p. 286
claerheiden ende met hitten der sonnen, ende alsoe dat yser doregaen
wert met den viere, alsoe dat met den viere viers werc werket — want
256 het berrent ende licht ghelijc viere; ende dat selve spreke ic van der

---

Vv   D F G He   H   n N Eg   Zz

237 sorchvoldich D N   238 si om F   sorchvoudich ende (menichvoudich) N   eenvoldech : eenvoudicheit N   239 costumen : ghewoente n   240 gheghevoelne Vv   wise D
241 ende(2) : van n   242 meer (uutwindech) Zz   (herten) dan inwindich ende eenvuldich Zz
243 (hoe) dat H   244 Hoe hem die ynnighe mensche oeffenen sal dat hi gode verenicht moghe
werden sonder middel heading H   (alle) sijnre N   ghesontheit N   244/5 hoe - middel om N   245 dat wille - segghen : dat latic bliven (afterwards cancelled) des Zz   nu : u D
246 gheheelheiden : gheheelder herten D   247 ende(2) om F   248 levender : eenre N
soe - minne om G   249 ghebrukeliker G   ende(2) om F   250 hi om G   in(1) om H
252 ende goetheit om G   groetheit N Eg   254 (also) als He   255 dat om Eg   met(2) -
want om G   viers werc om D   werc : wert Eg   256 (ende(1)) het n N Eg   licht : heet n N Eg
ghelijc : gheliket D, ghelike He   den (viere) D   ende(2) om G   dat : alsoe G, dit Eg

could reason it would say: "I give light and I give warmth to all the world."
Nevertheless each keeps its own nature, for the fire does not become iron nor
224 the iron fire. But the union is without intermediary, because the iron is within
the fire and the fire within the iron. And in the same way the air is in the light
of the sun and the light of the sun is in the air—so God is always in like manner in the essence of the soul. And when the higher faculties turn inwards with
228 active love they are united to God without intermediary in a simple knowledge
of all truth, and in an essential experience and savor of all good. This simple
knowledge and experience of God is possessed in essential love and is exercised
and maintained through active love. For this reason it is accidental to the
232 faculties by means of the dying turning-inwards in love; but it is essential to
the essence and remains always in it. This is why we must always turn inwards
and renew ourselves in love if we wish to experience love with love. St John
teaches us this when he says: "Who abideth in love, abideth in God and God
236 in him." Though this union between the loving spirit and God is without intermediary, there is nevertheless a great distinction, for the creature does not
become God nor God creature, as I have explained earlier with regard to the
iron and the air. But if material things which God has created can thus unite
240 without intermediary, then how much better can He unite Himself with His
beloved when He wishes, if they order and prepare themselves for it by means of

---

trato accipiendum est, qui si ratione praeditus foret, diceret profecto: Equidem totum
224 mundum illustro et calefacio, cum tamen unicuique sua maneat natura vel substantia.
Non enim ignis transit in ferrum, nec ferrum efficitur ignis, sed horum unio medium
non habet. Siquidem ferrum est intra ignem, et ignis intra ferrum: atque itidem aer est
in solis lumine, et lux solaris in aere. Eadem videlicet ratione Deus semper in animae es-
228 sentia inest: cumque vires supremae actuoso cum amore intro se recipiunt, Deo sine
medio coniunguntur in simplici quadam omnis veritatis notione, et essentiali omnis boni gustu ac experimento. Atque haec simplex notio et experimentum Dei in essentiali
possidetur amore: per actuosum autem amorem colitur, exercitatur atque conservatur.
232 Itaque viribus quidem accidens est per morientem in amorem introversionem: sed essentiae substantiale est semperque intus in ea permanens. Quapropter si amorem per
amorem reperire velimus, semper ut intro nos recipiamus ac renovemus in amore oportet. Quod quidem sanctus Ioannes illis nos docet verbis, quibus ait: Qui manet in chari-
236 tate, in Deo manet, et Deus in eo. Quanvis autem unio haec[b] inter Deum et amantem
spiritum sine medio sit, ingens tamen inter eos discrimen est. Creatura enim non potest
Deus effici, nec Deus creatura, uti paulo ante diximus de ferro et aëre. Quod si res ma-
teriales, quas Deus condidit, usque adeo sine medio coniungi possunt, quidni multo
240 melius ipse se dilectis suis, dum velit, possit coniungere ac unire, quando ipsi eius freti

---

[b] unio, haec

locht. Ware die locht verstendech, si sprake: "Ic ver|clare ende ic
verhitte al de werelt." Nochtan behout ieghewelc sine eighene nature.
Want dat vier enwert niet yser, noch dat yser vier; maer die eninghe es
260   sonder middel, want dat yser es binnen int vier ende dat vier int yser.
Ende aldus es de loecht in den lichte der sonnen ende dat licht der
sonnen in die locht —, alsoe gheliker wijs es god altoes in den wesene
der zielen. Ende wanneer dat die overste crachte inkeren met weerkeleker
264   minnen, soe werden si gode gheenecht sonder middel, in .i. eenvoldech
weten alre waerheit, ende in een weselec ghevoelen ende smaken alles
goets. Dit eenvoldeghe weten ende ghevoelen gods wert beseten in weseleke
minne, ende het wert gheofent ende onthouden overmidts werkeleke minne.
268   Ende hieromme eest den crachten toevallech overmidts stervende inkeer
in minnen. Maer het es den wesene weselec ende altoes inblivende. Ende
hier omme moete wi altoes inkeren ende vernuwen in minnen, | sele wi
minne met minnen bevenden. Ende dit leert ons sente Jan, daer hi sprect:
272   "Die woent in minnen, hi woent in gode ende god in heme." Ende al es
die eninghe tusschen den minnenden gheest ende gode sonder middel, daer
es nochtan groet onderscheet. Want die creature en wert niet god noch
god creature, gheliker wijs dat ic vore gheseghet hebbe vanden ysere
276   ende vander locht. Ende ochte materileke dinghe die god ghemaect hevet,
aldus vereneghen moghen sonder middel, vele bat mach hi hem selven
vereneghen met sinen gheminden daer hi wilt, alse si hen overmidts

---

Vv   D F G He   H   n N Eg

257 ic(2) om D   258 verheyte He, verlichte H   Nochtan : noch D   eighene om H
259 dat(2) om H   262 is (in(1)) N Eg   Ende (also) Eg   gheliker wijs : ghelijc H
altoes om H   263 dat om D   264 .i. om G   266 eenvoldeghe - gods om G   weten : wesen F   267 onthouden ende gheoeffent H   268 stervende om Eg   269 (altoos)
ende altoos Eg   blivende F G He n N Eg (see C.C.)   270 moete om G   vernuwen : ver-
minnen Eg   271 minne : minnen G   sente : sancte n   johan n, johannes N Eg   daer
hi : die H   272 hi : die H N   al : als n N Eg   es om n Eg   273 den - gode : god ende
der minnender sielen N   275 dat om G   276 Ende(2) om Eg   natuerlike H   277 te
(bet) N Eg   selven om G   278 si hen : hij hem Eg

272 1 John 4, 16

His grace. For this reason the interior man, whom God has adorned with virtues and raised above them to a contemplative life, has, in his supreme turn-
244 ing-inwards no other intermediary between him and God than his enlightened reason and his active love. And by means of these two he cleaves to God and that is what it is 'to become one with God' as St Bernard says. But above reason and above the active love he is lifted up in naked vision and without
248 work in essential love. And there he is <u>one spirit and one love with God</u>, as I have explained before. In this essential love he infinitely transcends his understanding by means of the unity which he has essentially with God—and this is the common life of contemplative man, for in this elevation man is
252 capable of knowing all creatures in heaven and on earth, with distinction of life and of reward, if only God wants to show it to him in a vision. But he must yield to the infinity of God and essentially and infinitely follow it, for no creature can comprehend or attain it, not even the soul of our Lord Jesus Christ
256 who has received the highest union, above all creatures.

See, this eternal love which lives in the spirit and to which it is united without intermediary gives its light and its grace in all the powers of the soul, and this is the source of all virtue. For the grace of God touches the higher powers and

---

p. 545 gratia, eo se praeparant et accommodant? Quamobrem inter internum ac | Deo devotum hominem quem Deus virtutibus ornarit, et supra virtutes in contemplativam sustulerit vitam, atque inter Deum nullum in suprema eius introversione medium est,
244 nisi ratio illuminata et actuosus amor illius: quibus duobus cohaeret Deo, quod est, ut Divus Bernardus ait, unum effici cum Deo. Porro supra rationem et amorem actuosum in nudam quandam visionem, et sine actione in essentialem amorem elevatus est: atque inibi unus spiritus et unus cum Deo amor est, sicut supra diximus. Atque in hoc essen-
248 tiali amore, per eam, quam cum Deo habet unionem essentialem, infinite suum excedit intellectum. Et haec communis est hominum contemplativorum vita. In hac autem sui elevatione aptus et habilis est, qui sub una visione, modo Deus id ei demonstrare velit, creaturas omnes in caelo et in terra, vitamque et praemia earum discriminatim possit
252 perspicere. Sed ipsius Dei infinitati interminabili cedere, eamque essentialiter et infinite subsequi compellitur: quippe quam creatura nulla neque compraehendere, neque assequi potest, immo ne ipsa quidem anima Domini Iesu, quae tamen supra creaturas omnes Deo excellentissime unita est.

256   ❰ De quibusdam divinae gratiae effectionibus. Caput IX.

Caeterum aeterna haec charitas in spiritu, ei sine medio unito et vivens, lumen et gratiam suam in cunctas animae vires diffundit, quae est causa virtutum omnium. Gratia enim Dei supremas contingit et movet vires, atque inde charitas, veritatis cognitio, om-

132

sine gratie daer toe voeghen ende bereiden. Ende hier omme, die inneghe
280 mensche dien god ghesiert hevet met dogheden, ende daer boven verhaven
in een scouwende leven, in sinen hoechsten inkere en es anders en gheen
middel tusschen hem | ende gode dan sine verlichte redene ende sine
werkeleke minne. Ende overmids dese .ii. soe hevet hi een anecleven
284 ane gode, ende dat es een werden met gode, sprect sinte Bernaerd. Maer
boven redene ende boven werkeleke minne soe es hi verhaven in een bloet
ghesichte, ende sonder werc in weseleke minne; ende daer es hi een
gheest ende ene minne met gode, also alsic vore gheseghet hebbe. In dese
288 weseleke minne soe es hi onthoeghende sinen verstane onindelec, overmidts
die enecheit die hi weselec met gode hevet. Ende dit es een ghemeine
leven scouwender menschen. Want in deser verhaveneheit so es de mensche
hebbelec daertoe dat hi bekinnen mach, eest dat hem god vertonen wilt
292 in enen ghesichte, alle creaturen in hemel ende in erde met onderscede
van levene ende van lone. Maer der onghe̶intheit gods, hare moet hi wiken
ende moet hare wesele|ke ende onindeleke na volghen. Want die enmach
ghene creature begriepen noch verhalen, noch oec die ziele ons heren
296 Jhesu Cristi, die de hoechste eninghe ontfaen hevet boven alle creaturen.

Siet, dese eweghe minne die in den gheeste levet, daer hi mede gheenecht
es sonder middel, si ghevet hare licht ende hare ghenade[n] in alle die
crachte der zielen. Ende dit es die orsake alre doeghede. Want die
300 ghenade gods gherijnt die overste crachte, ende daer ute ontspringhet

F. 67r

F. 67v

p. 288

Vv   D F G He   H   n N Eg

280 daer *om* F   en *(boven)* N   *(verheven)* hevet N   281 een *om* F   es : heeft H
283 soe *om* H   284 eeninghe of een te *(werden)* Eg   sprekende D   sancte *n*   bernardus N   285 redene *om* F   minne *om* F   286 in : ende Eg   287 also *om* He
288 onthoudende Eg   289 hi *om* H   290 scouwende G, scouwenden N   mensche :
minne H   deser : des *n*   291 eest : is Eg   god / hem D   293 leve G   der -
hare : dair ongheenicheit gode dair H   295 verhalen : behalen H   298 ghenaden Vv
299 cracht He   dit : dat D   die*(1) om* H   300 die *(gherijnt)* F

260 from this spring charity and knowledge of truth, love of all justice, practice of
the counsels of God with discretion, imageless freedom and the overcoming of
all things without effort and a transport into unity through love. As long as
man continues this exercise, then he is able to contemplate and to experience
264 union without intermediary. And he feels the <u>touch of God in him</u> that is a
renewal of his grace and all his virtues. For you must know that the grace of
God flows down to the lower powers, and touches the heart of man, and from
that comes heartfelt affection and sensitive desire for God. And affection and
268 desire penetrate the heart and senses, flesh and blood, and all the corporeal
nature and cause in him strain and restlessness in his body, so that often he
does not know what to do with himself. He is in the state of a man who is so
drunk that he is no longer in possession of himself. And from this comes much
272 eccentric behavior, which these softhearted men cannot well control, that is,
they often lift their heads to heaven with eyes wide-open because of restless
desire; sometimes joy, sometimes weeping, now singing and now shouting,
now weal and now woe, and often both together at once; leaping, running,
276 clapping their hands together, kneeling, bowing down and making similar
fuss in many ways. As long as man remains in this state and stands with open
heart raised up to the richness of God who lives in his spirit, he experiences
new touching from God and new impatience of love. And so all these things

---

260 nis iustitiae amor, consiliorum Dei cultus et exercitatio discreta, libertas imaginum expers, cuncta sine labore superare et vincere, et per amorem in unitatem spiritu deficere
ac excedere oritur. In qua exercitatione quandiu quis perseverat, aptus et habilis est
tum ad contemplandum, tum ad sentiendum unionem sine medio cum Deo. Idemque
264 Dei intra se sentit contactum, qui quaedam est divinae gratiae et omnium virtutum eius
renovatio. Sciendum est enim, Dei gratiam in inferiores usque dimanare vires, corque
hominis contingere: unde tum cordialis amor et sensibilis, appetentia vel desiderium
erga Deum proficiscitur: atque hic amor et appetentia cor, sensus, carnem, sanguinem,
268 totamque naturam corpoream penetrant, et in membris hominis pressuram quandam
et impatientiam excitant, ita ut saepius qua se ratione debeat gerere, ignoret: Haud aliter enim affectus est, atque ebrius quispiam, raros quosdam et miros prae se ferendo gestus, quos quidem corde molles non facile norunt comprimere: ut est, verbi gratia,
272 quod saepius caput apertis oculis levant in caelum prae impatienti desiderio: modo gau-
dent, modo plorant, nunc cantant, nunc clamant, quandoque bene quandoque male
habent, et saepius se moventes saltant, quandoque currunt, complodunt manus, genu
flectunt, sese inclinant, atque id genus multimodos exhibent gestus. Et quamdiu in his
276 quispiam perseverat, corde patulo sursum erectus ad divitias Dei, in ipsius spiritu viven-
tis, novum Dei contactum novamque amoris sentit impatientiam: sicque haec omnia

---

270 die sijns selves niet en es *om*   274 beide te gadere in een *om*

karitate ende kinnesse der waerheit, minne tote alre gherechtecheit, oefeninghe der rade gods na beschedenheit, onghebeelde vriheit ende alle dinc verwennen sonder aerbeit, ende overmidts minne ontgheesten

304   in enecheit. Alsoe langhe alse de mensche in deser oefeninghen blivet, soe es hi hebbelec te scouwene ende eninghe te ghevoelne sonder middel. Ende hi ghevoelt dat gherinen gods | in hem, dat ene vernuwinghe es sijnre gratien ende alle sijnre doghede. Want ghi selt weten dat die

F. 68r

308   gratie gods dorvloeit tote in die nederste crachte ende gherijnt des menschen herte. Ende daer af comt herteleke liefde ende ghevoellec lost te gode. Ende liefde ende lost doregaen herte ende sen, vleesch ende bloet ende alle die lijfleke nature, ende maken in den mensche perse ende

312   ongheduer in sine lede, alsoe dat hi hem dicwile hoe hebben en weet. Want hem es te moede alse enen dronckenen mensche, die sijns selves niet en es. Ende hier af comt meneghe selsene wise die selke morwherteghe menschen niet wel bedwinghen en connen, dat es dat si

316   dicwile hare hoet op heffen met openen ogen in den hemel overmids onghedurech verlanghen; alse nu bliscap, alse nu wenen; alse nu singhen, alse nu criten; nu wel, nu wee, ende dicwile beide te gadere in een; springhen, lopen, | hande te gadere slaen, knielen, neder bughen, ende

F. 68v

320   aldustanech baraet in menegher wijs. Alsoe langhe alse de mensche hier bi blivet ende met openre herten op gherecht steet toe der rijcheit gods die in sinen gheeste levet, so ghevoelt hi nuwe gerinen van gode ende nuwe ongheduer van minnen. Ende soe vernuwen alle dese dinghe. Ende

---

Vv   D F G He   H   n N Eg

302 oefeninghe - beschedenheit *om H*   onghebeelder *D*   303 te *(verwinnen) N*   ont-gheest *D*   304 in*(1)* : met *H*   ewicheit *D n N Eg*   305 *(ende)* hebbelic *H*   308 doerbloyt *n*   309 Ende*(1) om H*   lost : rust *Eg*   310 sinne *H N*   311 die : dat *G*   menschen *N*   312 hem *om N*   hoe hebben en weet : niet en weet wat hi doen sel *N Eg*   dicwile : die wile *H*   315 weechertighe *N*, weehertighe *Eg*   wel *om Eg*   317 *(bliscap)* als nu droefheit *D*   318 beide : blide *F G He n N Eg*   een *om D N*   319 springende *D* *(springhen)* ende *N*   ende die *(handen) N*   te *(slaen) N*   ende *(neder) N*   320 me-nigherhande *N*   321 ende *om He*   toe : tote *F G He H n N Eg*   323 dese *om G Eg*

280 are renewed. And for this reason man must at times pass through this bodily feeling to a spiritual feeling which is rational, and through the spiritual feeling pass to a divine feeling which is above reason, and through this divine feeling sink away from himself into an experience of motionless beatitude.

284 This experience is our superessential beatitude which is an enjoyment of God and of all His beloved. This beatitude is the dark silence that is always inactive. It is essential to God and superessential to all creatures.

And there you must accept that the Persons yield and lose themselves whirling
288 in essential love, that is, in enjoyable unity; nevertheless, they always remain according to their personal properties in the working of the Trinity. You may thus understand that the divine nature is eternally active according to the mode of the Persons and eternally at rest and without mode according to the
292 simplicity of its essence. It is why all that God has chosen and enfolded with eternal personal love, He has possessed essentially, enjoyably in unity, with essential love. For the Divine Persons embrace mutually in eternal complacency with an infinite and active love in unity. This activity is constantly renewed
296 in the living life of the Trinity. There is continuously new birthgiving in new knowledge, new complacency and new breathing forth of the Spirit in a new

---

iam dicta renovantur. Itaque per hoc sentire corporeum quandoque in spiritale quoddam ac rationale sentire penetrare ac transire, et per hoc sentire spiritale in quoddam
280 sentire divinum, quod est supra rationem pertingere: atque per istud ipsum sentire divinum, seipsum in immobile ac beatum sentire demergere debet: quod quidem sentire immobile, nostra est superessentialis beatitudo, quae est Dei atque omnium charorum eius fruitio: et ipsa caliginosum illud semperque ociosum silentium est: et Deo quidem
284 essentialis, creaturis autem omnibus superessentialis est. De ipsa accipiendum est, cedere personas divinas et in essentialem immergi ac absorberi charitatem, id est, essentialem unitatem: et nihilo minus secundum personales proprietates semper in trinitatis actionibus perstare.

288 ❡ De complacentia divinarum personarum: itemque de complacentia mutua inter Deum et homines bonos. Caput X.

Unde animadverti licet, divinam naturam secundum personas quidem perpetuo agere: secundum essentiae autem suae simplicitatem, perenniter ociosam ac modi expertem
292 permanere. Atque eamobrem quoscumque Deus elegit et sempiterno personali amore complexus est, eos omnes essentiali amore in unitate essentialiter ac fruitive possidet.
p. 546 Divinae nanque personae quadam mutua complacentia et infinito ac│essentiali amore in unitate sese invicem complectuntur, idque in vitali sacrosanctae Trinitatis vita perpe-
296 tim renovatur: quippe ubi semper nova generatio, nova cognitio, nova complacentia,

---

285/6 essentialem : ghebrukeleker   294 quadam mutua complacentia : in .i. ewech behaghen   infinito ac essentiali amore : met grondeloeser werkeleker minnen   296 renovatur : werc vernuwet

136

324 hier omme moet de mensche overmidts dit lijfleke ghevoelen biwilen
doreliden in een geestelec ghevoelen, dat redelec es; ende overmids dat
geesteleke gevoelen doreliden in een godlec ghevoelen, dat boven redene
es; ende overmidts dat godleke ghevoelen hem selven ontsinken in een
328 onbewechlec salech gevoelen.   *p. 289*

Dat ghevoelen dat es onse overweseleke salecheit, die een ghebruken
gods es ende alle sinre | gheminde. Dese salecheit dat es die duustere stille   *F. 69r*
die altoes ledech steet. Si es gode weseleec, ende allen creaturen overweseleec.

332 Ende daer eest te nemene dat die persone wiken ende verwielen in die
weseleke minne, dat es, in ghebrukeleker enecheit, ende nochtan altoes
staende bliven na persoenleker aert in werken der drieheit. Ende aldus
moghedi proeven dat die godleke nature ewech werkende es na wise der persoene,
336 ende ewech ledech steet ende wiseloes na eenvoldecheit haers wesens. Ende
hieromme, aldat god vercoren hevet ende begrepen met ewegher persoenleker
minnen, dat hevet hi al weseleke beseten, ghebrukeleke in enecheiden, met
weseleker minnen. Want die godleke persone behelsen hen onderlinghe in .i.
340 ewech behaghen met grondeloe|ser werkeleker minnen in enecheit. Ende dit   *F. 69v*
werc vernuwet altoes in dat levende leven der drivoldecheit. Want daer
es altoes nuwe ghebaren in nuwe bekinnen, nuwe behaeghen ende nuwe

---

Vv   D F G He   H   n N Eg

324 de : dese *n N Eg*   dit : dat *H n*   lijfleke : lieflike *D He*   326 doreliden *om*
Eg   in *om F*   een : hem *D*   329 Hier seghet hi hoe hem dese ynnige gheestelike mensche hem selven ontsinken sal overmids godlike ghevoelen in een onbewelic salich ghevoelen
heading H   Dat(1) : Dit *H*   dat(2) *om D N*   330 es(1) *om D*   Dese : Die *D*   dat *om*
N   332 eest : is *H N*   meenen *D*, verstaen *N*   ende(2) *om Eg*   die(2) *om*
Eg   333 weseleke : godlike *N*   onghebruijckelicker *Eg*   334 aert : eenicheit *G*   werken der : werkender *G He n Eg*   336 ledech *om D*   wiseloes : wiseleecs *G*   -der *(eenvol-
dicheit) D*   wesens : levens *(cancelled) H*   337 beseten *N*   persoenlijcheit *G*
338 ghebruken *G,* gebrukende *N*   met enicheit in *D*   339 .i. *om Eg*   in : ende *H, om D*
341 wert *D F G n N Eg (see C.C.)*   dat *om Eg*   342 ghebare *D*   in : ende *N*   ende *om N*
behaeghen ende : behagende *N*

embrace with a new torrent of eternal love. All the elect, angels and men, from the last to the first, are embraced in this complacency. It is in this com-

300 placency that heaven and earth are suspended, existence, life, activity and maintenance of all creatures, save only the aversion from God through sin, which comes from the creatures' own blind perversity. And out of the complacency of God flow grace and glory and all the gifts in heaven and on earth

304 and in each individually according to his need and to his receptivity. For the grace of God is prepared for all men and awaits the return of every sinner. When he, by means of the touch of grace, decides to take pity on himself and trustfully call on God, he always finds pardon. So whosoever, by means of

308 grace with loving complacency, is brought back to the eternal complacency of God will be caught and embraced in the fathomless love which is God Himself, and he is forever renewed in love and virtue. For while we please God and God pleases us, then love is practiced and eternal life. But God has loved

312 us eternally and has cherished us in His complacency and we should consider that rightly; and thus our love and complacency should be renewed, for through the relations between the Persons in the Divinity there is always new complacency with new out-flowing of love in a new embrace in unity. And this

316 is without time, that is to say, without before or after in an eternal present, for in the embrace in unity all things have been consummated. And in the out-

---

nova spiratio est in novo quodam complexu et novo aeternae charitatis profluvio. Et in hac complacentia electi omnes tum angeli, tum homines, a primo ad extremum usque circumplectuntur: atque ex eadem complacentia caelum, terra, essentia, vita, actio, et

300 conservatio creaturarum omnium dependet. Qui autem sese a Deo ad vitia avertunt, id utique ex suapte caeca quadam malitia faciunt. Ex Dei vero complacentia gratia et gloria et dona omnia in caelo et in terra, et speciatim in singulos quosque pro cuiusque necessitate et capacitate promanant. Etenim divina gratia cunctis parata est, et uniuscuiuslibet

304 peccatoris conversionem expectat. Et cum peccator quilibet divina motus et tactus gratia, suiipsius misertus Deum fideliter implorat, nunquam non gratiam et veniam obtinere potest: et quisquis per Dei gratiam amorosa cum complacentia in aeternam Dei complacentiam reflectitur, is ab aeterna illa, quae Deus ipse est, charitate suscipitur ac cir-

308 cumplectitur, semperque in amore et virtutibus renovatur. Inter eam enim complacentiam, qua nos placemus Deo, et eam, qua nobis placet Deus, charitas et vita aeterna colitur et exercetur. Deus autem nos ab omni aeternitate in sua complacentia dilexit et coluit. Quod quidem merito nos attendere deberemus, atque ex eius consideratione

312 nostra charitas et complacentia renovaretur. Enimvero per personarum in divinitate relationem, nova inibi semper complacentia est cum novo amoris profluvio, ac novus in unitate complexus: idque sine tempore, id est, sine ante vel post, in quodam Nunc sempiterno. In isto nanque in unitate complexu cuncta perfecta sunt, et in charitatis ef-

---

307 aeterna : grondelose

ute gheesten in een nuwe behelsen met nuwer vloet van eweger minnen.
344 In desen behaghene sijn behelset alle die utevercorne, ingle ende
menschen, vanden lesten tote den iersten. Ane dit behaeghen hanghet hemel
ende erde, wesen, leven, werc ende onthout alre creaturen, sonder allene
die avekeer van gode in sonden: die comt ute eighender blender quaetheit
348 der creaturen. Uten behaghene gods vloeit gratie ende glorie ende alle *p. 290*
gaven in hemel ende in erde, ende in ieghewelken sonderlinghe na sine
noet ende na sine ontfenclecheit. Want die gratie gods es bereet allen
menschen, ende ontbeidende ieghewelcs sonders keer. Wan|neer dat hi, *F. 70r*
352 overmidts beruren der gratien, sijns selves wilt ontfarmen ende met
trouwen gode ane roepen, hi vent altoes ghenade. Ende soe wie overmids
gratie met minleken behaeghene wederboeget es in dat ewege behaghen
gods, hi wert bevaen ende behelset in die grondelose minne die god selve
356 es, ende hi vernuwet altoes in minnen ende in doegeden. Want tusschen
dien dat wi gode beha<g>hen ende dat ons god behaghet, soe wert minne
gheoefent ende ewech leven. Maer god hevet ons eweleke gemiint ende
gheoefent in sijn behaghen. Ende dat soude wi met rechte aensien, so
360 soude onse minne vernuwen ende onse behaghen. Want overmids die
wederdraghinghe der persoene in der godheit, soe es daer altoes nuwe
behaghen met nuwen utevlietene van minnen in .i. nuwe behelsen in
enecheiden. Ende dit es sonder tijt, dat es, sonder vore ende na, in
364 .i. ewech nu. Want in den behelsene in enecheit sijn alle dinghe
volbracht; ende in den utevloeine der min|nen soe werden alle dinghe *F. 70v*

Vv   D F G He   H   n N Eg

343 utegheesten in een nuwe *om G*   in *om N*   met : ende een *N*   345 hanghet : hang-
ghen *F G He n N Eg*   hemelen *N*   346 leven / wesen *D*   werc *om G*   347 sonden :
sonder *Eg*   die(2) : Dit *N Eg*   blender *om G*   348 ende *(uut) Eg*   vloeit : groyet *H*
349 in(1) : inden *N*   in(2) : die *H*, inder *N*   in(3) *om F H*   besonderlinghe *Eg*
350 bereet : ontfanckelijc *N*   351 ieghewelcs : der *N*   352 beruren der : beroerender *Eg*
353 aen / gode *H*   354 minliken : menschen *G*   wederbughet *N*   355 (behelst) in
dat minlike behaghen gods ende *N*   356 ende(1) *om H*   357 dien *om H*   behahen *Vv*
358 bemint *Eg*   360 onse(2) : die *Eg*   361 nuwe : minne *F*   362 nuwe *om Eg*   363 dit :
dat *G Eg*   vore : ure *F*   364 .i. *om Eg*   ewech : eeuwicheijt *Eg*   den : desen *D*   enecheit : eeuwicheijt *Eg*   365/7 in - Want *om N*   365 utevloeine : uutvlote *F G n Eg*

flowing of love all things are being achieved. And in the living fruitful nature all things have the potentiality to occur, for in the living fruitful nature the

320 Son is in the Father and the Father in the Son, and the Holy Spirit in them both. For it is a living and fruitful unity which is the source and the fount of all life and all genesis. And for this reason all creatures are there without themselves as in their eternal origin, one essence and one life with God. But in

324 the bursting-out of the Persons with distinction, so the Son is from the Father and the Holy Spirit from them both. There God has created and ordered all creatures in their own essence. And he has remade man by His grace and by His death, for so far as it lies in His power. He has adorned His own with love

328 and with virtues and brought them back with Him to their beginning. There, the Father with the Son and all the beloved are enfolded and embraced in the bond of love, that is to say, in the unity of the Holy Spirit. It is this same unity which is fruitful according to the bursting-out of the Persons and in the return,

332 an eternal bond of love which can nevermore be untied.

And all those who know themselves to be bound therein must remain eternally blissful. They are all rich in virtues and enlightened in contemplation and simple where they rest enjoyably, for in their turning-in, the love of God reveals

336 itself as flowing out with all good and drawing in into unity and (as) superessential and without mode in an eternal repose. And so they are united to God, by intermediary, without intermediary, and also without difference.

---

316 fluxu cuncta efficiuntur: atque in vitali foecundaque natura cuncta possunt fieri, utpo- te in qua Pater in Filio, et Filius in Patre, et in utroque Spiritus sanctus est. Est nanque vivida foecundaque unitas, quae omnis vitae et omnium quae fiunt, fons et origo est. Atque eam ob rem sunt inibi creaturae omnes absque seipsis tanquam in sempiterna

320 causa sua, una essentia unaque vita cum Deo. In personarum autem distincta emanatio- ne, Filius ex Patre, et Spiritus sanctus ex Patre simul et Filio est: ibique Deus fecit crea- turas omnes et in propria quanque ordinavit essentia[c] per gratiam suam. Hominem ve- ro, quantum quidem in ipso est, sua morte reformavit ac recreavit, omnesque electos

324 suos charitate et virtutibus ornavit et in ipsorum una secum principium reflexit. Ibi Pa- ter cum Filio, et cum eis electi omnes circumplectuntur vinculo charitatis, in divina uni- tate: quae quidem secundum personarum emanationem foecunda est, in earum autem reflexione sempiternus ac insolubilis est nexus amoris: quo quicunque se noverunt de-

328 vinctos, ii aeterno beati manebunt, suntque virtutibus locupletes, contemplatione luci- di, et in fruitiva quiete simplices. In ipsorum nanque introversione Dei sese manifestat charitas cum bonis omnibus profluens, trahensque introrsus in unitatem, et superessen- tialis ac modinescia in perenni quiete. Atque hac ex causa Deo et per medium, et sine

332 medio, atque etiam sine differentia sunt uniti.

322/3 *According to the Middle Dutch text* per gratiam suam *should be juxtaposed to* sua morte *in the next sentence*   325 divina : des heilechs geests

[c] essentiae

140

ghewracht; ende in der levender vrochtbaere naturen sijn alle dinghe
mogheleke te gheschiene. Want in der levender vrochtbaerre naturen
368 soe es de sone in den vader, ende die vader in den sone, ende die
heileghe geest in hen beiden. Want het es ene levende vrochtbare enecheit,
die een oert[4] ende .i. beghen es alles levens ende alles gewerdens.
Ende hier omme sijn daer alle creaturen sonder hen selven, alse in
372 hare eweghe sake, een wesen ende een leven met gode. Maer in den utebroke
der persone met onderschede, soe es die sone van den vader, ende die
heileghe geest van hen beiden. Ende daer hevet god alle creaturen   *p. 291*
ghemaect ende gheordent in hare eighen wesen. Ende hi hevet den mensche
376 weder hermaect met sijnre ghenaden ende met sijnre doet, alsoe verre
alst in hem es. Ende hi hevet de sine gheciert met minnen ende met |
doegheden, ende met hem wederboecht in hare beghen. Daer es de vader,   *F. 71r*
met den sone ende alle die gheminde, bevaen ende behelst in bande van
380 minnen, dat es, in enecheit des heilechs geests. Ende dit es die selve
enecheit die vrochtbaer es na den utebroeke der persone, ende in den
wederboghene[5] .i. ewech bant der minnen die nemmermeer ontbonden en
wert.

384 Ende alle die hen daer in verbonden weten, die moeten ewech salech
bliven. Ende si sijn alle rike van doegheden, ende claer in scouwene,
ende eenvoldech daer si gebrukeleke rasten. Want in haren inkere soe
oppenbaert hare die minne gods utevloiende met allen goeden, ende
388 intreckende in enecheit, ende overweseleke ende wiseloes in ewegher
rasten. Ende hieromme sijn si met gode verenecht met middele, ende
sonder middel, ende oec sonder differentie.

Vv   D F G He   H   n N Eg

366 ghewracht : volbracht *D He*   vrochtbaere : vrocht haerre *H*   366/7 sijn - naturen *om Eg*
367 in der levender : inden leven der *F G He n (see C.C.)*   369/74 Want - beiden *om N*
370 oert : oerspronc *Vv2*, eert *G (see C.C.)*   371 alle creaturen / daer *n Eg*   372 een(2)
om F   uutbreecke *Eg*   375 gheordiniert *n*   hare eighen : haers selfs *D*   376 ghema-
ket *H N*, vermaect *n Eg*   377 als *D*   hi *om H*   sine : siel *N Eg*   ende met : in hae *G*
378 wederbucht *N*, weder gebrocht *Eg*   379 banden *G*   380 dit : dat *H*   381 uut-
breken *N*, uutbreecke *Eg*

4 This is the original reading of the manuscript. Erasing the *t* and adding *sprōc* in the left margin,
Vv2 changed *oert* into *oerspronc*.
5 Adding *e* above the word between *o* and *g*, Vv2 changed *wederboghene* into *wederboeghene*.

They have the love of God before them in their inward vision as a common
340 good that flows out in heaven and earth, and they feel the Holy Trinity inclined towards them and within them with plenitude of grace, and for this reason
they are adorned with all virtues, with holy exercises and with good works
without and within. Thus they are united with God by means of the in-
344 termediary of divine grace and of their holy life. And because they have given
themselves to God, whether in action or in abstention or in endurance, they
always have peace and inner gladness, solace and savor, which the world cannot receive nor any hypocritical creature, nor any man who seeks himself and
348 has himself in mind more than the honor of God.

Secondly, these same interior, enlightened men, have the love of God before
them in their inward vision whenever they want, as drawing or calling in
towards unity. For they see and feel that the Father with the Son by means of
352 the Holy Spirit stand embraced with all the elect and are brought back with
eternal love, into the unity of their nature. This unity is constantly drawing or
calling in all that has been born out of it naturally or by grace. And therefore
these enlightened men are lifted up with free mind above reason to a bare vi-
356 sion devoid of images. There lives the eternal invitation of God's unity, and
with imageless naked understanding they go beyond all works and all practices

---

**❡ Quibus modis homines perfecti in sua contemplatione charitatem Dei sibi
propositam habeant, utque rapiantur in Deum. Caput XI.**

Et ipsam quidem Dei charitatem amantes homines in suo intuitu sive contemplatione
336 sibi propositam habent, ceu bonum commune in caelum terramque promanans: et sa-
crosanctam Trinitatem plena cum gratia ad ipsos et in ipsos se inclinare sentiunt: atque
ita fit, ut cunctis virtutibus, sanctis exercitiis, et bonis actionibus foris et intus ornati
sint. Et hoc pacto cum Deo uniti sunt per medium divinae gratiae, et sanctam vitam
340 suam. Et quia Deo sese in agendo, omittendo, patiendo dediderunt, idcirco perpetua
quadam pace, et interno gaudio, consolatione et gustu perfruuntur, quae quidem
mundus percipere non potest, sed nec ulla ficta creatura, nec quisquam ex his qui sese
magis quam Dei spectant et quaerunt honorem. Secundo iidem ipsi interni illustrati
344 homines in suo intuitu, id est, dum introspiciunt vel contemplantur, quandocunque
volunt, Dei charitatem velut intro trahentem vel ad unitatem invitantem, sibi propositam habent. Cernunt enim et sentiunt, Patrem et Filium per Spiritum sanctum sese et
p. 547   electos omnes circumplecti, et sempi|terno cum amore in naturae suae reflecti unitatem.
348 Atque haec unitas semper introrsus trahit et invitat, quicquid ex ipsa sive naturaliter sive ex gratia natum est. Quam ob rem istiusmodi homines illustrati libero animo, supra
rationem in nudam quandam sunt elevati visionem: ubi perpetua vivit unitatis Dei ad
seipsam invitatio: et nudo ac imaginibus vacuo intellectu actiones omnes, cuncta exerci-

142

392 Si hebben die minne gods vore in haren insiene | alse een ghemeine goet, utevloiende in hemel ende in erde. Ende si ghevoelen die heileghe drivoldecheit gheneicht tote hen ende in hen met volre ghenaden. Ende hieromme sijn si gheciert met allen doegheden, met heileger oefeninghen ende met goeden werken, van buten ende van binnen. Ende aldus sijn si

396 met gode verenecht overmidts middel der gratien gods ende hare heileghe leven. Ende omme dat si hen gode ghegheven hebben in doene ende in latene ende in ghedoeghene, daer omme hebben si altoes vrede ende inwendeghe vroude, troest ende smaec, dien de werelt niet ontfaen en

400 mach, noch gene gheveisde creature, noch gheen mensche die hem selven meer soect ende meint dan die ere gods.

Ten anderen male, die selve inneghe verclaerde menschen, in hare insiene, altoes alse si willen, soe hebben si die minne gods vore alse intreckende

404 ochte inmanende in enecheit. Want si sien ende ghevoelen dat die vader met | den sone, overmidts den heileghen gheest, behelset hebben hen

selven ende alle die utevercorne, ende met ewegher minnen weder boecht sijn in enecheit haerre naturen. Dese enecheit es altoes intreckende

408 ochte inmanende al dat ute hare gheboren es, naturleke ochte van ghenaden. Ende hieromme sijn die verclaerde menschen met vrien moede verhaven boven redene in een bloet onghebeelt ghesichte. Aldaer levet dat eweghe inmanen der enecheit gods. Ende met onghebeelden bloeten verstane

412 dore liden si alle werc ende alle oefeninghen ende alle dinc, tote in

---

Vv   D F G He   H   n N Eg

382 wederbughen *N*   385 si *om H*   386 raste *D*   388 uutreckende *D*   392 der heiligher *H*   393 gheenicht of *(gheneicht) n*   ende*(1) om H*   394 verciert *D* 395 ghewerken *D*   van binnen ende van buten *n*   so *(sijn) Eg*   396 verenicht / met gode *D*   hare *om n*   397 si hen : hi hem *G*   398 doeghene *G*   si : wi *N* 399 ende *om D*   ende smaec *om N*   smaec : vrede *n Eg*   400 gene *om H* 401 ende meint *om H*   mint *n N Eg*   402 Ende *(ten) N*   insiene : sien *Eg* 403 si*(2) om G*   404 *(sien)* si sien *G*   405 met : overmits *N*   overmidts : ende *N* hebben *om Eg*   406 ende*(1)* : in *n*   die *om D*   wederbucht *N*, weder gebrocht *Eg* 407 sijn *om N*   enecheit*(1)* : eenheyt *He*   haerre : der *N*   enecheit*(2)* : eenheyt *He* 407/8 in manende of intreckende *N*   410 een *om G*   411 viemanen *G*, inwonen *N* inmanen der : in manender *Eg*   verstande *n*   412 dore : daer *Eg*   oefeninghe *F G He H n N Eg*

and all things to the summit of their spirit. There their naked understanding is
penetrated with eternal clarity as the air is penetrated by the light of the sun.
360 The bare elevated will is transformed and penetrated with fathomless love just
as iron is penetrated by the fire. And the bare elevated memory finds itself
caught and established in a fathomless absence of images. Thus the created
image is united threefoldwise above reason to its eternal image, which is the
364 source of its being and of its life. This source is essentially conserved and
possessed in unity with a simple contemplation in imageless emptiness. Thus
one is raised above reason, threefold in unity and one in trinity. Nevertheless,
the creature does not become God, for the union occurs by means of grace and
368 love returned to God. And for this reason the creature experiences distinction
and alterity between itself and God in its inward vision. And though the
union is without intermediary, the manifold works that God does in heaven
and earth are, however, hidden from the spirit. For though God gives Himself
as He is with a clear distinction, He gives Himself in the soul's essence, where
372 the soul's powers are unified above reason and undergo God's transformation
in simplicity. There all is full and overflowing, for the spirit feels itself as one
truth and one richness and one unity with God. Nevertheless there is still an
376 essential forward inclination and that is an essential distinction between the

---

352 tia et res omnes in supremum usque spiritus sui penetrant: et hic nudus eorum intellec-
tus aeterna perfunditur ac penetratur claritudine, quemadmodum aërem solis splendor
penetrat: nuda autem et elevata voluntas infinito penetratur et transformatur amore, sicut ignis ferrum totum penetrat: ac nuda denique et erecta mens, infinita ac omnium
356 imaginum prorsus experte divinitate se circumplexam, fixam ac firmatam sentit. Atque
hunc in modum creata imago supra rationem aeternae suae imagini vel exemplari,
quod essentiae et vitae ipsius origo est, tripliciter coniuncta et unita est. Et haec origo in
simplici contemplatione in quadam imaginum nescia nuditate vel ocio cum Deo essen-
360 tialiter et unice servatur ac possidetur. Ita ergo supra rationem tripliciter in unitatem, et
simpliciter vel unice in trinitatem, homines istiusmodi rapiuntur vel elevantur: nec tamen creatura unquam fit Deus: quandoquidem unio haec per gratiam fit et reciprocum
seu reflexum in Deum amorem. Unde etiam creatura in interno suo intuitu inter Deum
364 et sese quandam sentit discretionem ac diversitatem. Et licet unio haec sit absque medio, at tamen multimodae effectiones et opera Dei, quae is in caelis ac terra perficit,
eiuscemodi spiritum latent. Nam tametsi Deus ita ut est perspicua cum discretione, in
animae sese praebet essentia, ubi animae vires supra rationem in quandam rediguntur
368 simplicitatem, Deique transformationem simpliciter patiuntur, ubi plena sunt et abundant omnia: Spiritus enim tanquam unam cum Deo veritatem, unam opulentiam, et
unam se sentit unitatem: at tamen essentialis quaedam inibi est in anteriora propensio,
et ipsa est essentialis inter essentiam Dei et animae essentiam distinctio: qua quidem
372 nulla potest sublimior sentiri ac percipi.

---

359 cum Deo *add*

144

dat overste haers geests. Aldaer wert hare bloete verstaen doregaen met
ewegher claerheit, gheliker wijs dat de locht doregaen wert met lichte
der sonnen. Ende die bloete verhavene wille, hi wert overformet ende
416 doregaen met grondeloser minnen, gheliker wijs dat dat yser doregaen
wert met den viere. Ende die bloete verhavene ghedach|te ghevoelt hare   *F. 72v*
ghevaen ende ghestedecht in ene grondelose onghebeeltheit. Ende aldus
es dat ghescaepene beelde boven redene drievoldegher wijs gheenecht
420 sinen eweghen beelde, dat .i. oerspronc es sijns wesens ende sijns   *p. 293*
levens. Ende die orspronc wert behouden ende beseten weseleke ende
enech, met enen eenvoldeghen scouwene in ene onghebeelde ledecheit.
Ende aldus es men verhaven boven redene, drivoldech in enecheit ende
424 enech in drivoldecheit. Nochtan en wert die creature niet god. Want
die eninghe es overmids gratie ende wederboechde minne in god. Ende
hier omme ghevoelt de creature onderscheet ende anderheit tusschen
hare ende gode in haren inneghen insiene. Ende al es de eninghe sonder
428 middel, die menechfoldeghe werke die god werct in hemel ende in erde,
die sijn noch tan den gheeste verborghen. Want | al ghevet hem god alsoe   *F. 73r*
alse hi es met claren onderschede, hi ghevet hem in dat wesen der zielen,
daer der zielen crachte boven redene gheeenvoldecht sijn ende ghedoghen
432 die overforminghe gods eenvoldegher wijs. Daer eest al vol ende overvloedech. Want die gheest ghevoelt heme alse ene waerheit ende ene
rijcheit ende ene enecheit met gode. Nochtan es daer noch een weselec
vorwert neighen. Ende dat es .i. weselec onderscheet tusschen dat wesen
436 der zielen ende dat wesen gods. Ende dit es dat hoechste onderscheet
dat men ghevoelen mach.

Vv   D F G He   H   n N Eg

414 dat : als *Eg*   mitten *N*   415 (die) dat *N*   bloet verheffen wil *N*   hi *om n*
ontformt *H*, overgheformt *Eg*   416 door ghegaen *Eg*   417 ghevoelen *He*   418 ghe-
stadich *D He*, stadich *H*   ghebeeltheit *F*   419 es *om He*   bedene *G*   viervol-
diger *H*   421 levevens *F*   (oerspronck) die *N*   421/2 weseleke ende enech : ewelijc ende
weselijc *N*   422 ewich *D n Eg*   enen *om D*   423 drivoldech : drievuldicheit *G*,
om N   425 enicheit *D*   wederboghende *He*, wederbuchde *N*   in : met *G*
426 omme ghevoelt de *paper missing N*   427 al es : als *Eg*   429 ghevet : gheest *G*
hem god : hi hem *F G He n N Eg*   430 claren *om F*   ghevet : heeft *Eg*   431 daer der
zielen *om G*   432 eenvoldeliker *H*   333 gheest *om Eg*   waelheyt *He*   (ende) als *N*
434 ende : in *H*   ende ene enecheit *om n*   noch *om H*   weselec *om H N*   435 (neighen)
noch *H*   Ende *om n*   tusschen *om H*   436 dat wesen *paper missing N*   dit : dat *n*
436/7 dit - ghevoelen *paper missing N*

essence of the soul and the essence of God; and that is the highest distinction that can be felt.

Hereafter follows the unity without difference, for the love of God is not only
380 to be considered as flowing out with all good and drawing in into unity, but it is also above all distinction in essential enjoyment according to the bare essence of the Divinity. And for this reason enlightened men have found within themselves an essential inward gazing above reason and without
384 reason, and an enjoyable inclination surpassing all modes and all essence, sinking away from themselves into a modeless abyss of fathomless beatitude, where the Trinity of the Divine Persons possess their nature in essential unity. See, here the beatitude is so simple and so without mode that therein all
388 essential gazing, inclination and distinction of creatures pass away. For all spirits thus raised up melt away and are annihilated by reason of enjoyment in God's essence which is the superessence of all essence. There they fall away from themselves and are lost in a bottomless unknowing. There all clarity is
392 turned back to darkness, there where the three Persons give way to the essential unity and without distinction enjoy essential beatitude. This beatitude is essential to God alone and to all spirits it is superessential. For no created essence can be one with God's essence and perish of itself, for then the
396 creature would become God, which is impossible. For the essence of God can

---

❡ De unitate ea quae est sine differentia. Caput XII.

Tertio iam sequitur ea quae est sine differentia, unitas. Dei nanque charitas non solum adspicitur ut cum bonis omnibus promanans, vel in unitatem introrsus attrahens, sed
376 etiam ut supra omne discrimen in essentiali fruitione secundum nudam divinitatis essentiam existens. Itaque homines illustrati in seipsis essentialem quandam supra rationem et sine ratione invenere contemplationem intentam, et fruitivam quandam inclinationem, modos omnes omnemque essentiam penetrantem, et sese in modinesciam
380 interminatae beatitudinis abyssum immergentem, ubi divinarum Trinitas personarum naturam suam in essentiali possidet unitate. Ubi nimirum beatitudo usque adeo simplex et modi expers est, ut in ea essentialis intenta contemplatio, inclinatio, et creaturarum distinctio amittatur sive occumbat. Cunctae enim essentiae elevatae per fruitionem
384 colliquescunt, et velut exinaniuntur in divinae essentiae essentiam, quae est essentiarum omnium superessentialis essentia: atque inibi excidunt sibiipsis in quandam sui amissionem et nescientiam omni fundo carentem: Ibi claritas omnis reflectitur in caliginem, ubi tres personae divinae essentiali cedunt unitati, et sine discretione, essentiali
388 perfruuntur beatitudine: quae quidem beatitudo soli Deo essentialis est, sed cunctis creatis spiritibus superessentialis. Non enim potest ulla creata essentia cum divina essentia prorsus unum esse, et in seipsa redigi in nihilum. Ita enim creatura fieret Deus, quod est impossibile. Divinae nanque essentiae nec accedere quicquam nec decedere

---

383 essentiae : gheeste

Ende hier na volget die *enecheit sonder differentie. Want die minne gods
en es niet allene anetesiene alse utevloeiende met allen goede, ende
in treckende in enecheit, maer si es oec boven al onderscheet, | in
weselec ghebruken na den bloeten wesene der godheit. Ende hieromme
hebben die verclaerde menschen in hen bevonden een weselec instaren
boven redene ende sonder redene, ende .i. ghebrukelec neighen, dore
lidende alle wisen ende alle wesene, ontsinkende hen selven in .i.
wiseloes abis grondeloser salecheit, daer die drieheit der godleker
persone hare nature besitten in weseleker enecheit. Siet, daer es die
salecheit alsoe eenvoldech ende alsoe wiseloes, dat daer inne vergheet
al weseleec staren, neighen ende onderscheet der creaturen. Want alle
verhavene gheeste versmelten ende vernieuten overmidts ghebruken in gods
wesen, dat alre wesene overwesen es. Daer ontfallen si hen selven in ene
verlorenheit ende in onwetene sonder gront. Daer es alle claerheit
wederboecht in deemsterheit, daer die .iii. persone wiken der weseleker
enecheit ende | sonder onderscheet ghebruken weseleker salecheit. Dese
salecheit es gode allene weseleec ende allen gheesten overweseleec. Want
gheen ghescaepen wesen en mach met gods wesene eensijn ende te gaen in
hem selven. Want so worde de creature god, dat onmoeghelec es. Want

440   *F. 73v*

444   *p. 294*

448

452   *F. 74r*

456

Vv   D F G He   H   n N Eg

438 Vander hoechster enicheit*(eeningen G)* sonder*(om G)* differencie*(om G)* dat is sonder onderscheit *heading D G,* Hier seghet hi hoe men mit gode verenicht werdt sonder onderscheit
heading H   enicheit *D F G He H n N Eg :* eenheit *Vv*   *(differencie)* onderscheit *(i.m.* +
reference mark over differencie*) n*   god *N*   440 oec *om D*   al *om N*   in*(3) :* een *D*
445 der *(*grondeloeser*) D*   der *om H*   446 die *om F*   448 neighen ende *paper missing N*
creaturen. Wa- *paper missing N*   alle *:* alse *H*   449 -heeste versmelten *paper missing N*
nieuten *He*   -ermidts ghe- *paper missing N*   450 ontfaen *H,* overvallen *Eg*   451 in *om n*
een *(*onwetene*) H*   452 wederbucht *N*   duijsterheijt *Eg*   453 enicheit ende *(*salicheit*) N*
454 overweseleec *:* onweselic *D*   455 te gaen *:* vergaen *D N Eg*   *(*tegaen*)* dat is vergaen
(i.m.) n

neither diminish nor increase; nothing can be taken from Him, neither can it be added to Him. Nevertheless, all loving spirits are one enjoyment and one beatitude with God without difference. For the blessed essence which is the
400 enjoyment of God Himself and all His beloved, is so plain and simple that there is neither Father, nor Son, nor Holy Spirit, according to personal distinction, nor any creature. But there all the enlightened spirits are raised out of themselves into an enjoyment without mode that is overflowing above all
404 fullness that any creature has ever received or ever may receive; for there all the elevated spirits in their superessence are one enjoyment and one beatitude with God without difference. There the beatitude is so simple that no distinction can enter into it evermore. Christ desired this when He prayed His
408 heavenly Father that all His beloved should be brought to perfect union, just as He is one with the Father in enjoyment, by means of the Holy Spirit. Thus He prayed and desired that He in us and we in Him and in His heavenly Father should become one in enjoyment, by means of the Holy Spirit. And that, I
412 think, is the most loving prayer that Christ ever made for our beatitude.

But you should also note that His prayer was threefold, as St John has shown us in the same Gospel. For He prayed that we might be with Him, that we

---

392 potest, et neque maior, neque minor potest effici. Et nihilo secius cuncti amantes spiritus una cum Deo fruitio atque una beatitudo sunt etiam sine differentia. Enimvero beata illa essentia, quae Dei et electorum omnium fruitio est, tam simplex est, ut inibi nec Pater, nec Filius, nec spiritus sanctus sit secundum personalem distinctionem, nec
396 ulla creatura, sed omnes illustrati spiritus seipsos ibidem in modinesciam excessere fruitionem, quae quaedam redundantia est supra omnem illam, quam ulla unquam creatura vel acceperit, vel possit accipere, plenitudinem. Ibi nanque cuncti elevati spiritus in sua superessentiali essentia una cum Deo fruitio, et una beatitudo sine differentia
400 sunt: atque usque adeo beatitudo haec simplex illic est, ut nulla unquam in eam possit distinctio vel discretio pertingere. Hoc videlicet dominus Iesus petiit, quum oraret cae-
p. 548 lestem Patrem suum, ut omnes amici eius | consummarentur in unum, sicut ipse cum Patre unum est in fruitione per Spiritum sanctum, ut etiam ipse in nobis, et nos in ipso
404 et in caelesti Patre eius in fruitione per Spiritum sanctum unum efficiamur. Quae quidem mihi omnium, quas Christus unquam nostrae salutis causa fecerit, precationum multo amantissima esse videtur.

❡ De triplici oratione Domini Iesu, qua petiit, ut unum cum Deo efficeremur.
408 Caput XIII.

Ubi tamen animadvertendum est, orationem eius triplicem fuisse, uti eam sanctus Ioannes in eodem describit Evangelio suo. Primo enim rogavit hoc pacto: Pater, quos dedisti mihi, volo ut ubi sum ego, et illi sint mecum, ut videant claritatem meam,

gods wesen en mach menderen noch meerren, noch heme en mach niets niet
avegaen noch toegaen. Nochtan sijn alle minnende gheeste een ghebruken
ende ene salecheit met gode sonder differentie. Want dat saleghe wesen
460 dat gods ghebruken es ende alle siere gheminder, dat es alsoe sempel
eenvoldech, dat daer en es noch vader noch sone noch heileghe geest
na persoenleken onderscede, noch ghene creature. Maer alle die verclar|de F. 74v
gheeste sijn hen selven daer onthoghet in .i. wiseloes ghebruken, dat
464 ene overvloet es boven alle die volheit die eneghe creature ontfaen
hevet ochte emmermeer ontfaen mach. Want daer sijn alle verhavene geeste
in hare overwesen .i. ghebruken ende ene salecheit met gode sonder
differentie. Ende daer es die salecheit alsoe eenvoldech, dat daer nemmermeer
468 onderscheet inne comen en mach. Ende dit begherde Cristus, daer hi bat
sinen hemelschen vader, dat alle sine gheminde volbracht worden in een, p. 295
alsoe alse hi een es met den vader in ghebrukene overmids den heileghen
geest. Alsoe bat hi ende begherde, dat hi in ons, ende wi in heme ende
472 in sinen hemelschen vader een worden|in ghebrukene overmids den heilegen F. 75r
gheest. Ende dit dunct mi dat minlecste ghebet dat Cristus ie ghedede
tote onser salecheit.

Maer ghi selt oec dat merken, dat sijn ghebet drievoldech was, alsoe
476 alse ons sente Jan bescrivet in dese selve ewangelie. Want hi bat dat wi
bi hem souden sijn, op dat wi die claerheit mochten sien die hem sijn

---

Vv   D F G He   H   n N Eg

457 meeren noch minderen N   meerren : meerderen D G   heme om Eg   459/60 wesen
dat gods ghebru- paper missing N   463 weseloes Eg   464 alle om n N Eg
465 nemmermeer F G   466 overwesen : overste wesen Eg   467 alsoe om D
nummer H   468 daer : doen D N, doe H   470 alse om Eg   den(1) : sinen D
472 hemelschen : heylighen D   in(2) : mit H   in ghebrukene om D   473 dit om Eg
(mi) wesen H   minlecste : ynnichste H   (ghebet) wesen N Eg   ghedede : ghebede Eg
475 dat(1) om D   476 ons om D   sante n   Johan n, johannes N

469/72 cf. John 17, 21-23   476/8 cf. John 17, 24

might behold the glory which His Father has given Him. Because of this, I said
416 in the beginning that all good men are united with God by means of the grace
of God and their virtuous life. For the love of God is always flowing into us
with new gifts. And those who take heed of this are filled with new virtues and
holy practices and with all good things, as I have said to you before. This
420 union, with fullness of grace and glory in body and soul, begins here and lasts
eternally.

Next, Christ prayed that He should be in us, and we in Him. This we find in
many passages in the Gospel. And this is the union that is without in-
424 termediary, for the love of God is not only out-flowing but it is also drawing-in
into unity. And those who feel and experience this become interior, enlightened men. Their higher faculties are raised above all practices to the bareness of
their essence. There the faculties become simplified above reason in their
428 essence and because of this they are filled and overflowing. For in this simplicity the spirit finds itself united with God without intermediary. And this
union, together with the exercise which is proper to it, will endure eternally, as
I have already said.

432 Then Christ further prayed the highest prayer: that all His beloved should be
brought to perfect unity, even as He is one with the Father; not as one as He is
one single substance of Divinity with the Father, which is impossible for us,

---

412 quam dedisti mihi. Unde in huius libelli exordio dixi, bonos omnes cum Deo, per medium gratiae eius et virtuosam vitam suam, unitos esse. Dei nanque charitas novis cum
donis semper in nos promanat: quod qui observant, ii virtutibus novis, sanctis exercitiis,
et bonis omnibus, sicut iam ante dixi, replentur. Atque haec unio, quae fit plenitudine
416 gratiae et gloriae in corpore et anima, in isthac vita temporaria inchoatur, et in omnem
durabit aeternitatem. Secundo oravit Dominus Iesus, quemadmodum multis Evangelii
locis cernere licet, ut nos in illo simus, et ipse in nobis: quae est unio immediata vel sine
medio. Etenim Dei charitas, ut diximus, non solum emanat, sed etiam trahit intro in
420 unitatem. Quod qui sentiunt et observant, homines interni ac illuminati efficiuntur,
eorumque supremae vires supra omnem earum exercitationem in essentiae suae nuditatem subvehuntur, atque inibi supra rationem in quandam rediguntur simplicitatem:
quo fit, ut plenae sint et abundent: siquidem in hac simplicitate spiritus sese Deo abs-
424 que medio unitum sentit. Et haec unio cum ea quae ad ipsam pertinet exercitatione aeterno permanebit, sicut iam supra dictum est. Tertio celsissimam Christus precem fecit,
nempe ut omnes chari amici eius consummentur in unum, sicut ipse cum Patre unum
est: non quo sint unius cum eo substantiae divinae, quod est impossibile, sed ut unum

---

427 quo sint unius cum eo substantiae : alsoe een alse hi es met den vader ene enege substantie

vader ghegheven hevet. Ende hieromme seidic in den beghenne dat alle
goede menschen met gode gheenecht sijn overmids middel der gratien gods
480 ende hare doechsam leven. Want die minne gods es altoes invloeiende in
ons met nuwen gaven. Ende die des warenemen, si werden vervult met
nuwen doegeden ende met heilegher oefeninghen ende met allen goede,
gheliker wijs dat ic u vore gheseghet hebbe. Ende dese eninghe met
484 volheit der gratien ende glorien, in | lijf ende in ziele, die beghent   *F. 75v*
hier ende duert eweleec.

Voert so bat Cristus dat hi in ons sijn soude ende wi in heme. Dat
vende wi in der ewangelien in vele staden. Ende dit es die eninghe die
488 sonder middel es. Want die minne gods en es niet allene utevloiende,
maer si es oec intreckende in enecheit. Ende die des ghevoelen ende
warenemen, si werden inneghe, verclaerde menschen. Ende haere overste
crachte werden verhaven boven alle hare oefeninghe in bloetheit haers
492 wesens. Ende daer werden die crachte boven redene in hare wesen
gheeenvoldecht. Ende daer omme sijn si vol ende overvloedech. Want in
die eenvoldecheit vent hem de geest met gode gheenecht sonder middel.
Ende dese eninghe, met der oefeninghen die daer toe behoert, sal   *p. 296*
496 eweleke duren, gheliker wijs dat ic vore gheseget hebbe.

Voert so bat Cristus die hoechste bede, dat es, dat alle sine geminde |
volbracht worden in een, alsoe als hi een es met den vader; niet alsoe   *F. 76r*
een alse hi es met den vader ene enege substantie der godheit, want

---

Vv   D F G He   H   n N Eg

478 heeft / ghegheven *Eg*   479 men *(menschen) G*   verenicht *N*   480 hare : een *F G n*
N Eg, om He   481 uwen *Eg*   481/2 gaven - nuwen *om Eg*   483 *(dat)* dat *F*   u *om*
all MSS   enicheit *H*   484 der *om He*   der *(glorien) N*   486 Dat*(2)* : Ende dit *F G He*
n N, Dit *D Eg*   488 die *om G*   489 oec *om F*   491 hare *om H*   bloeheit
n   494 gheenicht / met gode *D F G He n N Eg*   495 mits *D*   497 so *om He*
498 alsoe*(1)* - vader *om n N Eg*   is / een *D*   499 een *om F n N Eg (see C.C.)*   *(een)*
also een *G*   een *(es) H n N Eg*   *(es)* een *F G He*

497/8 cf. John 17, 23

but as <u>one and in the same unity where He is, without distinction, one enjoy-</u>
436 <u>ment and one beatitude with the Father in essential love.</u>

Christ's prayer is fulfilled in those united to God in this threefold manner.
With God they will ebb and flow, and (will) always be in repose, in possessing
and enjoying. They will work and endure and rest in the superessence without
440 fear. They will go out and in and find nourishment both within and without.
They are drunk with love and have passed away into God in a dark luminosity.

I could say much more about this, but those who possess this do not need it,
and those to whom this is shown and who cleave with love to love, love shall
444 certainly teach them the truth. As to those who turn outwards and receive consolation from things foreign, they will not even miss what is lacking to them.
And even if I said much more, they would still not understand it. For those
who are greatly given to outward works or (who are) without action in an inner
448 emptiness cannot understand it. For though reason and all corporeal feeling
must yield to and make way for faith and inward gazing of the spirit and those
things that are above reason, reason nevertheless remains without action in
potentiality and this also is true for the life of the senses; they can no more
452 perish than can the nature of man. And though it is also true that the inward
gazing and the inclination of the spirit in God must yield to the enjoyment in
simplicity, yet gazing and inclining remain in their potentiality. For this is the

---

428 sint in eadem unitate, ubi ipse cum Patre in essentiali amore sine discretione una fruitio,
unaque beatitudo est. Iam quicunque triplici hac ratione Deo uniti sunt, in eis Christi
oratio completa est: et ipsi cum Deo manabunt et fluitabunt, semperque possidendo et
fruendo ociosi erunt: agentque et patientur, et in superessentiali essentia sine ulla for-
432 midine vel terrore quiescent. Egredientur et ingredientur, et pascua tum hic, tum in fu-
tura semper vita invenient. Denique amore ebrii sunt, atque in Deo in quadam caligi-
nosa claritudine obdormierunt. Possem hinc plura dicere, sed qui haec adepti sunt, nihil verbis pluribus opus habent: et quibus haec manifestata sunt, quique amore cohae-
436 rent amori, eos amor veritatem abunde docebit. Qui autem foras sese effundunt, et ex
rebus vanis ac extraneis solatia captant, ii horum nil noverunt, nec ea possunt re ipsa experiri: et si multo vellem plura dicere, me tamen neutiquam caperent. Nam qui se totos
externis dedunt actionibus, aut sine ulla actione interno vacant ocio, haec intelligere
440 non possunt. Quanvis enim ratio et omne sentire corporeum fidei et spiritus intentae
contemplationi, atque illis rebus quae rationem excedunt, cedere ac succumbere debeat, at tamen ratio et vita sensitiva sine actione in habitu persistunt, nec perire possunt, non magis quam ipsa hominis natura. Sic etiam licet spiritus intentam contempla-
444 tionem et inclinationem in Deum, unitatis fruitioni cedere oporteat, at nihilo minus
contemplatio ipsa et inclinatio habitu perseverant. Siquidem haec intima spiritus vita

500 dat es ons onmoghelec; maer alsoe een ende in der selver enechheit daer
hi sonder onderscheet een ghebruken ende ene salecheit es met den
vader in weseleker minnen.

Die aldus met gode gheenecht sijn drivoldegher wijs, in hen es Cristus
504 bede volbracht. Si selen met gode ebben ende vloien, ende altoes in besittene
ende in ghebrukene ledech staen. Si selen werken ende ghedoeghen, ende
in overwesene rasten sonder vaer. Si selen ute gaen ende in gaen, ende
spise venden hier ende daer. Si sijn van minnen droncken ende in gode
508 ontslaepen in .i. doncker claer.

Vele meer waerde mochtic hier toe segghen. Maer die dit beseten hebben,
si en behoevens niet, ende dient ghetoent es, ende met minnen ane minne
cle|ven, minne sal hen die waerheit wel leren. Maer die ghene die   *F. 76v*
512 udewert gaen, ende van vremden dinghen troest ontfaen, wat hen ontblivet
si en ghemessens niet. Ende al seide ic vele meer, si en verstondens
niet. Want die hen te male gheven tote utewendeghen werken, ochte, sonder
werc, in inwendegher ledecheit, si en moghens niet verstaen. Want al
516 eest dat sake, dat redene ende al lijfleec ghevoelen onderbliven ende   *p. 297*
wiken moeten den ghelove ende den instarene des geests ende dien dinghen
die boven redene sijn, nochtan blivet redene staende sonder werc in der
hebbelecheit, ende oec dat senleke leven, ende en moghen niet vergaen,
520 niet meer dan die nature des menschen vergaen en mach. Ende al es oec
dat sake, dat⁶ instaren ende des geests neighen in god | wiken moeten   *F. 77r*
den ghebrukene in eenvoldecheit, nochtan blivet staren ende neighen
staende in sijn abijt, want het es dat innechste leven des geests. Ende

---

Vv   D F G He   H   n N Eg

500 ons *om H*   ende *om n*   der : deser *F G*   503 verenicht *D*   sijn : is *N*   504 -t
(besitten) Eg   505 -t *(ghebruijcken) Eg*   ledech : levendich *Eg*   508 ende *(in) F H*
ende *(claer) G*   509 *(ic)* u *Eg*   510 ende*(1) om Eg*   511 wel *om F*   leren / wel *H*
512 vremden : vrienden ende *F*, vrien *(vremden add under* vrien*) He*   wat : want *D*
513 ghemessens : gevoelens *D F G n N Eg*   513/4 Ende - niet *om F*   513 meer : mer *Eg, om D*
515 uutwendiger *Eg*   516 eest : is *D H Eg*   dat*(1) om n*   ontbliven *F G He n N Eg*
517 ghevoelne *F G He n N Eg (see C.C.)*   dien : den *n N Eg*   519 sienelecke *Eg*   ende*(2)*
om He   520 es : eest *D*   oec *om N*   521 *(dat)* dat *Vv2*   ende *om Eg*

6 Adding *dat* after this word, Vv2 undid the enclisis.

506/7 cf. John 10, 9

innermost life of the spirit. And in the enlightened and ascending man the
456 sense-life adheres to the spirit and it is why his sensory faculties are joined to
God with warmhearted affection and his nature is filled with all good things.
And he feels that his spiritual life cleaves to God without intermediary,
whereby his superior powers are uplifted to God with eternal love and
460 penetrated by divine truth and established in imageless freedom. By these
means he is filled with God and (is) overflowing without measure. In the
overflowing is the essential flowing- or sinking-away in superessential unity.
And there is the union without distinction, just as I have frequently said to
464 you. For in superessence all our ways end. If we want to walk with God the
lofty pathways of love, then we shall rest with Him eternally without end.
Thus we shall evermore approach and enter and rest in God.

At this time I cannot make my view more clear to you. Concerning all the
468 things that I understand, and feel, and have written, I submit myself to the
judgment of the saints and of the Holy Church. For I wish to live and die
Christ's servant in the Christian faith and I desire to be, by the grace of God, a
living member of the Holy Church.

---

est: et in illuminato[d] sursum scandente homine vita sensitiva adhaeret spiritui: atque
ea de causa vires eius sensitivae cordiali cum amore ad Deum adiunctae sunt, et natura
448 eius bonis omnibus completa est: sentitque vitam suam spiritalem sine medio cohaerere
Deo. Quamobrem vires eius supremae perpetuo amore ad Deum suspensae sunt, et divina perfusae ac penetratae veritate, et in formarum nescia fixae ac constabilitae libertate: atque per haec spiritus iste Deo plenus est, immo et superabundat sine modo. Et in
452 abundantia sive redundatione essentialiter diffluit aut immergitur in superessentialem
unitatem, ubi est unio indiscreta, sicut ante saepius dixi. In superessentiali nanque unitate omnes viae nostrae desinunt. Iam si cum Deo praecelsa amoris itinera decurrere velimus, cum ipso etiam aeterno ac sine fine quiescemus: sicque perenniter et accedemus,
456 et ingrediemur, et quiescemus in Deo. |

p. 549   ❡ Epilogus huius libelli, ubi simul author sese Ecclesiae Catholicae iudicio
submittit, rursumque monet cavendos haereticos. Caput XIIII.

Equidem hac vice mentem et sententiam meam planius explicare nequeo. Interim ta-
460 men in omnibus quae vel capio, vel sentio, vel etiam scripsi, totum me Sanctae Ecclesiae Catholicae et sanctorum iudicio ac sententiae submitto. Omnino enim Christi Iesu
servus in fide catholica et vivere et mori statuo, et per Dei gratiam vivum Sanctae Ecclesiae membrum esse appeto. Atque eamobrem, sicut iam supra dixi, caveat sibi unus-

---

d illuminata

154

524 in den verclaerden op gaenden mensche soe es dat senleke leven anehanghende
den gheeste. Ende daeromme sijn sine ghevoelleke crachte te gode
ghevoecht met herteleker liefden, ende sine nature vervult met allen
goede. Ende hi ghevoelt dat sijn gheesteleke leven ane gode hanghet sonder
528 middel. Ende daeromme sijn sine overste crachte te gode verhaven met
eweger minnen, ende doregaen met godleker waerheit, ende gestedecht in
onghebeelde vrieheit. Ende hier mede es hi vol gods ende overvloedech
sonder mate. Inder overvloet so es dat weseleke ontvlieten ochte
532 ontsinken in overweseleker enecheit. | Ende daer es die eninghe sonder   *F. 77v*
onderscheet, alsoe alsic u dicwile hebbe gheseghet. Want in overwesene
inden alle onse weghe. Wille wi met gode lopen die hoghe weghe der
minnen, soe sele wi met hem rasten eweleec sonder inde. Ende aldus
536 sele wi eweleke toegaen ende ingaen, ende rasten in gode.

❧ Ic en can u mine meinninghe nu te desen male niet claerre bewisen. Van
allen dien dat ic versta, ochte ghevoele, ochte ghescreven hebbe, soe
late ic mi onder die sentensie der heilegen ende der heilegher kerken.
540 Want ic wille leven ende sterven Cristus knecht in kerstene ghelove.   *p. 298*
Ende ic beghere te sine overmidts die gratie gods een levende let der
heilegher kerken.

Vv   D F G He   H   n N Eg

524 soe *om* N   sienelicke *Eg*   524/5 aenhanghe *Eg*   525 sine : sij *Eg*   te *om He*
526 wert *(vervult)* N   ghevult *H*   528 sine *om F*   overste : ghevoelike *N*   mitter *N*
529 gestadich *D*   530 mede : om *H*   vol *om G*   530/1 overvloedech - Inder *om G*
532 eninghe : eenigheheit *G*   533 hebbe *om Eg*   gheseit / hebbe *D F G n N*   in : inden
n N Eg   534 ende *(inden)* D   inden : in *He*   536 *(gode)* Amen *N*   537 Hier seghet
hi dat hi hem laet onder die sentencie der heiligen van allen dien dat hi ghescreven heeft
heading H   claer *D*   538 ghevoelt *n*   539 kerc *(kercken)* N   540 -t *(Cristen) Eg*
541 mijns *(gods)* D   gods *om F*   levendich *H*

472 And therefore, as I have told you before, watch out for the conceited men, who, through their vacant imagelessness, with their bare simple vision, have found within themselves in a natural manner the indwelling of God and pre-
476 tend to be one with God without the grace of God and without the practice of virtues and in disobedience to God an to the Holy Church. And with all this perverted life, which I have already described, they wish to be a son of God by nature. And if the Prince of angels was cast out of heaven because he exalted himself and wished to be like God, and the first man was driven out of
480 Paradise because he wished to be like God, how shall the worst of sinners, that is the unfaithful Christian, come from earth to heaven, he who himself desires to be God with no similarity (to Him) in grace and virtue? For no one ascends to heaven through his own power save the Son of Man, Jesus Christ.

484 Therefore we must unite ourselves to Him by the means of grace and virtues and Christian faith, so that we may ascend with Him there where He has gone before. For on the Last Day we shall all rise up, each with his own body. Those who have wrought good works shall go into eternal life, and those who have
488 wrought evil shall go into the eternal fire. These are two unlike ends that can

---

464 quilibet ab eversis illis hominibus, qui per imaginum expers ocium suum vel ociosam imaginum carentiam, simplici ac nudo adspectu suo naturaliter intra sese Dei in ipsis existentiam invenerunt, voluntque unum esse cum Deo absque Dei gratia et virtutum exercitatione, et nec Deo nec Sanctae Ecclesiae obedire: atque cum omni illa execrabili
468 et perversa, quam ante commemoravimus, vivendi ratione filii Dei etiam ex natura esse volunt. Atqui si Archangelus e caelo detrusus est, quod in superbiam erectus, ad Dei adspiraret aequalitatem: et primus homo ex Paradiso eiectus est, quod Deo vellet esse similis: quinam fieri poterit, ut peccator deterrimus, videlicet Christianus perfidus ac
472 haereticus, e terra scandat in caelum, dum ipse vult esse Deus absque gratiae et virtu- tum similitudine? Nemo enim propria virtute asscendit in caelum, nisi filius hominis Christus Iesus: cui nos uniri oportet per gratiam, virtutes, et fidem Christianam: sicque cum eo, quo ipse praecessit, scandere poterimus. Extremo nanque die omnes resurge-
476 mus, singuli cum corporibus suis: et qui bona egerunt opera, ibunt in vitam aeternam: qui vero mala, in ignem aeternum. Qui sunt duo admodum diversi fines, qui nunquam

156

Ende hieromme, gheliker wijs dat ic u vore gheseget hebbe, seldi u hoeden
544 vore die bedroeghe|ne menschen die overmids hare ledeghe onghebeeltheit,
met haren bloeten eenvoldeghen ghesichte, natuerleker wijs bevonden
hebben in hen dat inwesen gods, ende willen een met gode sijn sonder die
gratie gods ende sonder oefeninghen van dogheden, ende onghehoersam gode
548 ende der heilegher kerken. Ende met alle dien verkeerden levene dat ic
hier vore seide, soe willen si een gods sone sijn van naturen. Ende
ochte die vorste der ingle ute den hemele gheworpen was omme dat hi heme
verhief ende gode gheliken⁷ woude, ende die ierste mensche ute den
552 paradyse verdreven was om dat hi gode ghelijc woude sijn, hoe sal dan
die quaetste sondare, dat es die kerstene ongeloveghe, vander *erden
in den hemel comen, die selve god wilt sijn sonder ge|lijcheit van
gratien ende van dogheden. Want met eighender cracht en clemt niemen
556 op in den hemel dan smenschen sone Jhesus Cristus.

Ende hieromme moete wi ons met hem verenegen overmidts gratie ende
doeghede ende kersten ghelove; soe sele wi met hem clemmen daer hi vore
ghevaren es. Want in den lesten daghe sele wi alle op verstaen, ende
560 ieghewelc met sinen eighenen lichame. Ende die dan goede werke ghewracht
hebben, die selen gaen in dat eweghe leven. Ende die quaede werke
gewracht hebben, selen gaen in dat eweghe vier. Dit sijn .ii. onghelike

---

Vv   D F G He   H   n N Eg

543 Alle die gene die affecten(afsetten G) dogheden te werkene ende onderharicheit der heiliger
kerken ende der wet ende den rechte(rechten (ch cut off) G) Ende die sonder wroeghen van con-
sciencie werken ongheoirloefde ofte ongeoirdende lust(ghelost G) haers vleeschs soe welker hande
lust(ghelost G) het si Dit sijn alle quade menschen ende die salmen scuwen Ende die gene die dat
recht der heyligher kerken hebben te bewaren sijn wel sculdich alsulke luden(menschen (en cut
off) G) te ondersoeken ende hare officien alsoe in hem te pleghen dat si ander simpele luden niet
en besmetten gloss D G   dat : als F   u om D   soe (seldi) D F G He n N Eg   544 menschen : luijden Eg   ledeghe : ledicheit ende H   546 wesen D, inwisen F   (gods) gods F
547 oefeninghe D F G He n N Eg   goeden (duechden) N Eg   551 gheliken woude : ghelik
woude sijn Vv1 (see C.C.)   ute : van H   552 verdreven was : gheworpen wert N Eg
553 quade n   ongheloveghe : mensche die onghelovich is Eg   erden : erder Vv   556 cristus /
jhesus N Eg   557 hieromme : hier H   met : in H   558 soe om n   vore om N Eg
559 daghen N   op verstaen : opstaen ofte verrijsen Eg   ende om n N Eg   561 hevet N
Eg   sel N Eg   dat eweghe leven : die ewighe glorie N Eg   562 die (selen) D N Eg
Dit : dat H

7 This is the original reading of the manuscript. Probably influenced by ghelijc woude sijn in l.
552, Vv1 changed gheliken woude into ghelik woude sijn, scratching the ending en of gheliken
and adding sijn after woude.

555/6 cf. John 3, 13

never converge, for they are in constant flight from each other. Pray and entreat for the one who has composed and written this, that God may have mercy on him, that his poor beginning and wretched middle and that of us all may be brought to completion by a holy end. May Jesus Christ, the Living Son of God, grant this to us all. Amen.

492

---

adunari poterunt, altero ab altero semper diffugiente.

FINIS APOLOGIAE.

---

478 Bidt - Amen *om*

inden, die nemmermeer vergaderen en moghen. Want iegewelc vanden anderen
564 altoes vliet. Bidt ende beghert vore | den ghenen die dit ghedicht hevet
ende ghescreven, dat god sijns ontfarme, dat sijn arme beghen ende sine
ellendeghe middel ende onser alre volbracht werde in een salech inde.
Dat verlene ons allen Jhesus Cristus, die levende gods sone. Amen [amen
568 amen].

Vv   D F G He   H   n N Eg

563 inden : indie G   vanden : van F G He n   563/4 vanden - vliet : vliet vanden anderen
N Eg   564 ende beghert om D H N Eg   564/5 ghedicht hevet ende om N Eg
565 (ghescreven) hevet N   beghen om H   sine om H   566 (middel) ende crancke voert-
gaenc N Eg   werden N   inde : leven H   567 cristus / jhesus N Eg   (soen) die ghe-
benedijt is in der ewicheit N Eg   (Amen) amen amen Vv, (Amen) Hoirdi sermoen ofte enighe
goede lere die seldi nauwe merken Ende meer omme leven dan omme weten Want die vele weet
ende niet en leeft hi verliest den tijt (Vanden seven sloten, R III, p. 85.14-16) D

Hier eindet dat boec vander hoechster waerheit dat her Jan Ruisbroec ghemaect heeft colophon D,
Hier endet dat vijfste boeck dat heer jan ruysbroeck maecte colophon G, Dit boec heet samuel et
pertinet ad cartusienses prope diest colophon He, Explicit libellus de contemplacione qui intytula-
tur samuel quem fecit dominus Johannes de Ruusbroec de ordine regularium prior in groenendaal
ad preces et instanciam quorundam de ordine carthusiensium colophon H, Hier eyndet dat boec
vander hoechster waerheit colophon n

Chapter IV

VOCABULARY

This list consists of the nouns and adjectives, verbs and adverbs of the text of the *Boecsken der verclaringhe*, both in its diplomatic version according to MS Vv (Brussels, K.B., 3067-73) and in its critical version. Proper nouns are set forth in a separate list. Words not found in the *Middelnederlandsch Woordenboek* are marked with an asterisk(*). After each word are indicated the part of speech and all the lines where the word appears. In order to recognize the words which were added or omitted in the emendation of MS Vv, the line-numbers of words which stand between angle brackets (< >) or brackets ([ ]) or after an asterisk are provided with the corresponding signs.

The line-numbers of words from MS Vv which have been replaced in the critical text by words with an asterisk are between parentheses. In the case of words which extend over two lines, only the line where they begin will be indicated. If a word occurs more than once in the same line, then, after the line-number, it will be indicated between parentheses how often that word appears there. For words with a frequency higher than thirty, the frequency alone will be indicated.[1]

Not included are:
- auxiliaries of tense, of modality and of the passive voice, and the copulative verb *sijn*;
- words of a pronominal sort.

As to the treatment of *spelling* the following should be noted. When a word appears in various spellings, the most frequent spelling precedes the other spellings which are listed in descending order of frequency, between parentheses. In the case of equal frequency, the form which appears first alphabetically serves as the vocabulary entry. If the manuscript offers no information concerning the separation of separable verbs, they are written with a hyphen in the lemma. Substantives which do not appear in the nominative case (or a form similar to the nominative), adjectives which do not appear in an undeclined form, and verbs which do not appear in the infinitive form are changed to their lexical form following the usual spelling system of the manuscript. In case of doubt, a question mark will be placed between

---

[1] We make an exception for a few important words from the Ruusbroec vocabulary: *geest, minne, minnen, wise*.

parentheses, following the changed form.

In the alphabetical *ordering* of words, the following should be noted: *ph* has the same value as *f, gh* as *g*.

Abbreviations

adj. adjective   n.   noun   part. adj. participial adjective
adv. adverb   p.p. past participle v.   verb
imp. impersonal

A

abijt: dress, potentiality, n. 162, 523

abis: abyss, n. 445

achten: call, consider, v. 131, 133, 240

aensien, *see* anesien

aerbeit: effort, n. 303

aerm (arm): poor, adj. 210, 565

aert: property, n. 334

alheit: fullness, n. 172

allene: alone, only, adj. 64, 205, 454
    alone, only, adv. 70, 346, 439, 488

altehant: the very moment, adv. 220

altoes: always, continuously, ever, adv.
    33, 187, 188, 222, 238, 262, 269, 270,
    331, 333, 341, 342, 353, 356, 361,
    398, 403, 407, 480, 504, 564

anderheit: alterity, otherness, n. 73, 140,
    426

anehanghen: adhere to, v. 524

anecleven: cleave to, v. 283

ane roepen: call on, v. 353

anesien (aensien): consider, v. 216, 359,
    439

antwerden: respond, v. 156, 192, 234

anxst: fear, n. 153

apostol: apostle, n. 20

arm, *see* aerm

avedeilen: part, v. 16

avegaen: be taken from, v. 458

avekeer: aversion, n. 347

B

bant: bond, n. 379, 382

baraet: fuss, n. 320

bat: better, adv. 116, 159, 277

bede: prayer, n. 497, 504

bedroeghen: conceited, part. adj. 8, 544

bedructheit: oppression, n. 220

bedwinghen: control, v. 315

beelde: image, n. 149, 419, 420

beeste: beast, n. 115

beghen: beginning, fount, n. 370, 378,
    478, 565

beghennen: begin, v. 165, 249, 484

begheren: desire, entreat, v. 7, 21, 24,
    75, 468, 471, 541, 564

begherte: desire, n. 184

begriepen: comprehend, enfold, v. 295,
    337

behaghen (behaeghen): please, v. 54,
    119, 205, 340, 342, 344, 345, 348,
    354(2), 357(2), 359, 360, 362

behelsen: embrace, v. 339, 343, 344, 355,
    362, 364, 379, 405

behoeden: guard, v. 160

behoeren: belong, v. 49, 158, 192, 495

behoeven: need, v. 510

behouden: conserve, keep, save, v. 54(2),
    258, 421

bekinnen: acknowledge, v. 19, 291, 342

beliden: confess, v. 19

162

bereet: prepared, part. adj. 350
bereiden: prepare, v. 279
berespen: revile, v. 128(2)
berren: burn, v. 256
beruren: touch, v. 352
beschedenheit: discretion, n. 302
bescriven: write, v. 476
beseten: possessed, part. adj. 137
besitten: possess, v. 97, 101, 111, 140,
    227, 266, 338, 421, 446, 504, 509
beteren: improve, v. 28
bevaen: catch, enfold, v. 355, 379
bevenden: experience, feel, v. 171, 271,
    442, 545
beweghen: direct, move, n. 173, 187,
    188, 190, 234
*beweghinghe: desire, n. 148
bewenen: weep for, weep over, v. 1, 8
bewisen: make clear, v. 537
bidden: pray, v. 6, 24, 468, 471, 476,
    486, 497, 564
binnen: within, adv. 260
bitter: bitter, adj. 153
bi wilen (biwilen): at times, sometimes,
    adv. 116, 198, 324
blent: blind, adj. 112, 134, 347
bliscap: joy, n. 317
bliven: persist, remain, v. 15, 23, 40, 50,
    54, 85, 88, 225, 237, 242, 304, 321,
    334, 385, 518, 522
bloet: blood, n. 310
bloet: bare, naked, adj. 91, 93, 100, 150,
    285, 410, 411, 413, 415, 417, 441, 545
bloetheit: bareness, nakedness, n. 81, 491
bode: messenger, n. 162

C

cieren (sieren): adorn, v. 280, 377, 394

D

dach: day, n. 215, 559
daerven: be deprived of, v. 196
deemsterheit: darkness, n. 141, 452

decken: cover, v. 116
devotie: ardor, n. 114
dichten: compose, v. 564
dienare: servant, n. 57, 59
dienen: serve, v. 61
differentie: difference, n. 36, 390, 438,
    459, 467
dicwile: often, adv. 312, 316, 318, 533
dinc: thing, n. 193, 204, 276, 303, 323,
    364, 365, 366, 412, 512, 517
dochtsam (doechsam, doechtsam): vir-
    tuous, adj. 15, 48, 480
doeghet (doghet, doeget, doget): virtue,
    n. 12, 22, 29, 47, 60, 102, 104, 144,
    174, 178, 188, 228, 280, 299, 307, 356,
    378, 385, 394, 482, 547, 555, 558
doen: do, v. 7, 29, 103, 148, 397
doet: death, n. 65, 152, 153, 376
doet: dead, adj. 115
doetviant: deadly enemy, n. 161
doghen: suffer, v. 225
doghet, see doeghet
doncker (donker): dark, adj. 134, 208, 508
doregaen: bathe, penetrate, v. 253, 254,
    310, 413, 414, 416(2), 529
doregaende: piercing, part. adj. 252
dore liden (doreliden): go beyond, pass
    through, surpass, v. 325, 326, 412, 443
dorvloeien: flow through, v. 308
drieheit: trinity, n. 334, 445
drievoldech (drivoldech): threefold, adj.
    419, 475
    threefold, adv. 423
drivoldecheit: trinity, n. 341, 393, 424
droncken: drunk, adj. 203, 313, 507
drucken: oppress, v. 129
duncken: have the opinion, imp. v. 9(2),
    81, 98, 105, 110, 120, 135, 138, 473
duren: endure, last, v. 485, 496
duuster: dark, adj. 330
duvel: devil, n. 125, 162

E

ebben: ebb, v. 504

163

164

gheliken: resemble, v. 551

ghelost: craving, n. 184

ghelove: faith, n. 14, 47, 100, 158, 517, 540, 558

gheloven: believe, v. 18

ghelusten: feel inclined, imp. v. 133

ghemeine: common, adj. 289, 391

ghemessen: miss, v. 513

gheminde (geminde): beloved, n. 62, 278, 330, 379, 460, 469, 479, 497

ghenade: grace, pardon, n. 200, 207, 230, 243, 298, 300, 353, 376, 393, 408

gheneicheit: inclination, tendency, n. 81, 137

gheneicht: inclined, part. adj. 147, 393

ghenendech: undaunted, adj. 204

ghenesen: be healed, v. 216

ghenoech: enough, adv. 169

gherechtecheit: justice, n. 301

gherinen (gerinen): touch, v. 300, 306, 308, 322

gherne: gladly, willingly, adv. 28, 117

ghescaepen: created, adj. 419, 455

ghescapenheit: condition of creature, n. 39

gheschien: happen, v. 367

ghesichte: vision, n. 286, 292, 410, 545

ghesonde (gesonde): health, n. 20, 142, 191, 193, 198, 201, 230

ghesont: healthy, adj. 220

ghetael: number, n. 205

ghetroesten (getroesten): console, v. 155, 199

gheveist: hypocritical, adj. 400

gheven: give, v. 58, 132, 198, 211, 223, 298, 397, 429, 430, 478, 514

ghevoelchsam: docile, adj. 173

ghevoelen (gevoelen): experience, feel, v. 26, 95, 101, 112, 120, 140, 171, 190, 197, 200, 206, 209, 214, 216, 226, 229, 233, 245, 248, 305, 306, 322, 392, 404, 417, 426, 433, 437, 489, 527, 537, 538

ghevoelen (gevoelen): experience, feeling, n. 182, 203, 240, 265, 266, 324, 325, 326(2), 327, 328, 329, 516

ghevoellec: sensitive, sensory, adj. 309, 525

gheware: aware, adj. 243

ghewarech: real, adj. 100

gheweldech: powerful, adj. 186

ghewerden (gewerden): come into being, have one's way, v. 164, 218, 370

ghewerken: work, v. 109

glorie: glory, n. 37, 61, 64, 67, 69, 72, 348, 484

god: God, n., freq. 155

godheit: divinity, n. 85, 86, 361, 441, 499

godlec: divine, adj. 47, 140, 326, 327, 335, 339, 445, 529

gods sone: son of God, n. 549, 567

goet: good, adj. 10, 45, 51, 52, 159(2), 167, 232, 239, 241, 395, 479, 560
good, n. 23, 266, 387, 392, 439, 482, 527

goetheit: goodness, n. 252

goetwillech: well-intentioned, adj. 163

gratie: grace, n. 20, 37, 46, 72, 173, 279, 307, 308, 348, 350, 352, 354, 396, 425, 479, 484, 541, 547, 555, 557

groet: great, adj. 73, 125, 274

groetheit: greatness, n. 240

grondeloes: fathomless, adj. 340, 355, 416, 418, 445

gront: bottom, depth, ground, n. 99, 249(2), 451

H

haesteleke: speedily, adv. 148

hanghen: hang, v. 96, 345, 527

hant: hand, n. 319

hebbelec: able, capable, fit, adj. 169, 191, 226, 291, 305

hebbelecheit: capacity, potentiality, n. 189, 519

hebben: have, v. 78, 94, 114, 244, 283, 289, 312, 398

hebbent: habitually, adv. 137

heet: warm, adj. 202

heiden: heathen, adj. 6, 18

heiden: pagan, n. 122

heilech: holy, adj. 12, 38, 47, 50, 104, 114, 139, 161, 369, 374, 380, 392, 394, 396, 405, 461, 470, 472, 482, 539, 542, 548

heilecheit: holiness, n. 145

heileghe: saint, n. 65, 68, 83, 166, 539

helle: hell, n. 221(2)

hemel: heaven, n. 221(2), 292, 316, 345, 349, 392, 428, 550, 554, 556

hemelsch: heavenly, adj. 56, 191, 193, 201, 202, 469, 472

here: Lord, n. 5(2), 40, 295

hermaken: remake, v. 376

herte: heart, n. 194, 220, 242, 309, 310, 321

hertelec: heartfelt, warmhearted, adj. 184, 309, 526

heten: call, v. 201

hielsch (hilsch): hellish, adj. 150, 191, 195

hier: here, adv. 72, 485, 507

hitte: heat, n. 254

hoecheit: majesty, n. 63

hoechst: highest, most profound, supreme, adj. 27, 95, 145, 281, 296, 436, 497

hoeden: guard, watch out, v. 125, 543

hoet: head, n. 316

hont: dog, n. 156

hooch: high, lofty, adj. 10, 534

hope: hope, n. 47, 100, 198

hopen: hope, v. 19

houden: hold, v. 97, 135, 185

hoverde: pride, n. 3

hoverdech: proud, adj. 11, 22, 31, 33

hulpe: help, n. 30, 67

I

idel: empty, adj. 23

inbliven: remain in, v. 269

inde: end, n. 55, 535, 563, 566

inden: end, v. 249, 534

in dringhen: penetrate, v. 250

ingaen (in gaen): enter, go in, v. 178, 506, 536

ingel: angel, n. 69, 344, 550

inkeer: turning-in(wards), n. 154, 268, 281, 386

inkeren (in keren, inne keren): turn in(wards), v. 136, 149, 263, 270

inmanen: call in, invite, v. 404, 408, 411

innech: inner, interior, adj. 239, 244, 279, 402, 427, 490, 523

innecheit: inwardness, n. 114

inne keren, see inkeren

insien: see in(wards), v. 391, 402, 427

instaren: gaze inward, v. 442, 517, 521

intrecken (in trecken): draw in, v. 388, 403, 407, 440, 489

invloeien: flow in, v. 480

inwendech: inner, interior, inward, adj. 174, 237, 238, 399, 515

inwesen: dwell in, v. 93, 546

in woenen: dwell within, v. 146

istech: purely existing, adj. 82

J

jeghenwerdecheit (jeghenwordecheit): presence, n. 186, 236

jode: Jew, n. 122

jongher: disciple, n. 5

C (K)

karitate: charity, n. 203, 301

keer: return, n. 351

keren: return to, v. 81, 87, 95

kerke: church, n. 12, 47, 50, 105, 139, 539, 542, 548

kersten: christian, adj. 14, 122, 540, 553, 558

kinneloes: without knowledge, adj. 101

kinnesse: knowledge, n. 89, 301

claer (clare): clear, enlightened, adj. 26, 181, 201, 385, 430

claer(?): clear, adv. 537

claer: luminosity, n. 508

claerheit: clarity, glory, light, n. 57, 254, 414, 451, 477

clare, *see* claer

cleinheit: littleness, n. 19

clemmen: ascend, v. 558

cleven: cleave, v. 511

knecht: servant, n. 540

knielen: kneel, v. 319

coene: valiant, adj. 204

comen: come, v. 124, 152, 195, 233, 309, 314, 347, 468, 554

coninc: king, n. 1, 3, 9, 13

conscientie: awareness, n. 103

contrarie: contrary, adj. 32

convent: community, n. 52

cort: short, adj. 25

costume: custom, n. 239

cracht: faculty, power, n. 176, 183, 247, 251, 263, 268, 299, 300, 308, 431, 491, 492, 525, 528, 555

creature: creature, n. 38, 40, 70, 90, 211, 274, 275, 292, 295, 296, 331, 346, 348, 371, 374, 400, 424, 426, 448, 456, 462, 464

criten: shout, v. 318

L

langhe: long, adv. 304, 320

laten: abstain, let, send away, v. 6, 164, 218, 398, 539

ledech: at rest, empty, inactive, vacant, adj. 90, 108, 154, 331, 336, 505, 544

ledecheit: emptiness, n. 100, 119, 134, 147, 150, 156, 422, 515

ledechleke: inactively, adv. 92

leiden: lead, v. 113

lere: doctrine, teaching, n. 27, 202

leren: learn, teach, v. 30, 127(2), 271, 511

leringhe: doctrine, n. 15

lesen: read, v. 5

lest: last, adj. 345, 559

let: member, n. 312, 541

lettel: little, adv. 210

lettel: few, n. 169

lettere: letter, n. 110

leven: life, n. 10, 15, 48, 55, 65, 73, 82, 169, 179, 281, 290, 293, 341, 346, 358, 370, 372, 397, 421, 480, 519, 523, 524, 527, 548, 561

leven: be alive, live, v. 102, 122, 163, 172, 178, 226, 243, 297, 322, 410, 540

lichame: body, n. 75, 133, 181, 560

licht: light, n. 140, 261(2), 298, 414

lichten: give light, v. 256

lide (liede): men, people, n. 120, 160

liden: pass, v. 60

liden: suffer, v. 252

liede, *see* lide

liefde: affection, n. 309, 310, 526

lijf: body, n. 147, 484

lijfleec: bodily, corporeal, adj. 311, 324, 516

locht (loecht): air, n. 253, 257(2), 261, 262, 276, 414

loen: reward, n. 73, 83, 157, 293

lopen: run, walk, v. 319, 534

lost: appetite, desire, n. 50, 147, 309, 310

loven: praise, v. 194

M

mael: time, n. 36, 402, 537

maken: cause, create, v. 111, 276, 311, 375

mantel: mantle, n. 13

mate: measure, n. 531

materie: matter, theme, n. 164, 180

materileec: material, adj. 276

meer (meerre): more, adv. 63, 238, 239, 240, 401, 520

meerren: increase, v. 457

meininghe (meinninghe): intention, view, n. 43, 183, 241, 537

meinen: have in mind, v. 401

melde: generous, adj. 202

meldelec: generously, adv. 61

men: less, adv. 62

menderen: diminish, v. 457

menechfoldech: manifold, adj. 238, 242, 428

menechfoldecheit: multiplicity, n. 241

mensche: man, n., freq. 50

menscheit: humanity, n. 68, 70

merken: mark, note, v. 43, 71, 126, 233, 475

meshope: despair, n. 155

mestroest: desolation, n. 208

middel: intermediary, n. 35(2), 46(2), 54, 71, 72, 167, 168, 227, 245, 260, 264, 273, 277, 282, 298, 305, 389, 390, 396, 428, 479, 488, 494, 528, 566

minlec: loving, adj. 354, 473

minloes: loveless, adj. 102

minne: love, n. 42, 48, 100, 142, 175, 186, 187, 188, 206, 222, 223, 241, 248(2), 250, 251, 264, 267(2), 269, 270, 271(2), 272, 283, 285, 286, 287, 288, 297, 301, 303, 323, 333, 338, 339, 340, 343, 355, 356, 357, 360, 362, 377, 380, 382, 387, 391, 403, 406, 416, 425, 438, 480, 488, 502, 507, 510(2), 511, 529, 535

minnen: love, v. 29, 194, 224, 358

minnende: loving, part. adj. 273, 458

minnere: lover, n. 34

moet: mind, n. 313, 409

mogheleke: potentially, adv. 367

morwhertech: softhearted, adj. 315

N

na: after, n. 363

nacht: night, n. 215

naest: most precise, adj. 26

nature: nature, n. 36, 50, 92, 132, 145, 152, 185, 258, 311, 325, 366, 367, 407, 446, 520, 526, 549

naturlec (natuerlec): natural, adj. 80, 98, 123, 137, 545

naturleke: naturally, adv. 408

nauwe: closely, adv. 126

na volghen: follow, v. 294

neder: low, adj. 308

neder bughen: bow down, v. 319

neder gaen: go down, v. 222

neder-setten: set down, v. 196

neder slaen: sink, v. 206

neighen: incline, v. 435, 443, 448, 521, 522

nemen: accept, take, v. 223, 332

nemmermeer: never, nevermore, adv. 209, 382, 467, 563

noch: still, adv. 434

nochtan (noch tan): nevertheless, yet, adv. 11, 41, 112, 115, 121, 258, 274, 333, 424, 429, 434, 458, 518, 522

noet: need, n. 105, 106, 350

nu: now, adv. 8, 77, 122, 163, 167, 213, 215, 233, 245, 317(3), 318(3), 537

nu: present, n. 364

nuwe: new, adj. 322, 323, 342(4), 343(2), 361, 362(2), 481, 482

O

oefenen (ofenen): cherish, exercise, practice, v. 132, 181, 186, 267, 358, 359

oefeninghe: exercise, practice, n. 104, 114, 174, 302, 304, 394, 412, 482, 491, 495, 547

oec: again, also, even, adv. 5, 35, 37, 39, 72, 295, 390, 440, 475, 489, 519, 520

oer: kin, n. 2

oerspronc (orspronc): source, n. 420, 421

oert: source, n. 370

oetmoedech: humble, adj. 17, 21, 29

ofenen, see oefenen

oge: eye, n. 316

ombeweghet: undisturbed, adj. 225

onachtsam: heedless, neglecting, adj. 103, 108

onbedwonghen: unrestrained, adj. 146

onbegripelec: incomprehensible, adj. 177

onbewechlec: motionless, adj. 328

onderbliven: yield, v. 516

onderdaen: subject, adj. 131

onderlinghe: mutually, adv. 339

onderscheet (ondersceet): distinction,

diversity, n. 36, 73, 83, 89, 274, 292, 373, 426, 430, 435, 436, 440, 448, 453, 462, 468, 501, 533

onghebeelt: devoid of images, imageless, adj. 302, 410, 411, 422, 530

onghebeeltheit: absence of images, imagelessness, n. 418, 544

ongheduer: impatience, restlessness, n. 312, 323

onghedurech: restless, adj. 317

onghehendert: unhindered, adv. 149

onghehoersam (onghehorsam): disobedient, adj. 4, 11, 547

ongheintheit: infinity, n. 293

ongheleeft: inexperienced, adj. 163

ongheleert: unlearned, part. adj. 123

onghelijc: unlike, adj. 32, 562

onghelove: disbelief, incredulity, n. 151(2)

onghelovech (ongelovech): unbelieving, unfaithful, adj. 77, 553

onghemiddelt: without intermediary, part. adj. 226

ongheordent: disordered, part. adj. 49

onghepaeyt: unsatisfied, part. adj. 184

onindelec (onindeleke): infinitely, adv. 288, 294

onmoeghelec (onmoghelec): impossible, adj. 456, 500

ontbeiden: await, v. 351

ontbinden: release, untie, v. 75, 382

ontbliven: be lacking, v. 213, 512

ontfaen: receive, v. 20, 296, 399, 464, 465, 512

ontfallen: fall away, v. 143, 450

ontfarmen (hem-): have mercy, take pity, v. 352, 565

ontfenclecheit: receptivity, n. 350

ontgheesten: transport, v. 303

ontghelijcheit: unlikeness, n. 144

onthoeghen (onthoghen): raise out, transcend, v. 288, 463

onthoepen: despair, v. 199

onthoghen, see onthoeghen

onthouden: maintain, v. 267

onthout: maintenance, n. 346

ontcommeren: relieve, v. 149

ontsaten: dismay, trouble, v. 31, 154

ontsinken: sink away, v. 327, 444, 532

ontslaepen: pass away, v. 508

ontspringhen: spring forth, v. 300

ontvlieten: flow away, v. 531

onvolcomen: imperfect, adj. 106

onweten: unknowing, n. 451

open: open, adj. 316, 321

op gaen: ascend, go up, v. 222, 524

op ganc: ascent, n. 44.

op gherecht: raised up, uplifted, part adj. 183, 321

op heffen: lift, v. 316

op-clemmen: ascend, v. 555

oppenbaren: reveal, v. 62

op rechten: raise, v. 247

op verstaen: rise up, v. 559

orboerlec: beneficial, adj. 190

orbore: advantage, n. 188

ordene: order, rank, n. 66, 83

ordenen: order, v. 375

orsake: source, n. 299

orspronc, see oerspronc

overformen: transform, v. 415

overforminghe: transformation, n. 177, 432

overcomen: pass beyond, 106

overnaturlec: supernatural, adj. 142

overste: highest, adj. 263, 300, 490, 528

overste: summit, n. 413

overvloedech: abundant, overflowing, adj. 182, 203, 432, 493, 530

overvloet: overflowing, n. 464, 531

overweseleec (overweseleke): superessential, adj., 329, 331, 388, 454, 532

overwesen: superessence, n. 450, 466, 506, 533

P

paradys: paradise, n. 552

perse: strain, n. 311

persoene (persone): person, n. 84, 332, 335, 339, 361, 373, 381, 446, 452

persoenlec: personal, adj. 334, 337, 462

pinen: endeavor, strive, v. 14, 102

plomp: dull, adj. 121

prelaet: superior, n. 53

prinse: prince, n. 69

proeven: understand, v. 335

prophete: prophet, n. 1, 4, 13, 215

Q

quaele (quale): affliction, distress, evil, pain, n. 191, 195, 208, 216, 244

quaet: bad, adj. 103, 122, 157, 159, 160, 553, 561

quaetheit: perversity, n. 347

quale, see quaele

quite: quit, adj. 102

R

raet: counsel, n. 302

rasende: rabid, part. adj. 156

raste: repose, n. 98, 112, 139, 155, 389

rasten: rest, v. 386, 506, 535, 536

recht: pure, adj. 183

recht: right, n. 359

rechte: right, adv. 43

redelec: rational, adj. 325

redelecheit: reason, n. 213

redene: reason, n. 123, 282, 285, 326, 410, 419, 423, 431, 443(2), 492, 516, 518(2)

rijcheit, richness, n. 59, 228, 321, 434

rike: rich, adj. 182, 200, 202, 385

rike: kingdom, n. 16, 17

roepen: cry, v. 7

rud: uncouth, adj. 121

S

sake (zake): case, origin, n. 233, 372, 516, 521

sacrament: sacrament, n. 47, 104, 115

salech: blessed, blissful, adj. 42, 82, 87, 91, 328, 384, 459, 566

salecheit: beatitude, n. 44, 88, 136, 329 330, 445, 447, 453, 454, 459, 466, 467, 474, 501

scandelec: pernicious, adj. 163

sceden: cut off, v. 16

schinen: appear, v. 161

schincken: give, v. 62

scoren: tear (apart), v. 13, 14

scouwen: contemplate, v. 16, 305, 385, 422

scouwen: shun, v. 160

scouwende: contemplative, part. adj. 10, 34, 281, 290

screfture (scriftture, scrifture): scripture, n. 109, 111, 116, 117

scriven: write, v. 27, 110, 538, 565

segchenen: cross, v. 125

segghen: describe, explain, say, state, tell, v. 8, 34, 37, 74, 78, 84, 101, 107, 125, 130, 166, 168, 215, 234, 245, 275, 287, 478, 483, 496, 509, 513, 533, 543, 549

selsen: eccentric, adj. 314

sempel: simple, adj. 163
simply, adv. 460

sempelheit: simplicity, n. 80, 91, 96, 97, 107

sen: purpose, sense, n. 118, 310

senlec: sensory, adj. 519, 524

sententie: judgment, n. 539

setten: set, v. 144, 159, 195

sien: look, remark, see, 34, 57, 70, 80, 90, 120, 150, 297, 404, 446, 477

sieren, see cieren

singhen: sing, v. 317

sitten: sit, v. 59

slaen: clap, v. 319

smaec: savor, n. 196, 211, 399

smaken: savor, v. 265

soe (so): so, adv., freq. 34

soeken: seek, v. 142, 401

some: sometimes, adv. 115

sondare (sonder): sinner, n. 210, 351, 553

sonde: sin, n. 49, 347

sonder, *see* sondare

sonderlinghe: individually, adv. 62, 349

sonderlinc (?): eccentric, adj. 240

sone: son, n. 368(2), 373, 379, 405, 461

sonne: sun, n. 254, 261, 262, 415

sorfhertech: careful, adj. 237

spise: nourishment, n. 214, 507

spreken: quote, say, speak, v. 45, 55, 58, 75, 76, 115, 158, 171, 212, 256, 257, 271, 284

springhen: leap, v. 319

staen: be, stand, v. 235, 321, 331, 334, 336, 505, 518, 523

staerc: courageous, adj. 204

staet: degree, n. 66

staren: gaze, v. 448, 522

stat: passage, place, n. 58, 487

stedeghen: establish, v. 418, 529

sterven: die, v. 49, 79, 156, 158, 175, 178, 268, 540

stille: silence, n. 330

substancie: substance, n. 86, 499

subtijl: subtle, adj. 120

T

te: the, adv. 116, 159

te gadere: joined, together, adv. 180, 318, 319

te gaen: perish, v. 455

te male: greatly, adv. 514

tijt: time, n. 152, 219, 363

toe behoeren: belong to, v. 70

toegaen: approach, be added to, v. 458, 536

toevallech: accidental, adj. 268

toevoeghen: devote, v. 94

tonen: show, v. 25, 510

traen: tear, n. 214

trecken: draw, v. 119

troest: consolation, n. 197, 211, 212, 399, 512

trouwe: trust, n. 353

U

udewert: outwards, adv. 512

utebroeke (utebroke): bursting-out, n. 372, 381

ute gaen (utegaen): go out, v. 178, 506

ute gheesten: breathe forth the spirit, v. 343

ute keren: turn outwards, v. 147

utevercoren: elect, part. adj. 344, 406

utevlieten: flow out, v. 362

utevloeien (utevloien): flow out, v. 202, 365, 387, 392, 439, 488

utewendech: outward, adj. 238, 242, 514

V

vader: father, n. 56(2), 368(2), 373, 378, 404, 461, 469, 470, 472, 478, 498, 499, 502

vaen: catch, v. 418

vaer: fear, n. 506

vallen: fall, v. 32, 155, 199, 207

valsch: deceitful, adj. 31, 319

valscheleke: falsely, adv. 118

van binnen: inwardly, within, adv. 31, 94, 154, 395

van buten: without, adv. 94, 395

veinsen: camouflage, v. 116

vele: many, adj. 487
  much, adv. 277, 509, 513

venden: find, v. 36, 98, 110, 123, 224, 353, 487, 494, 507

verbeelden: assail by images, v. 153

verberghen: hide, v. 207, 429

verbinden: bind, v. 384

verblent: blind, part. adj. 90

verdienen: earn, merit, v. 61, 64, 67

verdolen: stray, v. 90

verdonkeren: cloud, v. 31

verdriet: distaste, n. 211

verdriven: drive out, v. 552

verdrucken: oppress, v. 130

verdwaest: insane, part. adj. 84

verenecht: united, part. adj. 35, 45, 71,

167, 389, 396

vereneghen (verenegen): unite, v. 277, 278, 557

verergheren: mislead, v. 28

vergaderen: converge, v. 563

vergaen: disappear, perish, v. 85, 447, 519, 520

verhalen: attain, v. 295

verhaven: elevated, lifted (up), raised up, part. adj. 415, 417, 449, 465

verhaveneheit: elevation, n. 290

verheffen: exalt, raise, v. 9, 21, 41, 75, 193, 280, 285, 409, 423, 491, 551, 528

verhitten: give warmth, v. 258

verkeert: perverse, perverted, twisted, adj. 77, 126, 144, 548

verkeren: twist, v. 118

verkiesen: choose, v. 337

verclaert: enlightened, part. adj. 402, 409, 442, 462, 490, 524

verclaren: enlighten, explain, v. 25, 30, 170, 257

vercoveren: recover, v. 209

verladen: oppress, v. 152

verlanghen: desire, n. 317

verlenen: grant, v. 567

verlicht: enlightened, part. adj. 282

verliesen: lose, v. 39, 113, 154

verloechenen: deny, v. 224, 235

verlorenheit: lostness, n. 451

vermoghen: ability, power, n. 25, 194

vernieuten: annihilate, v. 449

vernuwen: renew, v. 270, 323, 341, 356, 360

vernuwinghe: renewal, n. 306

veroudt: inveterate, part. adj. 108

verre: far, adv. 376

versaghen: frighten away, v. 198

versmaden: disdain, v. 2

versmelten: melt away, v. 449

verstaen: understand, v. 26, 43, 63, 74, 123, 160, 170, 513, 515, 538

verstaen: understanding, n. 182, 202, 288, 411, 413

verstendech: able to reason, adj. 257

verstoct: hardened, part. adj. 107

vertien: abandon, v. 218

vertonen: show, v. 141, 197, 291

ververen: beset by fears, v. 154

vervullen: fill, v. 22, 481, 526

verwennen: overcome, v. 303

verwerpen: reject, v. 2

verwielen: whirl away, v. 332

vier: fire, n. 158, 255(3), 256, 259(2), 260(2), 417, 562

vleesch: flesh, n. 132, 148, 310

vlien: flee, v. 161, 564

vloet: torrent, n. 343

vloien: flow, v. 348, 504

voeden: nourish, 151

voeghen: join, turn, v. 180, 183, 247, 279, 526

voeren: bring, v. 221

voert: further, then, adv. 37, 168, 250 486, 497

vol: full, adj. 200, 393, 432, 493, 530

volbrenghen: consummate, fulfill, v. 365, 469, 498, 504, 566

volghen (volgen): follow, v. 146, 438

volheit: fullness, plenitude, n. 59, 229, 243, 464, 484

volcomen: perfect, adj. 179

vore: already, adv. 166, 275, 287, 483, 496, 543

vore: before, n. 363

vore-hebben: have before, v. 391, 403

vore-nemen: call to mind, v. 117

vore varen: go before, v. 558

vorste: prince, n. 550

vorwert: forward, adv. 435

vraeghen: ask, v. 232

vrede: peace, n. 224, 398

vremde: foreign, strange, adj. 18, 512

vri: free, adj. 193, 218, 220, 225, 409

vrient: friend, n. 24

vriheit (vrieheit): freedom, liberty, n. 132(2), 143, 302, 530

vrocht: fruit, n. 150

vrochtbaer: fruitful, adj. 366, 367, 369, 381

vroude: gladness, joy, n. 203, 399

W

waaeghescale: scale, n. 206

waen: idea, n. 105

waerheit: truth, n. 26, 29, 143, 177, 252, 265, 301, 433, 511, 529

waeromme: why, n. 234

waert (woert, wort): word, n. 25, 27, 30, 32, 43, 117, 126, 162, 509

waghe: scale, n. 222

warechtech: true, adj. 15

warenemen: feel, observe, take heed of, v. 237, 481, 490

wassen: grow, v. 150, 187

wech: pathway, way, n. 4, 113, 534(2)

weder: again, adv. 149, 199, 207, 376

wederboeghen (weder boeghen, wederboghen): bring back, return, turn back, v. 354, 378, 382, 406, 425, 452

wederdraghinghe: relation, n. 361

weder keren: return, v. 164

weder staen (wederstaen): contradict, resist, v. 22, 130

weder wille: resentment, n. 225

wee: woe, n. 153, 318

weerkelec, see werkelec

weghen: weigh, v. 222

wel: well, adv. 1, 8, 43, 75, 166, 315, 511

wel: weal, n. 318

welt: vague, adj. 117

wenen: weep, v. 317

werdech: worth, adj. 63

werden: be, become, come to, v. 38, 39, 79, 186, 212, 220, 243, 259, 274, 284, 424, 456, 472, 490

werelt: world, n. 49, 258, 399

werc: action, activity, work, working, n. 67, 108, 127, 157, 176, 192, 231, 239, 241, 255, 286, 341, 346, 395, 412, 428, 514, 515, 518, 560, 561

werken: achieve, be active, v. 60, 89, 157, 239, 255, 334, 335, 366, 428, 505, 560, 562

werkelec (weerkelec): active, adj, 142, 248, 250, 263, 267, 283, 285, 340

werpen: throw, v. 550

werscap: feast, n. 59

weselec (weseleec): essential, adj. 86, 88, 112, 139, 265, 266, 269, 286, 288, 331, 333, 339, 434, 435, 441, 442, 446, 448, 452, 453, 454, 502, 531

weseleke (weselec): essentially, adv. 289, 294, 338, 421

wesen: being, entity, essence, existence, n. 81, 83, 91, 93, 96(2), 135, 230, 262, 269, 336, 346, 372, 375, 420, 430, 435, 436, 441, 444, 450(2), 455(2), 457, 459, 492(2)

wet: law, n. 12, 138

weten: know, v. 2, 166, 204, 205, 210, 265, 266, 307, 312, 384

wetens: consciously, adv. 11

wijf: woman, n. 6

wijfken: little woman, n. 18

wijs, see wise

wijs: wise, adj. 120, 201

wiken: give way, make way, v. 176, 251, 293, 332, 452, 517, 521

wille: will, n. 52, 89, 131, 137, 218(2), 229, 415

willens: willingly, adv. 11

wise (wijs): behavior, manner, mode, n. 13, 17, 44, 52, 74, 145, 161, 187, 194, 215, 240, 253, 262, 275, 314, 320, 335, 414, 416, 419, 432, 444, 483, 496, 503, 543, 545

wiseloes: without mode, adj. 336, 388, 445, 447, 463

woenen: abide, dwell, v. 272(2)

woert, see waert

wort, see waert

Y

yser: iron, n. 254, 259(2), 260(2), 275, 416

Z

zake, *see* sake
ziele: soul, n. 39, 93, 161, 180, 195, 251,
 263, 295, 299, 430, 431, 436, 484

Proper Names

Bernaerd (sinte -): St Bernard, 284
Israel: Israel, 3, 9, 17
Jan (sente -, sinte -): St John, 56, 271, 476
Jhesus Cristus: Jesus Christ, 40, 296, 556,
 567
Canaan: Canaan, 6, 18
Cristus: Christ, 19, 55, 66, 68, 76, 77,
 468, 473, 486, 497, 503, 540
Pauwels (sente -): St Paul, 74
Samuel: Samuel, 1, 14
Saul: Saul, 1, 13, 17

174

CRITICAL COMMENTARY

163 (scandelecste *Vv:* scadeleecste *D F G He H n N Eg Mu*)
Middle Dutch idiom: according to the *Mnl.W. schande* may exceptionally mean: aanstoot, ergernis (scandal).[1] In Ruusbroec, the word *schande* occurs with that meaning.[2] *scandelecste* may therefore mean: most pernicious. There is no reason to replace it by *scadeleecste*.

204 (dinghen *Vv D F G He H n N Eg Zz Mu:* dooghden *Vv1*)
Context: after *dooghden* the relative clause is pleonastic; after *dinghen* it is necessary.
Ruusbroec's idiom: in *Rg.* the expression *in allen (ne-gheenen, velen) dinghen* is used 10 times and always in a context of exercise of virtue as is the case in the context dealt with here. Besides, that same expression is followed by a relative clause in 4 of the 10 cases. In the same treatise the expression *in allen duechden* occurs 12 times, but is never followed by a relative clause.
Paleography: the copyist of Vv had written: *dinghen*. The first corrector changed *i* and *n* to double *o* and put a *d* above the word, between *h* and *e*. Other textual witnesses: all have: *dinghen*.

269 (inblivende *Vv D H Mu:* blivende *F G He n N Eg*)
Context: *bliven* expresses the relation between *wesen* and *eenvoldeghe weten ende ghevoelen gods* too extrinsically. The *weten ende ghevoelen* is immanent to the *wesen:* ,,het is den wesene ... altoes inblivende''.
Ruusbroec's idiom: in *Rg. inbliven* occurs only once, in a context which deviates considerably from ours. But among the forty-four quotations with *bliven* only one occurs where *bliven* governs the dative case. Moreover this last quotation is a verse where rhyme and rhythm cause unusual turns of expression.[3] In *Br. inbliven* occurs in five places. Three of them cite *inbliven* in immediate relation with *wesen* or *weselijcke* (R I, p. 178.28-31, p. 201.15-21 and p. 245.4-8).
The concepts *inbliven* and *inkeren* (which often appear in the context of the fragment in question) belong to the pseudo-dionysian triad: μονή (*inbliven*), πρό-οδος (*utevloeien*), ἐπιστροφή (*inkeren*).

---

[1] *Mnl.W.*, VII, 304, s.v. SCHANDE, Aanm. 1.
[2] *Loc. cit.*, s.v. SCHANDEL.
[3] ,,Si en sijn niet verresen, want traecheyt es hem bleven...'' (R I, p. 75.30-31).

Context and idiom of Ruusbroec give the preference to *inbliven* as the original reading.[4]

341 (werc *Vv He H Mu:* wert *D F G n N Eg*)
Context: that which precedes and follows in the text is, according to Ruusbroec, the *werc* of the Trinity. We read, for example, in *Rg.*: ,,Dit baren ende dit wedervlieten in eenicheyt, dit es dat *werc* der Triniteyt, aldus es daer drieheyt der Persone ende eenheit der natueren'' (R I, p. 60.35-61.2). Another quotation, in a different but analogous context, points in the same direction. Ruusbroec does not deal here with the *werc der Triniteyt* but with the *werc* of the *gheest*. But according to him the first is the model of the second. Both are therefore described in the same terms which have to be understood analogously: ,,Ende in deser eeninghen wert volmaect een inwindich gheestelijc leven; want ute deser eeninghen wert die begherte altoes van nuwes gherenen ende verwect tot nuwen inwindighen wercken, ende al werkende es de gheest opgaende in een nuwe vereeninghen: ende aldus vernuwet werc ende eeninghe altoes. Ende dit vernuwen in werkene ende in eeninghen, dat es een gheestelijk leven'' (R III, p. 6.8-15). The medial use of *vernuwen* is not exceptional for Ruusbroec. In *Rg.* two of the four places are medial; in *Br.* two of the ten are. From *Br.* we select a quotation which is very near to the one in question: ,,Want die Vader ghevet Hem inden Sone, ende die Sone inden Vader in een eewich Welbehaghen ende in een minlijc Behelsen. Ende dit vernuwet alle uren in bande van Minnen'' (R I, p. 248.24-26).
Probable direction of the change in the text: a transition from *werc* to *wert* is brought about by the immediately following verb *vernuwet* which, according to its form, may be a past participle. For a transition from *wert* to *werc* there is no such occasion.
Paleography: *c* and *t* are very similar in the littera textualis.

367 (in der levender *Vv D H N Eg Mu:* inden leven der *F G He n*)
Context: in the immediate surrounding of the passage in question nearly all MSS read: *in der levender vrochtbaere natueren* (366) and *ene levende vrochtbare enecheit* (369), *enecheit* being the predicate of *nature*.
Ruusbroec's idiom: in *Rg.*, *Br.* and *V.* Ruusbroec never speaks of the *leven der natueren*, but indeed of the *vrochtbaerheit der natueren*. This expression occurs three times in *Rg.* (R I, p. 40.34, p. 61.10 and p. 72.29), once in *Br.* (R I, p. 244.17).

---

[4] In the *Mnl.W.*, III, 830, *inbliven* is exclusively described as ,,een woord der mnl. mystiek'' (a word of the Middle Dutch mysticism). Then follows the first of the quotations mentioned in *Br.*

Paleography: in texts written in littera textualis the space between the words is often very small and on the other hand letters of the same word are not always clearly linked. Therefore, the syllable -der of *levender* easily got separated and was considered as a definite article. *leven-* in its turn became a noun and *der* was changed into *den* as the article of *leven*. From all this it appears that *in der levender* was the original reading.

370 (oert *Vv D F He H n Eg Mu:* oerspronc *Vv2*, eert *G)*
Ms Vv also originally had *oert* in this place. The second of the three correctors changed *oert* to *oerspronc*, probably because the word *oert* had become strange to him. Even in Ruusbroec's prose it is very rare. We may therefore conclude that *oert* was the original reading.

499 (alse hi es *Vv D Mu:* alse hi es een *F G He*, alse hi een es *H n N Eg)*
Context: we place the variants in their context and at the same time give the structure:

Voert so bat Cristus die hoechste bede,
dat es, dat alle sine geminde volbracht worden in een,

(1) alsoe	(2) niet also	(3) maer alsoe
	een	een ende in der selver enechheit
als hi	alse hi	daer hi
		sonder onderscheet
een		een ghebruken ende ene salecheit
es	es (één *F*)	es
met den vader	met den vader	met den vader
	ene enege substantie der godheit,	in weseleker minnen.

The construct ,,niet also... maer alsoe'' is preceded by the affirmation that the unity to which the beloved are called is the same as the unity of Father and Son. The distinction which immediately follows indicates how this unity should not, and how it should indeed be understood: (2) not one as the Son and the Father are one divine substance, (3) but one in the same way as the Son is one blessed joy with the Father in essential love. The disturbing redundance of the variant *één* in R III (and in most of the manuscripts!) is striking when we juxtapose the corresponding members of the sentence:

(1) alsoe	(2) niet alsoe een	(3) maer alsoe een
alse hi	alse hi	daer hi
een	ene enege substantie	een ghebruken ende ene salecheit
es	es (één *F*)	es
met den vader	met den vader	met den vader

The version of R III has a double predicate in (2): ,,alse hi es *een* met den vader *ene enege substantie der godheit*''. R III resolves the difficulty by interpreting the second predicate as an apposition to the first: ,,niet alsoe één als Hi es één met den Vader: eene eenige substancie der Godheid...''. But this version implies that *eene eenige substancie der Godheid* is the only type of unity between the Father and the Son. The sentence in question precisely says that there are two aspects of unity between the Father and the Son.

Probable direction of the change in the text: the insertion of *een* after *es* can easily be explained by the preceding *een* in the parallel proposition (1) and the place of the predicate in proposition (2), *ene enege substantie der godheit*, quite at the end of the proposition. The opposite possibility (omission of *een*) cannot be so easily explained.

517 (ghelove *Vv D H Mu:* ghevoelene *F G He n N Eg*)
Context: the passage in the *Boecsken* on ll. 323/8 is very similar to the one in question. Putting the equivalent elements of the two passages together we get the following schema:

(1) lijfleke ghevoelen	(1) + (2) redene ende al lijfleec ghevoelen
(2) geestelec ghevoelen dat redelec es	
(3) godlec ghevoelen dat boven redene es	(3) den ghelove ende den instarene des geests ende dien dinghen die boven redene sijn
(4) onbewechlec salech gevoelen	(4) ghebrukene in eenvoldecheit

Comparing the elements under (3) one might conclude that *godlec ghevoelen* in the left column should have its correspondance in *den ghevoelne* (instead of *den ghelove*) in the right column. In that case however, *ghevoelne* is either not defined — which has no sense in the context — or it is defined by *des geests*, which according to the left column belongs to (2).

Ruusbroec's teaching: that *ghelove* is to be situated *boven redene* appears from the following quotations: ,,Met desen twelef steenen, die stonden in dat Redeleke, versteet men die twelef artikele ons *gheloves*, die ghesiert ende verclaert hebben onse redelecheit, ende gheleidt *boven redene*, dat hare hoechste cierheit es'' (*T.*, R II, p. 150.1-4); ,,Maer boven alle dinc sele wij Gods ghesmaken, ochte ghevoelen eewichs levens in ons, soe moete wij, *boven redene*, met onsen *ghelove* in Gode gaen'' (*St.*, R III, p. 24.10-13); ,,Maer wildi minne ende heilicheit oefenen ende besitten inden hoochsten grade, soe moeti uwe verstendeghe crachte ontbloten van allen beelden, ende overmids *ghelove* verheffen *boven redene*'' (*Sl.*, R III, p. 87.27-30). The word *ghelove* is therefore quite in its place as an element of ,,dien dinghen die boven redene sijn''.

Probable direction of the change in the text: the parallelism with the four kinds of *ghevoelen* in ll. 323/8 and the preceding *ghevoelen* in l. 516 may have led to the change of *ghelove* into the very similar word *ghevoelen*. A change in the opposite direction is much less probable.
Therefore we leave the version of Vv unaltered.

551 (gheliken woude *Vv D F G He n N Eg Mu:* ghelik woude sijn *Vv1*)
Paleography: in Vv also the original reading was *gheliken woude*. The first corrector changed it to *ghelik woude sijn*, very probably under the influence of *ghelijc woude sijn* in 552.

APPENDICES

1. *The text-fragments in MS Brussels, K.B., IV 423*

The variants of this manuscript have not been incorporated into the apparatus on account of the brevity and the numerous deviations of its text. We mention the lines of text which it contains and the number of the folios in which the fragments occur.

F. 239v: 438-441
F. 244r: 476-492, 413-418, 272-274, 492-496, 266-269, 497-499, 501-508, 331
F. 244v: 307-310, 323-329

2. *List of the editor's corrections in the text of MS Vv*

Addition of words

101   ende

Addition of letters

11   en < de >
        en < de >
357   beha < g > hen

Deletion of words

192   in
567   amen amen

Deletion of letters

57   dienare[n]
95   en[de]
140   en[de]
146   volghe[n]
209   en[de][1]
240   [ghe]ghevoelne
298   ghenade[n]

[1] The MS reads eñ.

181

438   enecheit (eenheit *Vv*)

3. *List of the variants between the second edition of the Ruus-broecgenootschap and this edition*

The same limitations apply to the selection of these variants as to the selection of variants in the apparatus.[2] The varying parts of text are simply juxtaposed and, if necessary for greater clarity, accompanied by some words from the immediate context. The variants of MS Vv that are mentioned by R III in footnote, are italicized. If these variants are omissions, an exclamation-mark in parentheses is put in their place.

	Critical text on the basis of MS Vv	*Critical text on the basis of MS F*
7	si riep na hen	si riep na Hem
19	*bekinde ende belide*	belijdde ende bekinde
29	die oetmoedeghe, die doghede ende waerheit minnen	die oetmoedeghe die de doechde ende de waerheit minnen
37	in *der* gratien	in graciën
46	Dat middel dat es	Dit middel dat es
58	soe sprect hi	sprect Hi
76/7	dat hi selve Cristus woude sijn	dat hi Cristus woude sijn selve
82	dat eweghe leven	dat eewelijcke leven
103	*onachtsam*	onghehorsam
117	si nemen gherne vore	si nemen gherne
119	in die valsche ledecheit	in valsce ledicheit
125	hodt u	behoedt u
129/30	van niemene verdruct sijn	van niemene ghedruct sijn
133	*edelheit* der naturen	vryheit der natueren
159	dat quade *gheset* bi den goeden	dat quade geseecht bi den goeden
163	die scandelecste die nu leven	de scadelijcste die nu leven
173/4	ghevoelchsam in	ghevolchsam si in
198	hope dien nieman versaghen en mach	hope die niemen versegghen en mach
223	wat dat minne	wat de minne
269	*inblivende*	blivende
281	in een scouwende leven	in scouwenden levene
298	hare ghenade	ghenade

[2] See pp. 47-48.

	Critical Vv-text	*Critical F-text*
341	dit werc vernuwet	dit wert vernuwet
365	*utevloeine*	uutvlote
367	*in der levender* ... naturen	inden leven der ... natueren
380	in bande van minnen, dat es, in enecheit	in Bande van minnen, dat es, eenicheit
429	ghevet hem *god*	gheeft Hi Hem
430	met claren onderschede	met ondersceede
465	emmermeer	nemmermeer
480	*hare* doechsam leven	een doechsam leven
486/7	Dat vende wi	Ende dit venden wij
494	met gode gheenecht	gheënicht met Gode
499	hi es *(!)* met den vader	Hi es één met den Vader
500	in *der* selver enecheit	in deser selver eenicheit
508	ontslaepen *(!)* in .i. doncker claer	ontslapen, ende in een doncker Claer
513	si en *ghemessens* niet	si en ghevoelens niet
516	redene ende al lijfleec ghevoelen onderbliven	redene ende al lijflijc ghevoelen ontbliven
517	wiken moeten den ghelove	wiken moeten den ghevoelne
541	overmidts *die gratie gods*	overmids der gracien
543	gheliker wijs dat	ghelijckerwijs als
563	*vanden* anderen ... vliet	van anderen ... vliet

4. *Concordance of David's edition and this edition*

After the pages of part VI of David's edition, the corresponding lines of our edition are mentioned.

p. 257: 317-336 (ende*(2)*)

p. 258: 336-357

p. 259: 358-377 (de)

p. 260: 377-393 (ende*(1)*)

p. 261: 393-417 (verhavene ghe-)

p. 262: 417-437

p. 263: 438-453

p. 264: 454-474

p. 265: 475-496

p. 266: 497-519 (en)

p. 267: 519-536

p. 268: 537-560 (eighenen)

p. 269, ll. 1-10: 560-568

5. Paleographic notes (supplement)

In this appendix are listed all paleographic notes except the corrections which are not incorporated in the critical text. The latter are found under the critical text itself.

Addition of words

32	hen	359/60	ende - behaghen
57	dat*(2)*	443	ende sonder redene
102	minloes	449	gheeste
224	gode	477	bi
261/2	ende - sonnen	484	der
350	noet - sine	539	mi

Deletion of words

In each case the words of the text between which the deletion is found are indicated in the first column and the word(s) deleted, in the second.

54	bliven Die	Dese
142/3	overnaturleker vriheit	minnen
163	semple goetwilleghen	goede willeghe ongheleefden[3]
180	sijn in	volcomene leven
219	ende in	ghewerden
305	ende eninghe	ene
310/1	bloet ende	ende bloet
326	gevoelen doreliden	dat redelec es
391	een ghemeine	vore
449	verhavene versmelten	wesene
506	in overwesene	een

[3] The cancellation of *ongheleefden* was itself cancelled again.

539	ic mi	nu
541	let der	ende
565	dat god	sijn

Partial change of words

In each case the changed word is followed by the original form.

6	wijf	wijfken		255	viere*(1)*	vierde
100	die	de		282	verlichte	verlichtde
162	ghelate	ghelaten		293	ongheintheit	gheneicheit
190	mensche	menschen		308	gherijnt	gherint
193	verheft	verheeft		335	moghedi	mogedi
198	hope	hopen		340	enecheit	enenecheit
206	dies	des		398	ghedoeghene	doeghene
211	Alle	Allen		412	alle*(1)*	al
211	troeste	troesten		422	ene	enen
219	ghedoen	ghedon		431	gheeenvoldecht	gheenvoldecht
224	vent	went		479	goede	gode
243	hen	hem		493	overvloedech	overvloedecht
253	doregaen	doregaende		538	ghevoele	ghevoelen

Lombard letters

Only two lombard letters occur:

1 Die (3 lines high)
24 Selke (2 lines high)

Exceptional spelling on account of word-division

| 111 | scrift-ture | | 500 | enech-heit |

Destroyed letters

The letters which were destroyed are italicized. All were destroyed by cutting off the outside margin, except 359 which has disappeared on account of a damp stain.

| 261 | lich*t* | | 359 | recht*e* |
| 262 | sonne*n* | | 443 | *ende(1)* |

6. *List of the variants among the three editions of Surius's Latin translation*

Printing errors corrected in the list of errata of the first edition are not mentioned here. Again, differences in orthography and in the use of capitals are not mentioned, nor are differences in punctuation if they do not change the meaning and are not annoying.

	Su1	Su2 and Su3
Title	Libellus eximius Samuelis titulo, qui alias De alta Contemplatione, alias De unione dilecti cum dilecto, dicitur: et est velut Apologia et explanatio sublimium quorundam huius sanctissimi patris dictorum.	Samuel, sive De alta contemplatione Apologia, de Unione dilecti cum dilecto.

	Su1	Su2	Su3
18	excluduntur	excluduntur	exclunduntur
23	exaltat Deus	exaltat Deus	exaltat, Deus
53	Peter	Pater	Pater
63	duntaxat	duntaxa	duntaxat
64	animadverti	animadvert	animadverti
165	amor semper pro	amor semper pro	amor pro
184	A Deo vero	A Deo vero	Adeo vero
186	sensisti	sensisti	sensiisti
207	plurisque	plurisque	plutisque
233	amorem per amorem reperire	amorem per amorem reperire	amorem reperire
236	unio, haec	unio, haec	unio haec
244	ratio	ratio	rario
275	gestus	gestus	gustus
276	viventis	viventes	viventes
279	spiritale in quoddam sentire divinum, quod est supra rationem pertingere: atque per istud ipsum sentire divinum	spiritale in divinum	spiritale in divinum
284	autem omnibus superessentialis	autem superessentialis	autem superessentialis
287	perstare	perstare	praestare
290	licet, divinam naturam secundum	licet, secundum	licet, secundum
321	Filius ex Patre	Filius ex Patre	Filius est Patre
322	essentiae	essentia	essentia
337	ad ipsos et in ipsos	ad ipsos et in ipso	ad ipsos et in ipso

		Su1	Su2	Su3

	Su1	Su2	Su3
350	unitatis Dei ad	unitas Dei, ad	unitas Dei, ad
379	modinesciam interminatae beatitudinis	modinesciam beatitudinis	modinesciam beatitudinis
384	exinaniuntur	exanimantur	exanimantur
397	quae quaedam redundantia	quae quidem redundantia	quae quidem redundantia
416	gratiae et gloriae	gratiae in corpore	gratiae et gloriae in corpore
430	possidendo	possident	possident
443	spiritus intentam	Spiritus per intentam	Spiritus per intentam
454	viae	vitae	vitae
479	Finis Apologiae	*om*	*om*

SOURCES AND WORKS CONSULTED

A. SOURCES

[DAVID, J.], *Werken van Jan van Ruusbroec*, 6 vols., (Maetschappy der Vlaemsche Bibliophilen, 3th series, nos. 1, 4, 7, 9 and 12), Ghent, 1858-1868.

DE BAERE, G., *Dat boecsken der verclaringhe van Jan van Ruusbroec, Tekstuitgave als steekproef*, in *O.G.E.*, 43 (1969), pp. 97-170.

DE BAERE, G., *Jan van Ruusbroec, Vanden seven sloten*. Overlevering, kritische uitgave, inhoud, 3 parts in 2 vols., (Diss.), Louvain, 1976, (Stencilled).

EICHLER, W., *Jan van Ruusbroec, Van den blinckenden steen in oberdeutscher Texttradition*. Herausgegeben von -, (Kleine deutsche Prosadenkmäler des Mittelalters, 4), Munich, 1968.

EICHLER, W., *Jan van Ruusbroecs 'Brulocht' in oberdeutscher Überlieferung*. Untersuchungen und kritische Textausgabe, (Münchener Texte und Untersuchungen zur deutschen Literatur des Mittelalters, 22), Munich, 1969.

JAN VAN RUUSBROEC, *Werken*. Naar het standaardhandschrift van Groenendaal uitgegeven door het Ruusbroec-genootschap te Antwerpen, vol. I: edited by Dr. J.B. Poukens s.j. and Dr. L. Reypens s.j.; vol. II: edited by Dr. D.-A. Stracke s.j.; vol. III: edited by Dr. L. Reypens s.j. and M. Schurmans s.j.; vol. IV: edited by Dr. J. van Mierlo s.j., Mechlin-Amsterdam, 1932-1934; (2nd edition), Tielt, 1944-1948.

SURIUS, L., *D. Joannis Rusbrochii summi atque sanctissimi viri, quem insignis quidam theologus alterum Dionysium Areopagitam appellat, opera omnia: Nunc demum post annos ferme ducentos e Brabantiae Germanico idiomate reddita Latine per F. Laurentium Surium, Carthusiae Coloniensis alumnum*, Cologne, 1552; facsimile, Farnborough, 1967.

B. WORKS CONSULTED

ALAERTS, J., *La terminologie "essentielle" dans l'œuvre de Jan van Ruusbroec (1293-1381)*, (Diss.), Lille, 1973.

ALAERTS, J., *La terminologie "essentielle" dans 'Die gheestelike brulocht'*, in *O.G.E.*, 49 (1975), pp. 248-330.

ALAERTS, J., *La terminologie "essentielle" dans 'Die gheestelike brulocht' et 'Dat rijcke der ghelieven'*, in *O.G.E.*, 49 (1975), pp. 337-365.

AMPE, A., *Kernproblemen uit de leer van Ruusbroec*, 4 vols., (Studiën en Tekstuitgaven van O.G.E., XI, XII and XIII), Tielt, 1951-1957.

AMPE, A., *Jean Ruusbroec*, in *Dictionnaire de Spiritualité*, vol. VIII, Paris, 1974, col. 659-697.

AMPE, A., *Ruusbroec, Traditie en werkelijkheid*, (Studiën en Tekstuitgaven van O.G.E., XIX), Antwerp, 1975.

AXTERS, St., *Geschiedenis van de vroomheid in de Nederlanden*, vol. II: *De eeuw van Ruusbroec*, Antwerp, 1953.

AXTERS, St., *Nederlandse mystieken in het buitenland*. Van Rupert van Deutz tot Ruusbroec, part I: *De historische schets*, in *V.M.K.V.A.*, (1965), pp. 164-325.

DE BAERE, G., *Dat boecsken der verclaringhe van Jan van Ruusbroec, Opmerkingen bij de tekst van handschrift Vv (Brussel K.B. 3067-73)*, in *O.G.E.*, 46 (1972), pp. 353-368.

DEBLAERE, A., *Essentiel (superessentiel, suressentiel)*, in *Dictionnaire de Spiritualité*, vol. IV-2, Paris, 1961, col. 1346-1366.

DEBLAERE, A., *De mystieke schrijfster Maria Petyt (1623-1677)*, (Koninklijke Vlaamse Academie voor Taal- en Letterkunde, VIth series, no. 87), Ghent, 1962.

DESCHAMPS, J., *Middelnederlandse handschriften uit Europese en Amerikaanse bibliotheken*. Catalogus, (2nd revised edition), Leiden, 1972.

DE VREESE, W., *Bijdragen tot de kennis van het leven en de werken van Jan van Ruusbroec*, in *Het Belfort*, 10² (1895), pp. 5-20, 102-113, 169-181 and 253-262.

DE VREESE, W., *De handschriften van Jan van Ruusbroec's werken*, 2 vols., Ghent, 1900-1902.

FRALING, B., *Der Mensch vor dem Geheimnis Gottes*. Untersuchungen zur geistlichen Lehre des Jan van Ruusbroec, (Studien zur Theologie des geistlichen Lebens, II), Würzburg, 1967.

FRALING, B., *Mystik und Geschichte*. Das "ghemeyne leven" in der Lehre des Jan van Ruusbroec, (Studien zur Geschichte der katholischen Moraltheologie, 20), Regensburg, 1974.

GEERARDIJN, A., *Jan van Ruusbroec, Het rijcke der ghelieven, Woordenlijst naar de tweede uitgave van het Ruusbroec-genootschap*, Antwerp, 1957, (Typewritten).

HENRY, P., *La mystique trinitaire du bienheureux Jean Ruusbroec*, in *Recherches de science religieuse*, 40 (1952), pp. 335-368 and 41 (1953), pp. 51-75.

Jan van Ruusbroec, leven, werken. Onder de redactie van het Ruusbroec-genootschap Antwerpen, Mechlin-Amsterdam, 1931.

LIEVENS, R., [Review of] *Jan van Ruusbroecs 'Brulocht' in oberdeutscher Überlieferung*. Untersuchungen und kritische Textausgabe von WOLFGANG EICHLER, in *Tijdschrift voor Nederlandse Taal- en Letterkunde*, 86 (1970), pp. 157-160.

PETZET, E., *Die deutschen Pergament-Handschriften Nr. 1-200 der Staatsbibliothek in München*. Beschrieben von -, (Catalogus codicum manu scriptorum bibliothecae monacensis, V-1), (2nd edition), Munich, 1920.

POMERIUS, H., *De origine monasterii Viridisvallis una cum vitis B. Joannis Rusbrochii...*, in *Analecta Bollandiana*, 4 (1885), pp. 257-334.

REYPENS, L., *Uit den voorarbeid tot eene critische uitgave van Ruusbroec's "brulocht"*, in *V.M.K.V.A.*, 1921, pp. 77-89.

REYPENS, L., *Ruusbroecbijdragen, Belangrijke ontdekking in handschrift A*, in *Tijdschrift voor Nederlandsche Taal - en Letterkunde*, 42 (1923), pp. 47-71.

REYPENS, L., *Bij de tekstoverlevering van Ruusbroec's "Brulocht"*. Enige feiten, in *O.G.E.*, 44 (1970), pp. 328-340.

SANDAEUS, M., *Pro theologia mystica clavis*. Elucidarium, Onomasticon vocabulorum et loquutionum obscurarum, quibus Doctores Mystici, tum veteres, tum recentiores utuntur ad proprium suae Disciplinae sensum paucis manifestum, Cologne, 1640; facsimile, Heverlee, 1963.

LIST OF ABBREVIATIONS

Bibliographical abbreviations

Mnl. W.   E. Verwijs and J. Verdam, *Middelnederlandsch Woordenboek*, 11 vols., The Hague, 1885-1941.

O.G.E.   *Ons Geestelijk Erf*, published by the Ruusbroecgenootschap, Antwerp.

R I, R II etc.   Jan van Ruusbroec, *Werken*. Naar het standaardhandschrift van Groenendaal uitgegeven door het Ruusbroec-genootschap te Antwerpen, 4 vols., (2nd ed.), Tielt, 1944-1948, vol. I, vol. II etc. (When the numbers of the lines are quoted, they follow the number of the page and are separated from it by a full stop).

V.M.K.V.A.   *Verslagen en Mededelingen der Koninklijke Vlaamse Academie voor Taal- en Letterkunde*, Ghent.

Abbreviations of Ruusbroec's works

12 B.	Vanden XII beghinen (The Twelve Beguines)
IV B.	Vanden vier becoringhen (The Four Temptations)
Br.	Die geestelike brulocht (The Spiritual Espousals)
Kg.	Vanden kerstenen ghelove (The Christian Faith)
Rg.	Dat rijcke der ghelieven (The Kingdom of Lovers)
Sl.	Vanden seven sloten (The Seven Enclosures)
Sp.	Een spieghel der eeuwigher salicheit (A Mirror of Eternal Blessedness)
St.	Vanden blinkenden steen (The Sparkling Stone)
T.	Van den geesteliken tabernakel (The Spiritual Tabernacle)
Tr.	Van seven trappen (The Seven Rungs)
V.	Boecsken der verclaringhe (Little Book of Enlightenment)

Other abbreviations

add	added
B.N.M.	Bibliotheca Neerlandica Manuscripta
C.C.	critical commentary
del	deleted
des	desisted
expl	explicit
i.m.	in margine
inc	incipit
K.B.	Koninklijke Bibliotheek (Royal Library)
om	omitted
trnsp	transposed
U.B.	Universiteitsbibliotheek (University Library)

190

SIGLA OF THE MANUSCRIPTS

A	Brussels, Koninklijke Bibliotheek, 19295-97
D	Brussels, Koninklijke Bibliotheek, 3416-24
Eg	Egmond, Sint-Adelbertabdij, H. IV
F	Brussels, Koninklijke Bibliotheek, 1165-67
G	Ghent, Universiteitsbibliotheek, 693
H	Brussels, Koninklijke Bibliotheek, 2412-13
He	Heverlee, Abdij van Park, 17
N	Leiden, Universiteitsbibliotheek, Letterk. 344
n	Zwolle, Gemeentelijke Archiefdienst, Coll. Emanuelshuizen, 7
Vv	Brussels, Koninklijke Bibliotheek, 3067-73
Zz	Brussels, Koninklijke Bibliotheek, II 469

LIJST VAN DE AFKORTINGEN

Bibliografische afkortingen

Mnl. W.   E. Verwijs en J. Verdam, *Middelnederlandsch Woordenboek*, 11 dln., 's-Gravenhage, 1885-1941.

O.G.E.   *Ons Geestelijk Erf*, uitgegeven door het Ruusbroecgenootschap, Antwerpen.

R I, R II enz.   Jan van Ruusbroec, *Werken*. Naar het standaardhandschrift van Groenendaal uitgegeven door het Ruusbroec-genootschap te Antwerpen, 4 dln., (2e uitg.), Tielt, 1944-1948, dl. I, dl. II enz. (Wanneer de regelnummers worden vermeld, staan ze na het paginanummer en worden ervan gescheiden door een punt).

V.M.K.V.A.   *Verslagen en Mededelingen der Koninklijke Vlaamse Academie voor Taal- en Letterkunde*, Gent.

Afkortingen van Ruusbroecs werken

12 B.	Vanden XII beghinen
IV B.	Vanden vier becoringhen
Br.	Die geestelike brulocht
Kg.	Vanden kerstenen ghelove
Rg.	Dat rijcke der ghelieven
Sl.	Vanden seven sloten
Sp.	Een spieghel der eeuwigher salicheit
St.	Vanden blinkenden steen
T.	Van den geesteliken tabernakel
Tr.	Van seven trappen
V.	Boecsken der verclaringhe

Overige afkortingen

add	added (toegevoegd)
B.N.M.	Bibliotheca Neerlandica Manuscripta
C.C.	critical commentary (kritische commentaar)
del	deleted (doorgehaald)
des	desisted (beëindigd)
expl	explicit
i.m.	in margine
inc	incipit
K.B.	Koninklijke Bibliotheek
om	omitted (weggelaten)
trnsp	transposed (omgezet)
U.B.	Universiteitsbibliotheek

KENLETTERS VAN DE HANDSCHRIFTEN

A	Brussel, Koninklijke Bibliotheek, 19295-97
D	Brussel, Koninklijke Bibliotheek, 3416-24
Eg	Egmond, Sint-Adelbertabdij, H. IV
F	Brussel, Koninklijke Bibliotheek, 1165-67
G	Gent, Universiteitsbibliotheek, 693
H	Brussel, Koninklijke Bibliotheek, 2412-13
He	Heverlee, Abdij van Park, 17
N	Leiden, Universiteitsbibliotheek, Letterk. 344
n	Zwolle, Gemeentelijke Archiefdienst, Coll. Emanuelshuizen, 7
Vv	Brussel, Koninklijke Bibliotheek, 3067-73
Zz	Brussel, Koninklijke Bibliotheek, II 469

CONTENTS / INHOUD

BOECSKEN DER VERCLARINGHE

CIP-gegevens

Ruusbroec, Jan van - Opera omnia / Jan van Ruusbroec.
- Tielt; Bussum: Lannoo; Leiden: Brill.
1: Boecsken der verclaringhe / uitg. door, ed. by G. de Baere;
ingel. door, introd. by P. Mommaers;
vert. [uit het Middelnederlands] door, transl. [from the Middle Dutch]
by Ph. Crowley, H. Rolfson. - (Studiën en Tekstuitgaven van Ons Geestelijk Erf; dl. XX, 1).
Met Middelnederlandse en Engelse tekst.
UDC 248
Trefw.: mystiek (religie) / Nederlandse letterkunde: tekstuitgaven.